30초 만에 상대의 마음을 사로잡는
스피치 에센스

SPEAKER LEADER CHAMPION

30초 만에 상대의 마음을 사로잡는
스피치 에센스

100년 전통의 연설능력개발 전문기관인 토스트마스터즈에서 제시하는
스피치 세계 챔피언이 되는 방법을 생생하게 보여준다

제러미 도노반 · 라이언 에이버리 지음 | **박상진** 옮김

진성북스
JINSUNGBOOKS

원대한 포부, 진정한 탁월성으로 대중을 이끌고 앞으로 나아가려는 욕망은
인간에게 너무나 특별한 것으로 보인다. 연설은 그러한 포부를 실현하는 최고의 수단이다.

Great ambition, the desire of real superiority, of leading and directing,
seems to be altogether peculiar to man, and speech is the great instrument of ambition.

_ 애덤 스미스 (Adam Smith)

　　말에는 의미가 있어야 하지만 연설에는 힘이 있어야 한다. 마음을 움직이는 힘이 부족한 연설은 청중을 지루하게 한다. 비즈니스 세계에서 크고 작은 다양한 그룹의 사람들에게 스피치를 잘해야 하는 것은 개인이나 조직의 경쟁력 향상에 피할 수 없는 일이 되었다. 대상이 누구든지 간에 자신의 말에 귀 기울이고 이해할 수 있도록 전달하는 능력이 매우 필요하게 된 것이다. 물론, 이러한 능력은 누구에게나 쉽게 주어지지 않는다. 하지만 누구라도 설득력이 있고 영감을 주는 스피치를 실현할 수 있다. 그 비밀은 바로 '준비'에 있다. 준비는 스피치를 하기 전에 투자하는 시간이다. 무하마드 알리는 복싱 경기의 승리 비결에 대해서 이렇게 말했다. "승부는 이미 링 밖에서 결정된다. 경기 전 체육관에서, 길 위에서, 화려한 조명을 받기 전에 긴 시간이 필요하다."

　　오늘날 '소통'의 중요성은 새삼 강조할 필요가 없을 정도이다. 작은 팀을 이끄는 책임자나 큰 조직을 관리하는 경영자, 또는 민의를 모으고 뜻을 전달해야 하는 정치 지도자에 이르기까지 리더들에게는 연설 능력이 요구되는데, 그 핵심은 바로 '소통' 혹은 '공감'이다.

이는 리더의 신뢰도를 높일 뿐만 아니라, 조직의 성과를 창출하는 것과도 직결된다. 공감과 설득력이 있는 연설은 구성원이나 대중의 마음을 한 곳에 모아, 조직이나 국가의 목표를 향해 열정적으로 도전하게 만드는 강한 에너지를 생성해 낸다.

　연설은 본질적으로 연극적인 요소가 있다. 좋은 연설은 큰 범주에서 다음과 같이 세 가지로 요약할 수 있을 것이다.

　　첫째, 말하고자 하는 내용이 간결하면서도 그 상황에 적합한 정보나 지식, 스토리를 담아야 한다.
　　둘째, 청중이 잘 이해할 수 있도록 연설 내용을 효과적이고 강력하게 전달해야 한다.
　　셋째, 끝난 후에도 오랫동안 여운이 남는 감동을 내포해야 한다. 나아가 영감을 준다면 이러한 연설은 금상첨화다.

　이는 단순한 웅변을 말하는 것이 아니다. 사물과 인간에 대한 통찰력으로 얻어진 주제를 상황에 맞게 해석하여 효과적으로 대중에게 전달하며, 상대를 설득하고, 나아가서 사람들과 함께 세상을 바꾸는 데 기여하는 것이다. 우리는 학교 교육에서 연설에 대한 충분한 훈련을 받지 못했다. 사회에 나와서도 연설을 수월하고 저렴하게 배울 수 있는 기회가 현실적으로 많지 않다. 따라서 연설 능력을 키우기 위해서는 각 개인이 나름대로 학습법을 찾고 꾸준히 연습해 보는 수밖에 없었다.

　하지만 이제 훌륭한 연설에 대한 내용구성과 학습법을 찾을 수 있게 되었다. 이 책은 저자가 실제로 세계 대중 연설 대회에서 우승한 경험을 바탕으로 하여, 어떻게 하면 훌륭한 연설을 할 수 있는지 그 방법을 전수해 주고 있다. 저자는 또한 그 대회에서 우승한 세계 최고의 연설 전문가들의 통찰을 종합적으로 정리해 주었다. 독자들은 이 책을 통해 다양한 측면에서 좋은 연설을 본보기로 분석할 수 있다. 저자들과 그 핵심 내용을 공유함으로써 살아있는 실전 스피치 교본을 학습하는 효과를 얻게 된다.

토스트마스터즈 인터내셔널(Toastmasters International)은 110년이 넘는 역사를 가진, 대중 연설에 관한 한 타의 추종을 불허하는 비영리 단체이다. 이름에서 보듯이 처음에는 연회에서 주관자나 진행자가 토스트(건배)를 제안하면서 하는 간단한 스피치(건배사)를 효과적으로 하도록 돕는 것이 목적이었다고 한다. 지금은 단순한 건배사에서 벗어나 자신의 역할과 상황에 적합한 스피치 능력과 리더십 능력을 개발하는 것이 주 목적이다. 이곳에는 스피치나 리더십 능력 개발에 관심이 있는 사람들이 자발적으로 모인다. 회원들은 그들에게 제공하는 기본적인 스피치 매뉴얼을 학습하고, 주기적으로 참가자 모두가 스피치 연습을 한다. 각 지부에서 수시로 연설 대회를 통해 실제적인 능력을 가다듬으며, 매년 세계 대중 연설 대회(The World Championship of Public Speaking)를 개최하여 우승자를 뽑는다. 저자들이 바로 그 대회에서 우승한 스피치 세계챔피언이다. 이 클럽의 가장 큰 장점은 경쟁이 목적이 아니라 모든 참가자가 실제로 연설을 하고, 다른 회원들이 건설적인 피드백을 통해서 각자의 연설 능력을 개발할 수 있도록 헌신적으로 지원해 준다는 데에 있다.

이 책의 특징은 장황한 이론은 최대한 줄이고, 실전 스피치 능력을 기우는 데에 집중한다는 것이다. 세계 대중 연설 대회에서 우승한 해당 연설문을 자세히 분석하고, 거기서 얻은 유용한 시사점과 꼭 필요한 스킬을 팁(조언)으로 제공한다.

우선 본문의 11가지 연설문들을 크게 낭독해보고, 자신이 연사가 되어 친구나 동료나 가족에게 그 내용을 직접 시연해 볼 것을 독자에게 권한다. 그런 다음 본문에 나오는 각 조언에 대해 시사점을 파악해 본다면 일단 준비는 끝난 것이다. 그 다음에는 본문 33, 34 페이지에서 제시하는 기본적이고 핵심적인 주제에 대해 7분 내외 길이의 연설문을 직접 작성하여 다른 사람 앞에서 실제로 연설을 해 보라. 그러면 일반적인 스피치 능력 개발 뿐만 아니라 업무와 관련된 발표 능력 향상에도 큰 도움을 줄 것으로 확신한다.

옮긴이는 수사학에 관심을 가지고 한국수사학회 이사로 활동하면서 스피치의 본질과 실전에 대해서 많은 것을 배울 수 있었다. 그러한 경험이 계기가 되어 관련 책을 번역하게 되었다. 인간은 늘 새로운 만남을 통해서 배우고 성장한다. 그동안 수사학과 관련된 다양한 주제에 대해서 많은 시간 함께 토론하고 대화하면서 스피치에 대해 영감을 준 김종영, 박성창, 김성수 교수님께 감사드린다. 또한, 수사학의 중요성을 인식하고 연구와 강의를 통해서 회원은 물론 사회와도 소통하기를 힘쓰시는 이재원 한국수사학회 회장님을 비롯한 임원진의 교수님들께도 감사드린다.

_ 옮긴이 박상진

Contents

청중을 사로잡는
말하기 기술은 따로 있다

수많은 연구 조사에서 대부분의 응답자들은, 대중 연설이 본질적으로 사업 성공과 연결되어 있다고 단도직입적으로 말한다. 가장 눈에 띄는 사례는 바로 전국대학교협회의 연차보고서이다. 250여 명의 구성원을 대상으로 한 '직업전망 2013'에서, 입사지원자 평가 시 기존 직원들이 요구하는 가장 중요한 기술은 '조직의 내·외부 사람들과의 구두 의사소통 능력'이었다(5점 만점에 4.63점). 이 보고서에서는 "이상적인 지원자는 팀을 위해 효과적으로 일하면서, 의사 결정 능력과 문제 해결 능력을 가진 좋은 커뮤니케이션 기술의 소유자이다."라고 지적하고 있다.

만일 이 사실을 믿지 못하겠다면, 이 책의 저자들이 대중 연설 능력을 통해 얻게 된 영향력을 생각해 보라. 저자인 제러미와 라이언은 X-세대로서, 타고난 연설가는 아니었다. 하지만 처음부터 남들 앞에서 연설과 발표를 잘 하는 사람은 그 누구도 없다. 우리는 두 명 모두를 토스트마스터즈(Toastmasters)로 이끌어, 수많은 시간 동안 충분한 피드백을 받으며 연습할 수 있도록 해 주었다. 결국 제러미는 내중 연설 기술을 지렛대로 삼아 전통적인 일반 회사 환경 내에서 자신의 연설 능력을 크게 향상시켰고, 라이언은 전문 연설가 겸 사업가가 되어 그의 능력을 발휘하게 되었다.

1998년, 제러미는 반도체 엔지니어링 담당자에서 반도체산업 분석가로 변화를 시도하게 되었다. 그때 제러미에게 닥친 문제는 무대에 섰을 때 겪게 되는 대중공포증과 사회적 불안이었다. 그는 자신의 경력을 개발하려면 이러한 문제들을 해결해야만 했다. 그래서 대중 앞에서 연설하는 법을 배우게 되었다. 그에게는 변화가 찾아왔고, 이것은 그에게 엄청난 도약이 되었다. 그는 더 이상 자신의 좁은 방에 숨어 있지 않았다. 그가 하는 일은 고위 임원에게 직접 말하고, 많은 청중들 앞에서 발표해야만 했다.

어느 날 점심 때 제러미는 가트너 사가 있는 캘리포니아 샌조스에서 개최된 연설가 모임에 처음으로 참석했다. 모임 진행자는 그를 방 뒤쪽으로 정중하게 안내했다. 그리고 동료인 조슈아 레이놀드와 그랜트 두보이스가 그를 이끌고 무대 앞으로 나가 간단한 화제에 대해 1~2분 정도 억지로 발표를 시켰다. 그전까지 그는 여러 모임에서 늘 남 앞에 나서지 못했었다. 그날 많은 사람 앞에서 처음으로 말했던 그 경험은 그나 청중들에게 소름끼칠 정도로 끔찍했다. 그러나 15년이 넘게 토스트마스터즈에서 연설가로 활동한 제러미는 이제 비즈니스 리더로 성장하게 되었다. 지금 그는 가트너 그룹의 마케팅 담당 부사장으로 글로벌 팀을 이끌고 있다.

제러미가 직장에서 일을 더 잘하기 위해 토스트마스터즈에 가입했다면, 라이언은 자신의 인터뷰 기술을 연마하기 위해 2010년 후반에 모임에 들어왔다. 직업도 없는 빈털터리였던 라이언은 첫 해에 100불도 안 되는 회비를 내기 위해 아버지의 도움을 받아야 했다. 첫 번째 토스트마스터즈 모임에 갔을 때 처음 보는 사람이 의사소통과 리더십에 대한 조언을 구하여 그를 망연자실하게 한 적이 있었다. 하지만 그의 노력은 몇 개월 후 스페셜 올림픽 오리건(Special Olympics Oregon)에서 마케팅 매니저의 자리를 제안 받으면서 결실을 보게 되었다.

라이언은 아직도 구두 의사소통 기술을 향상시키기 위해 많은 노력을 하고 있다. 그는 업무를 시작한지 몇 주도 안 돼서, 조만간 열릴 행사에 대해 소개하는 텔레비전 인터뷰를 한 적이 있다. 그날 밤 늦은 시간, 그는 텔레비전 속에서 너무나 부자연스러운 자신의 모습을 발견했다. 카메라 앞에서 2분 동안 "~처럼"이라는 말을 너무 많이 반복하고 있었던 것이다. 그는 그러한 실수를 다시는 하지 않겠다고 결심하고, 큰 모임에서 연설하기 전에 먼저 토스트마스터즈 클럽에 가서 꾸준히 연습했다.

2011년 후반 어느 날, 라이언은 장장 2시간 동안 유튜브에서 토스트마스터즈 세계 대중 연설 대회(the Toastmasters World Championship of Public Speaking)의 실황 비디오를 보았다. 그리고 대회에 나가기로 결정했다. 연설가에게는 공식적으로 두 가지 길이 있다. 하나는 연설이고, 또 다른 하나는 리더십 개발이다. 그는 비공식적인 무대에서 받는 부담과 그 후의 피드백이 자신의 말하기 능력을 급속도로 앞당긴다는 것을 발견했다. 2012년에는 콘테스트의 각 단계별로 더 열심히 연습하고 전문가들의 피드백도 더 많이 받았다. 반복된 트레이닝을 통해 그는 드디어 직장에서 성공하게 되었고, 2012년 6월에는 임원으로 승진했다. 두 달 후, 25살의 라이언은 가장 젊은 나이에 토스트마스터즈 세계 대중 연설 챔피언이 되었다. 처음부터 "음~, ~처럼, 알다시피~"와 같은 말을 가지고 태어난 사람은 세상에 아무도 없다.

다음날 아침, 라이언은 그에게 연설을 요청하는 이메일을 세계 곳곳에서 269통이나 받게 되었다. 그의 고용주가 그에게 다양한 지원과 근무 편의를 제공했음에도 불구하고, 라이언은 직장을 그만두었다. 두 가지 일을 다 잘 하려고 하다보면 양쪽 일 모두에서 최고가 될 수 없다는 사실을 인식한 것이다. 2013년 초, 그는 모든 시간을 전문적인 연설에만 집중하고 다른 사람들의 커뮤니케이션 기술을 개발해주는 트레이너가 되었다.

우리는 지금까지 개발해온 대중 연설 능력이 우리의 성공에 가장 중요한 단 하나의 성공요인이라고 확실히 말할 수 있다. 그러나 제러미와 라이언의 예는 단지 두 개의 성공 사례에 불과할 뿐, 결코 비즈니스 성공의 정점이라고 할 수는 없다. 더 유명한 연설가의 실례는 너무나 많다. 멀리서 찾을 것도 없이, 하드볼의 호스트인 크리스 매튜, 수잔 코맨 유방암재단의 설립자 낸시 브링크, 다우 케미컬의 전 사장 폴 오래피스 등을 보면 된다.

아직 경험이 없는 사람들의 이해를 돕기 위하여, 토스트마스터즈를 간단히 소개하겠다. '토스트마스터즈 인터내셔널'(Toastmasters

International)은 그룹 모임과 네트워크를 통해서 대중 연설과 리더십기술을 가르치는 세계적인 비영리교육기관이다. 2013년 7월 1일 현재 292,000명이 소속되어 있고, 122개국에서 14,350개 클럽(소그룹)이 매주 함께 모여 스피치 프로그램을 직접 진행한다.

토스트마스터즈는 랄프 스메들리가 20세기 초에 설립했다. 그는 1903년 일리노이 웨슬리안 대학을 졸업하고, 일리노이 블루밍턴에 있는 YMCA 지부에서 교육담당 이사로 일하게 되었다. 그는 YMCA 행사에 참가하는 사람들이 모임(연회)에서 건배 제안 등 다양한 스피치가 필요할 때 상당히 부족한 모습을 보인다는 것을 발견했다. 이를 해결하기 위해 젊은이들이 교대로 짧은 스피치를 한 후 곧바로 동료들로부터 평가를 받을 수 있는 클럽을 만들었다. 그는 서쪽으로 이동하며 미국 여러 곳을 다니면서 다른 YMCA에도 새로운 토스트마스터즈 클럽을 만들었다. 이는 YMCA의 행사에 참가하는 사람들뿐만 아니라 대인관계나 비즈니스 커뮤니케이션 스킬을 향상시키고자 하는 지역 사업가들에게 상당히 매력적이었다. 그러나 안타깝게도 그가 다른 지역으로 가면 기존 지역의 클럽은 해체되곤 했다.

스메들리가 1924년 캘리포니아 산타아나에 있는 YMCA의 사무총장으로 왔을 때, 그는 다시 토스트마스터즈 클럽을 시작했다. 이때부터는 클럽이 오래 지속되었다. 2년도 되기 전에 두 번째 클럽이 로스앤젤레스 애너하임 주변에 만들어졌다. 그리고 1938년까지 100개의 클럽이 미국과 해외에서 승인되었다. 1982년 10월에는 개인 회원이 100,000명 이상으로 훌쩍 뛰었고, 수십 년 내내 이 단체는 지속적으로 성장했다.

비록 1973년까지 토스트마스터즈는 여성에게 회원권을 개방하지 않았지만, 지금은 현존하는 가장 다양한 사람들이 모인 공공서비스 단체 중 하나가 되었다. 남녀불문(52%가 여성회원, 48%가 남성회원)이고, 나이불문(평균나이는 45.8세지만, 회원의 25%는 18~24세)이며, 소득, 교육, 장애 여부가 모두 불문이다. 인종, 종교, 성적 지향도 마찬가지다. 대중 연설과 리더십 스킬 향상에 관심이 있는 사람이라면 누구나 환영한다.

오늘날, 토스트마스터즈는 건배를 제안하는 방법에 대해서는 실제로 거의 배우지 않는다. 강사가 리드하는 코스도 아니며, 가입 날짜가 정해지지도 않았다. 오히려 회원들이 거의 모두 자기 스스로 리더가 된다. 이 프로그램은 핵심적인 세 가지 내용으로 구성되는데, 그것은 '커뮤니케이션 트랙'(communications track), '리더십 트랙'(leadership track) 그리고 '연설 콘테스트 참가 트랙'(competition track)이다. 대부분의 회원들은 커뮤니케이션 트랙을 선호하고, 나머지 사람들은 세 가지 트랙 모두를 동시에 참가한다. 연 회비가 100달러 이하이기 때문에, 자기개선에 헌신적인 사람들에게는 거의 무한대의 투자 대비 효과가 있는 셈이다. 토스트마스터즈에서 제공하는 정규실습코스는 참가자들의 말하는 방법을 개선시키며, 특히 두려움을 극복하는 능력을 지속적으로 연마하도록 돕는다.

토스트마스터즈는 '개인들에게 유익한 정보가 담긴 대중 연설'을 하는 방법과 '비즈니스 환경에서 상대를 설득할 수 있는 프레젠테이션'을 효과적으로 진행하는 방법을 가르친다. 커뮤니케이션 트랙에서 처음 해야 하는 일은 "탁월한 커뮤니케이션 스킬 매뉴얼"에 있는 10가지 연설문을 완벽하게 마스터하는 것이다. 매뉴얼은 초보자들이나, 처음 보는 사람 앞에서 말하는 것을 두려워하는 연설자들을 위해 사전에 잘 준비된 연설문으로 시작한다. 연설에서 의도하는 성과를 얻기 위해서는 화자가 자기 자신이나 직장 생활에 대한 유익한 이야기를 공유하려는 용기가 있어야 한다. 두려움에 맞닥뜨리게 되면, 화자는 특정한 형태의 말이나 행동을 반복하는 경향이 있다. 그래서 매뉴얼에 있는 처음 여덟 가지 연설문은 누구나 의무적으로 그 내용을 말로 전달해야 한다. 그러나 그 중에서도 마지막 두 연설문을 특히 더 강조하는데, 왜냐하면 그 두 연설문이 청중을 설득시키는 데 더 감동적이기 때문이다. 그리고 연설자가 향상된 커뮤니케이션 스킬에 도달하게 되면, 그때부터 토론을 이끌며 일반적인 연설을 잘 할 수 있도록 기술적으로 발표하는 방법을 가르쳐 정복하게 한다.

토스트마스터즈 모임에 오는 것은 체육관이나 요가 센터에 오는 것과 유사하다. 체육관이나 요가 센터에서는 무거운 운동 기구를 반복적으로 들게 하고, 인위적으로 보일 수도 있는 우스꽝스러운 포즈를 취하게 한다. 이렇게 하는 이유는 강직성과 융통성을 기르고 근육의 기억력을 키워서 일상을 더 우아하고 힘차게 가꿀 수 있도록 하기 위한 것이다. 마찬가지로 토스트마스터즈 미팅에서는 가장된 어조의 한계점을 밀어붙이는 방법을 알게 하고, 단지 말일 뿐인 말들을 대부분 제거하게 한다. 그럼으로써 언어적, 비언어적 전달은 오히려 후차적인 것이 되고, 자신이 말하고자 하는 내용이 완전히 드러나는 비즈니스 프레젠테이션을 쉽게 수행하게 된다.

토스트마스터즈에서 해주는 평가는 발표자를 자신의 성장에 도전하도록 이끌어준다. 탁월한 언설자인 데이비드 홉슨은 토스트마스터즈의 "평가"가 가지고 있는 특징을 아래와 같이 요약하였다:

"비판은 쉽다. 우리는 삶의 매 순간마다 비판적인 말을 듣는다. 그러나 비판은 겁쟁이의 언어이다. 비판은 부정적이다. 비판적으로 분석하면 준비된 비평조차도 대부분 사람을 깔아뭉개는 말처럼 들리게 된다. 반면에 평가는 상대의 가치와 좋은 면을 보는 것이다. 평가 안에는 개선을 위한 유익한 제안이 함께 들어있어서 발전에 필요한 부가적 가치를 제공해 준다." [1]

비판은 토스트마스터즈의 말과 리더십 여정에서 매우 중요한 부분이다. 그러나 비판은 균형이 있고 생산적이며 지원적인 연설 평가의 형태로 이루어져야 한다. 비효과적인 비판은 연설자에게 퉁명스러운 방법으로 알려주는 방식이 된다. 예를 들면, "당신의 아이콘택(눈 맞춤)은 형편없다." 같은 것이다. 반대로 효과적인 평가법은 연설자의 성장에 꼭 필요한 생산적인 피드백을 제공해 준다. 토스트마스터즈에서는 이렇게 말해준다. "당신이 말할 때 청중을 훑어보는 것에 주목해 보았습니다. 다음에는 실내 전체를 무작위로 주시하면서 청중과 개별적으로 3초 정도 눈 맞춤을 하도록 시도해 보세요."

우리들의 의도는 토스트마스터즈의 경험 학습과 전문 말하기 코치 학습의 거리를 좁히는 것이다. 그렇게 하기 위해 내용을 하나씩 단계별로 분해하여, 그것을 분석하고 다시 처리하는 과정을 거칠 것이다. 아울러 토스트마스터즈 세계 대중 연설 대회에서 우승한 챔피언 11명의 실례를 연습용으로 제공할 예정이다. 이들 전문가들은 영감적인 스토리텔링의 장인이기 때문에 그들의 연설기법은 모든 종류의 대중 연설에 적용해도 손색이 없다.

이 책에서 배운 학습 내용을 실무에 적용하여 훌륭한 단계에 도달하기 위해 꼭 토스트마스터즈 회원이 될 필요는 없다. 그러나 안전성과 풍부한 피드백, 그리고 저비용 환경에서 실제적으로 연습하기 위해서는 협회에 가입하는 것을 강력히 권한다. 그리고 토스트마스터즈 클럽에 가입하고 세계 대중 연설 대회(The World Champion-ship of Public Speaking) 참가를 결정한 사람들을 위해서 이 책 끝에 특별히 보너스 팁을 제공해 줄 텐데, 이를 잘 활용하기 바란다.

많은 지침서들이 각 장의 말미에 연습용을 제공하는 반면에 우리가 주는 조언들을 잘 활용하면 연습 성과를 두 배로 높일 수 있을 것이다. 그 조언들은 연설가로서의 능력을 더 크게 개발시켜 줄 것이다. 그러므로 완전한 수준에 도달할 때까지 그 내용을 연습하고 또 연습하라. 그리고 다음 단계로 나아가라. 모든 조언들은 책 뒷부분에 다시 한 번 요약해 놓았다.

자, 이제 시작하자. 그러면 당신은 대중 연설의 힘을 통해 아주 신속하게 자신의 경력을 가속화시키는 다음 모델이 될 것이다. 성공의 방법은 이제 독자의 손 안에 있다.

SPEAKER LEADER CHAMPION

SPEAKER LEADER CHAMPION

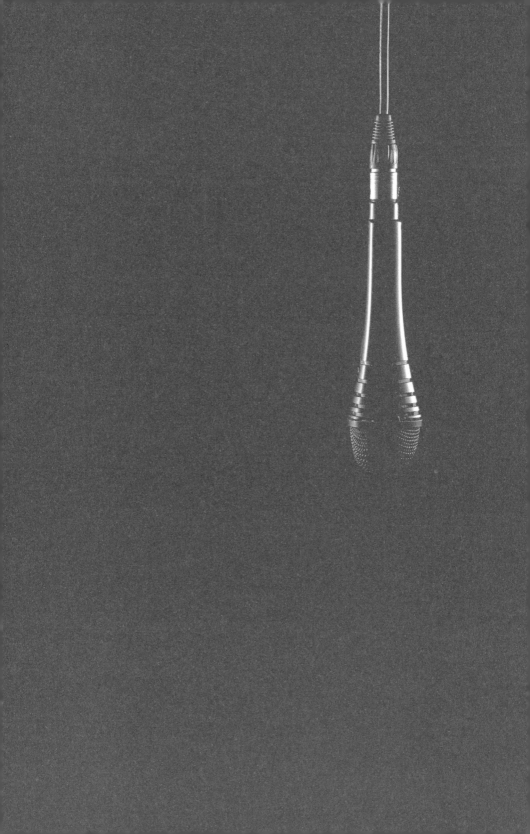

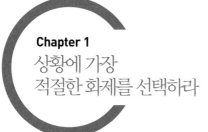

Chapter 1
상황에 가장 적절한 화제를 선택하라

조언 Advice 1

청중에게 도움이 되는 말을 하라.

두려움을 관리하는 방법 다음으로 중요한 것은 설득력 있는 화제를 선택하는 일이다. 세계챔피언인 랜스 밀러(Lance Miller, 2005)[*] 조차도 예외가 아니었다. "스피치 주제로 사용할 메시지를 찾으면서 나는 큰 좌절감을 맛보았다. 지금까지 진짜 나쁜 일이라고는 나에게 일어난 적이 없었기 때문이다. 나는 유복한 집안에서 태어나서 좋은 교육을 받았다. 괜찮은 직업까지 얻었는데, 그런 환경에서 어떤 영감을 얻으라는 말인가?" 랜스의 의문은 연설 목적의 선택이 화제(토픽)의 선택보다 먼저 이루어져야 한다는 것을 잘 보여준다.

화자가 직업상의 목적과 스피치의 목적을 찾아내는 데는 유사점

---

[*] 이 책에 나오는 괄호안의 숫자는 해당 연설자가 토스트마스터즈 세계 대중 연설 챔피언십에서 우승한 연도를 나타낸다.

이 있다. 목적의 발견에 대해 지금까지 쓰인 거의 모든 책이나 논문은 유사하면서도 심오한 조언을 해 준다. "진정한 삶의 소명을 발견하려면, '세 가지 고려사항'의 교차점에 있으면서 꼭 해야 하는 일을 집어 들어라." 세 가지 고려사항이란, '다른 사람에게 가치 있는 것은 무엇인가?', '그 중에서 당신이 가장 선호하는 주제는 무엇인가?' 그리고 '돈이 목적이 아니어도 기꺼이 하고 싶은 일은 무엇인가?'이다. 이러한 내용은 스피치 주제의 선택에서 차지하는 중요성이 매우 크다. 직업적인 목적이 잘못되면 단지 당사자의 시간을 허비하게 되지만, 대중 스피치의 목적이 잘못되면 모든 청중들의 시간을 허비하게 된다. 이러한 이유에서 스피치의 목적을 선택하는 시발점은 "다른 사람에게 가치가 있는 주제는 무엇인가?"라는 것이 되어야 한다.

다른 사람을 위한 스피치의 가치는 각 청중의 지식과 행동과 느낌에 주는 영향력에 달려있다. 연설가협회에서는 이를 '스피치의 일반적 목적'이라고 부르고, 모든 스피치는 다음 목적 중 하나를 성취해야 한다고 규정하고 있다. 즉 정보 제공, 청중 설득, 즐거움 제공 또는 영감을 이끌어 내는 것 등이다. 대부분의 스피치가 이들 요소를 혼합해서 이루어지지만, 우수하다고 하는 모든 스피치는 그 스피치의 주제에 대한 일반 목적에 따라 결정된다.

'정보를 제공하는 스피치'는 가장 쉽다. 최소한의 노력으로 개인적 환경이나 직업적 환경에서 스피치를 할 수 있다. 예산 검토나 프로젝트 진행 현황 보고 등, 직업 현장의 전형적인 많은 프레젠테이션이 이러한 정보 제공 카테고리에 해당한다.

'영감을 불러일으키는 스피치'는 비즈니스 상황이나 개인적인 상황에서 가치가 있다. CEO가 전체 직원 앞에서 다가오는 새해의 비전을 공표하거나 영업 관리자가 새로운 결산분기의 보너스 계획을 발표하는 장면은 직장에서 전형적으로 볼 수 있는 예이다. 그러나 영감을 불러일으키는 스피치는 직책상 권한이 약한 사람들에게 한층 더 중요하다. 바로 옆의 동료와 여러 부서의 직원들에게 협조를 요청하려면 당신의 아이디어를 팔아서, 그들이 당신을 지원하면 그들과 회사에도 유익하다는 것을 믿도록 영감을 주어야 한다.

'다른 사람을 즐겁게 하는 스피치'는 대부분 개인적인 상황과 직장에서의 격의 없는 대화 상황에 국한된다. 그러나 공식적인 업무 상황에서 쓰일 때도 있는데, 예를 들면 휴일 파티의 만찬에서 하는 스피치 같은 것이다. 대부분의 경우 여흥적인 스피치에서는 청중에게 오래 남는 영향력을 주려고 의도할 필요가 없다. 단지 그 순간의 즐거움을 위해 준비하면 된다.

'상대를 설득하기 위한 스피치'는 가장 가치가 있는 스피치의 근본적인 목적이다. 설득적인 스피치는 누군가의 신념과 확신을 바꾸게 하고, 좋은 아이디어에 대해 돈을 지불하게 하거나 직접 행동하게 만든다. 아마 독자 중에는 직원들에게 고객을 환대하는 법을 가르쳐 판매를 증가시키려는 소매관리자가 있을 것이다. 또는 다음 프로젝트를 따내기 위해 고객을 납득시키려고 애쓰는 그래픽 디자이너도 있을 수 있다. 어떠한 경우든, 처음에는 배경을 설명하는 정보가 담긴 내용으로 시작하여 잠재적인 해결책을 검토해주는 문제해결 부분으로 이동하게 된다. 그리고 당신의 제안(추천)이 가치가 있다는 것을 증명하는 설득력 있는 효과적인 말로 마무리할 것이다.

당신이 하는 스피치의 목적은 무엇인가?

청중의 욕구와 흥미를 충족시키는 한 가지 핵심 메시지를 선택하라.

세계 대중 연설 대회의 결선 진출자들은 (비록 경선 규칙이 연설의 목적을 밝히는 것은 아니지만) 심사위원을 포함한 청중들이 영감을 얻고자 기대하는 것이 무엇인지를 안다. 랜스 밀러는 13년 동안 경선에 참가했지만 한 번도 우승을 하지 못한 후에, 자신에 대한 생각을 멈추고 청중을 생각하는 순간 돌파구를 찾게 되었다. "나 스스로에게 물었다. '내가 무엇을 배웠는가? 내 삶에서 청중들과 공유하고 싶은 나만의 독특한 차별점은 무엇인가?'라고. 그리고 무엇이 잘못되었는지보다는 무엇이 옳았는지를 찾아보았다. 그랬더니 '세상은 훨씬 더 나은 곳이 될 수 있다는 것'을 서로에게 입증할 수 있다는 생각이 갑자기 떠올랐다."

토스트마스터즈에서는 모든 스피치가 지배적인 일반적인 목적뿐만 아니라, 단일의 특별한 목적도 가져야 한다고 말한다. 우리는 특별한 목적이라는 말보다는 '핵심메시지' 또는 '가장 중요한 아이디어'라는 용어를 선호한다. 이러한 용어가 청중들이 알고 느끼고 행동하기를 원하는 연설자의 목표를 더 잘 반영하기 때문이다. 초보 연설자는 너무 많은 핵심 메시지를 전달하려는 경향이 있다. 하지만 랜스는 다른 사람의 인정을 받는 청중 중심 아이디어 하나에 모든 역량을 집중해야 한다는 것을 그의 연설 내용에서 보여주고 있다.

이 책에 특별히 예시로 보여주는 연설 챔피언들의 각 스피치에는 네 가지 핵심지표, 즉 주제, 시간, 단어 수, 웃음 수를 도표로 나타냈다. 각 스피치를 읽을 때, 어떻게 핵심 메시지가 모든 낱말을 연결시키는 하나의 척추로서의 역할을 하는지 확인하라. 또 연설자가 1분이라는 짧은 시간 동안 의도한 단어를 사용하여 전달하고 있는 스토리라인의 넓이와 깊이에 주목하라. 끝으로, 주제가 얼마나 중요한가에 상관없이 사람들을 즐겁게 하고 있는 유머를 찾아내라.

실제연설문 1 ▶▶

궁극의 질문(2005)[*]

핵심 메시지	사랑
시간	7.3분
분당 단어 수	131
분당 웃음 수	2.19

〈도입〉

궁극의 질문, 이는 천지개벽 이래로 사람을 괴롭혀왔습니다. 우리 중에 누구라도 각각의 삶 어느 시점에서 한 번은 꼭 물어야 하는 질문이 있습니다. 그것은 바로 "이 세상에서 나는 의미 있는 존재인가?"입니다.

---

[*] 이 연설문의 원문은 http://www.lancemillerspeaks.com에서 인용하였다.
랜스 밀러의 연설에 대한 통찰은 287쪽부터 요약되어 있다.

〈1부〉

의장님, 그리고 토스트마스터즈 회원과 친구 여러분,

저는 26살이었습니다. 인디아나의 작은 도시에서, 내가 좋아하지 않는 일을 하며 살고 있었습니다. 나에게는 3년 동안 여자 친구가 단 한 번도 없었습니다. 단지 엄마, 아빠라는 룸메이트와 함께 살고 있었을 뿐입니다.

내가 내 삶을 스스로 이끌어가야 할 곳은 아무데도 없었습니다. 나는 집과 가족으로부터 뛰쳐나왔습니다. 그리고 다시 시작해 보고자 로스앤젤레스로 향했습니다. 6개월 후, 나는 좋아하지 않는 일자리를 얻게 되었으며, 한 여자와 데이트를 하게 되었습니다. 그녀는 나의 모든 단점을 찾아내어 나를 더 좋은 사람으로 만들려고 애썼습니다. 그리고 나에게는 아인슈타인과 오펜하이머(미국의 물리학자로 세계 최초로 원자 폭탄 제조를 지휘했다) 같은 멍청하고 바보스러운 룸메이트들이 있었습니다.

나는 내 삶의 모든 것을 변화시키려 했습니다. 그러나 변한 것은 아무것도 없었습니다. 나는 여전히 내가 가야 할 곳은 아무데도 없다고 느꼈습니다.

〈2부〉

그러던 어느 날, 고객을 방문하여 비즈니스 미팅을 막 끝낸 후였습니다. 아직 무료주차시간이 남아있기를 간절히 바라면서, 나는 입구 쪽에 있는 안내원에게 걸어가서 말했습니다. "미안하지만, 무료주차시간이 아직 남아있습니까?"

그녀는 나를 부드럽게 물끄러미 쳐다보면서 "네, 아직 유효합니다. 그런데 당신의 멋진 미소는 정말 최고예요!"라고 말했습니다.

그녀에게 주차권을 보여주면서 "네, 저는 당신 상사와 방금 미팅을 끝냈습니다, 아직 무료주차가 가능하지요?"라고 하자,

그녀는 "네, 당신이 그 분을 비즈니스 상대로 결정한 것은 정말 탁월한 선택입니다."라고 말했습니다.

나는 "정말 좋은 유머감각을 가졌군요. 당신을 여기에 근무하도록 한 것이 얼마나 큰 행운인지 당신 상사에게 말해주겠어요."라고 말했습니다.

그녀는 "주차권을 주세요."라고 말하고는, 조그마한 주차확인 기기에다 "치-칙" 소리를 내며 주차권을 체크해 주었습니다. 그러더니 그 기기를 제자리에 돌려놓고 나를 보며 말했습니다. "당신에게는 뭔가 특별한 것이 있어요."

나는 주차권을 가지고 엘리베이터로 가다가 잠깐 멈춰 서서 그녀에게 인사했습니다. "감사합니다."

주차시간이 남았는지 생각한 그 순간 이후로 얼마나 시간이 지났을까요? 집에 오는 내내 그녀의 말이 여운으로 남았습니다. 그리고 내 삶을 되돌아보며, 내가 누군가를 인정해 본 게 언제쯤이었을까 생각하기 시작했습니다. 나는 남을 인정해 주고 싶었고, 사람들을 기분 좋게 해주고 싶었습니다. 그러나 그 전에 먼저 내가 중요한 사람이 되고 싶었습니다. 내가 먼저 성공할 필요가 있었습니다. 그래야 다른 사람에게 무엇인가 말할 때, 그것이 중요한 의미로 받아들여질 수 있다고 믿었습니다. 그러나 그 접수담당자는 간단하게

나의 하루를 행복하게 해주었죠. 아니, 나의 한 달을 행복하게 만들어 주었습니다. 그녀가 내 주차권에 스탬프를 찍은 그 작은 "치-칙" 소리 하나로, 나는 내가 인정받았다고 생각하게 되었습니다.

〈3부〉

그리고 나서 나는 멍청하고 바보스러운 룸메이트들을 보려고 집으로 갔습니다. 이 두 남자들은 끊임없이 다른 사람들을 아파트로 데리고 왔죠. 정말 짜증나게 했습니다. 그러나 나는 집에 들어서면서 그들에게 말했습니다. "너희들은 내가 본 그 누구보다도 친구들을 빨리 사귀는구나, 그런 능력은 바로 신이 준 선물이야." 그들의 얼굴을 바로 앞에서 보면서, 나는 그들이 이 상황을 잘 파악해주기를 절실히 바랐습니다. "치-칙"

여자 친구를 보러갔습니다. 나를 잘 돌봐주니 감사했죠. 그녀는 내가 할 수 있는 일이라면 지원해주고, 언제나 잘 되기를 바랐습니다. 여러분은 아십니까? 그녀는 더 좋은 것도 가지고 있습니다. "치-칙"

일하러 갔습니다. 나를 채용해준 상사에게 감사했습니다. 그는 나의 부탁을 들어주었고 그 후 나는 그 일을 아주 즐기기 시작했습니다. "치-칙"

나는 내가 다른 사람을 인정하기 전에 내가 먼저 중요한 사람이 되어야 한다고 생각하곤 했습니다. 다른 사람들을 내 성공의 장애물로 바라보곤 했죠. 그러나 내가 찾아낸 것은 내가 먼저 다른 사람을 인정할 때, 내가 더 중요해진다는 것입니다. 나는 그 사람들 그리고 또 다른 사람들에게서 중요한 사람이 되는 것입니다. 나에게는 다른 사람들이 바로 성공의 오솔길이나 다름없습니다. 나는 내가 만난 모든 사람들에 스탬프를 찍을 수 있는 무엇인가를 발견하려고 노력하기 시작했습니다. 그러한 작은 선량함의 조각들이, 그러한 작은 진실의 조각들이 바로 작은 인정, 즉 "치-칙"이 되는 것입니다.

〈결론〉

나는 스스로를 대단한 사람으로 느끼기 시작했습니다. 온화한 내면을 갖고, 가슴에는 큰 V자가 새겨진 푸르고 붉은 스판덱스를 입은 슈퍼맨 같은 느낌이 들었습니다. "그렇다, 나는 남을 인정해주는 사람이다." 긴장하게 되면 사람들은 더 엄격해지고, 그러면 내가 들어와서 스탬프를 찍습니다. 치-칙, 치-칙, 치-칙! 나에게는 잉크가 충분히 남아 있습니다. 그리고 사람들의 소리가 들리는 듯합니다. "저 사람이 누구였지?"

나는 잘 몰랐습니다. 그러나 인정의 "치-칙"이라는 소리를 듣고 나서 지금은 갑자기 아주 많이 좋아졌습니다.

답을 찾았죠. 세상의 결점은 무엇인가? 나의 결점은 무엇인가? 당신의 결점은 무엇인가? 하지만 그것이 무슨 상관이 있겠습니까?

그 질문을 이렇게 바꿔보면 어떨까요? "세상의 장점은 무엇인가?", "나의 장점은 무엇인가?", "당신의 장점은 무엇인가?" 모든 인류의 공통분모는 우리가 모두 인간이라는 사실입니다. 인간은 본질적으로 불완전하고, 다른 사람의 결점을 찾는 특별한 재능을 가지고 있지 않습니다.

그러나 모든 사람들은 올바른 삶을 영위하고자 하고, 가치를 찾으려고 합니다. 바로 그것을 찾아야 합니다. 다른 사람에게서 그것을 끄집어내야 합니다.

나는 나의 삶 속에서 남에게 유용하게 쓸 수 있는 것을 찾아내기 시작했습니다. 인정하는 것을 통해서 다른 사람으로부터 이로운 점과 가치 있는 것을 끄집어냈다는 사실을 알게 되었습니다.

우리는 이 세상의 많은 문제를 지니고 있습니다. 그러나 부모와 자식 사이, 남편과 아내 사이, 직원과 회사 사이 또는 인종, 문화, 국가 간에 존재하는 모든 문제들은, 다른 사람들을 의롭고 가치 있고 선한 존재로 인정하지 않기 때문에 일어나는 것입니다.

이것이 바로 궁극의 질문입니다. "당신은 남을 인정하는가?" 그러나 이것이 중요한 것은 아니죠. 진짜 중요한 것은 우리가 실제로 "치-칙" 하면서 행동으로 그것을 보여줄 수 있는가 하는 것입니다.

조언 Advice 3

영원한 진리에 뿌리를 둔, 하나의 영감을 주는 핵심주제를 선택하라.

시의적절하고 독창성 있는 요구조건을 충족하게 되면, 토스트마스터즈 세계 대회 참가자들은 다양한 주제에 대해 자유롭게 말할 수 있다. 100가지 포인트를 가지고 판단해 보면, 30가지는 토픽(화제) 선택과 관련이 있는데, 그중 15가지는 "효과성: 목적달성, 흥미, 반응"과 연관된 것이고, 나머지 15가지는 "스피치 가치: 아이디어, 논리, 독창적 생각"과 연관된 것이다. 흥미 있는 것은 '목적달성'의 '목적' 부분은 어떠한 공식적인 규정집에도 언급되어 있지 않다는 것이다.

'영감'뿐만 아니라 '동기'도 주요 핵심 내용이지만, 대회에서 우승한 스피치의 핵심 내용은 주로 '영감'과 관련된 것들이었다. 간단히 말하면, 세계 대중 연설 대회가 요구하는 것은 청중에게 영원한 진리와 덕목을 상기시켜주는 7분짜리 대중 연설인 것이다. 대회에 자주 등장하는 연설 주제는 일곱 가지 천상의 덕목들(믿음, 소망, 사랑, 정의, 지혜, 절제, 용기)이다. 물론 일상생활과 관련된 미덕에 대해서도 좋은 점수가 주어진다. 아래 표는 '영감을 주는 스피치'에 주로 사용되는 덕목에 대한 목록이다.

영감을 주는 스피치 주제 선정을 위한 영원한 덕목들

행동(추진력, 야망, 위험감수)	겸손(단정, 신중함)
진실성(개성, 자기표현)	유머(즐거움)
균형	정의(공정성, 공평정대)
평온(평정)	지식(지혜, 전망)
자선(너그러움, 나눔, 선행)	리더십
동료애(우정)	사랑(친절, 감사, 신의, 충성심, 헌신)
연민(이해, 수용, 관용, 공감, 온기, 돌봄)	마음 챙김(균형감, 존재, 침묵)
유대감(협력, 공동체)	낙관주의(희망, 열의, 적극성)
만족감	열정(열의, 활력)

확신(자기주장)	인내(회복력, 지속성, 근면성, 투지)
용기(용맹, 용감성)	창의성(독창성)
호기심(학습)	책임(시민의식, 신뢰, 진실성)
용서(자비)	자기관리(절제, 인내)
감사(공손, 예의)	영성(믿음, 신념)
정직성(진실성, 성실)	취약성

1995년부터 2011년까지 17년 동안 세계 대중 연설 대회 우승자들에게는 사랑에 대한 주제가 다섯 번으로 가장 많이 나왔다. 인내는 세 번으로 두 번째로 많았고, 마음 챙김과 행동은 각각 두 번씩 나왔다. 그 외에도 동정심, 창의성, 자기표현, 희망 그리고 관용이 각 한 번씩 나왔다.

조언 Advice **4**
영향력 있는 연설을 고안하라.

목적과 핵심 메시지를 아는 것은 필요하지만 그것만으로는 충분치 않다. 스피치에는 납득할 만한 존재의 이유가 있어야 한다. 그리고 메시지는 청중들이 다르게 생각하고 느끼고 행동해야 하는 이유를 분명히 느낄 수 있도록, 청중에게 동기부여를 해 주어야만 한다. 우승한 스피치는 다음과 같이 간단하고 자신감 있는 주장으로 요약될 수 있다. "나는 청중들에게 무엇을(핵심 메시지) 어떻게 하여(목적)

어떻게 만들(영향력) 것이다." 랜스 밀러의 스피치를 이와 같이 요약해 보면 다음과 같다. 즉, "나는 토스트마스터즈 회원들이 다른 사람의 선량함을(메시지) 인정하도록 영감을 줄(목적) 것이다. 그래서 세계가 더 안전하고 사랑스러운 곳이 되게 할(영향) 것이다." 알다시피 영향은 청중 입장에서의 혜택을 말한다.

이러한 원리는 비즈니스 분야에도 강력하게 적용할 수 있다. 다음의 네 가지 예를 가지고 구체적으로 설명해보자. 랜스의 스피치처럼 수준 높은 예도 있지만, 일상적인 예도 있다. 다음은 네 가지 목적 각각에 대한 예이다.

- 나는 상사에게 프로젝트의 진행 상태에 대해 정보를 제공할 것이다. 그러면 그녀는 진행상황에 대해 편안하게 느낄 것이다.

- 나는 영업사원들에게 새로운 고객 관계 관리 시스템의 활용에 대해 설득할 예정이다. 그러면 그들은 더 많은 매출을 올릴 수 있을 것이다.

- 나는 일선 서비스 팀에게 고객을 기쁘게 하도록 영감을 줄 것이다. 그러면 그들은 신뢰를 기반으로 부가가치가 있는 관계를 구축할 것이다.

- 나는 동료들과 고객들을 기쁘게 할 것이다. 그러면 그들은 긴장을 풀고, 스스로 일을 즐기게 될 것이다.

당신이 잘 알고 있는 주제에 대해 말하라.

지금까지 언급한 것은 다른 사람들에게 가치를 줄 수 있는 세 가지 공통적인 관심사 중 첫 번째 내용이었다. 이번에는 두 번째 관심사인 '화자가 가장 잘 하는 일'로 넘어가자. 탁월한 스피치의 유사점은 화자가 깊게 이해하고 있는 주제에 대해 말하는 것이다.

넬슨 만델라는 가장 강력하고 영향력 있는 20세기의 연설가로 널리 알려져 있다. 1964년 4월 20일, '아파르트헤이트(apartheid: 인종차별정책)에 대항하는 장기간의 투쟁으로 인한 방해혐의'에 대한 재판의 모두연설에서 판사에게 다음과 같이 말하며 연설을 마무리했다.

"나는 일생동안 아프리카인들이 벌인 이 논쟁을 위해 모든 것을 바쳤습니다. 백인통치에 대항해 싸웠고, 또한 흑인통치에 대항해서도 싸웠습니다. 나는 민주주의의 이상과 모든 사람들의 화합 그리고 모든 국민이 동등한 기회를 가지는 자유로운 사회를 소중하게 여겨왔습니다. 나의 이상과 희망은 살아서 그러한 사회를 만드는 것입니다. 그러나 만약 꼭 그렇게 해야 한다면, 내가 죽음을 준비하는 것 또한 이상이 될 수 있다고 생각합니다." [1]

이 연설이 강력하게 느껴지는 것은 그의 특별한 상황과, 그의 지식과 경험의 깊이 때문이다. 법정에서의 극단적인 상태임에도 불구하고, 터무니없지만 만델라가 아이폰과 같은 새로운 소비자 기술을 소개한다고 상상해보라. 반대로 스티브잡스가 아프리카에서의 부당하고 급진적인 차별에 대한 말로 연설을 마무리한다고 생각해보라. 분명 열정이 느껴지지 않을 것이다. 그러므로 '전문 연설가'가 중요한 것이 아니라, '연설하는 사람 자신이 그 분야의 전문가여야 한다.'는 것이 중요하다.

조언 Advice 6
주제에 대해 철저히 연구하라.

세계 대중 연설 대회 이외에 다른 발표자들이 자신의 개인이야기를 아주 풍부하게 전달하는 경우는 매우 드물다. 대부분은 연구결과나 제안에 대해 발표하고자 할 뿐이다.

연구를 위해 달력에 시간을 정해 놓으라. 달력에 표시한 것은 처리하게 되어 있다. 가족과 일과 토스트마스터즈를 모두 잘 다루려면 꽤 힘이 들 것이다. 주어진 시간에 활용 가능한 자원으로 목적을 성취하기 위해서는 할 수 있는 한 많은 연구를 수행해야 할 것이다.

다양한 자료를 탐구하라. 대부분의 발표는 원본자료(original data)를 수집하기보다는 단순히 시중에 떠도는 자료를 모으고 통합한 2차 자료에 의존한다. 과거에는 직접 도서관으로 가서 책이나 백과사전, 신문, 잡지, 학술지를 통해서 필요한 자료를 샅샅이 찾았다. 오늘날에는 인터넷을 통하여 방대한 자료를 제공하는 기억장치에 쉽게 접근할 수 있다. 하지만 인터넷은 많은 정보의 저장소 중 하나에 불과하다. 높은 수준의 발표를 위해서라면 1차 연구가 가장 좋다. 1차 연구는 경험, 조사 또는 비즈니스 거래 데이터를 통해 정보를 직접 수집하는 것이다. 자연과학에서 실험은 실험실에서 이루어진다. 마찬가지로 사회과학 기술에서는 비즈니스 세계에서의 일대일 인터뷰, 조사, 포커스 그룹, '파일럿 연구'라 불리는 소규모 현장 검사 등의 1차 연구가 자주 차용된다.

편견이 없는 인류학사가 되라. 세상에는 사람들의 의사결정에서 실수하게 만드는 어지러운 편향들이 많이 있다. 그것들 중 가장 위험한 것은 아마도 '확신 편향'일 것이다. 확신 편향은 우리의 신념을 확인하는 정보만 찾고, 그 신념에 반하는 정보는 무시하는 경향을 말한다. 이러한 의사결정 상의 실수에 맞서 싸우는 방법은 인류학자의 눈으로 세상을 관찰하고, 연구 과정에서 기존의 신념이 잘못되었음을 능동적으로 입증하도록 노력하는 것이다. 언제나 당신이 파악한 1차 연구 또는 2차 연구에 활용한 내용은 기록하고 출처를 인용하라. 법적으로나 도덕적으로도 그것이 올바른 방법이지만, 더 직접적으로는 당사자 개인에게 유익함이 있다. 자료의 출처를 인용하게 되면, 당신의 신뢰도를 높이게 된다. 자료에서 너무 세밀한 부분까지 일일이 인용할 필요는 없다. 청중이 자료의 위치를 알 정도만 제공하면 충분하다. 예를 들면, 다음과 같이 2차 자료를 인용할 수 있다. "존스홉킨스 대학의 아무개 박사가 시행한 2013년 연구에 따르면..." 또는 1차 연구에서 나온 결과를 준비했다면 이렇게 표현할 수도 있다. "오늘 저의 제안은 뉴욕에 사는 100명의 고객을 인터뷰한 자료에서 나온 것입니다."

가능하면 해당 주제에 대한 1차 연구 내용을 읽어보라. 그것이

2차 연구를 실행하는 적절한 방법이다. 사실에 대한 확인 없이 2차 자료를 참조하는 것은 주의해야 한다. 이것이 바로 '도시 전설'(ur-ban legend: 확실한 근거가 없는 데도 시실인 것처럼 사람들 사이에 퍼지는 이야기)이 탄생하는 이유이다. 다음과 같은 교훈적인 이야기를 명심하라:

많은 대중 연설 전문가들과 코치들은 "커뮤니케이션에서 7%만 내용에 있고, 38%는 목소리 그리고 55%는 몸짓언어에 있다."는 통계를 인용한다. 하지만 이 통계의 출처를 인용하거나 아는 사람은 극소수이다. 소수는 아직도 메라비언과 페리스와 와이너가 실행한 1967년 연구의 실제 자료를 읽어보기를 꺼려한다. 사람들이 1차 연구 자료를 참조했는가? 그들은 이 연구가 단순히 구술 언어에 관한 주제를 설명하는 것이었음을 알았어야 했다. 이 연구는 연설의 내용이나 목소리 톤, 몸짓언어에 청중이 어떻게 영향 받아 연설자의 의도(좋음, 싫음, 중립)에 접근하는지를 알아보기 위해 고안된 것이다. 이 연구를 정상적인 대화나 발표 전체에 적용하는 것은 분명히 잘못된 적용이다. 메라비언 박사도 이후 스스로 다음과 같은 기록을 남겼다. "감정이나 태도에 관해서 이야기하는 것이 아니라면, 이 이론은 적용될 수 없다."

청중의 지식과 지적능력을 존중하라.

전문연설가의 스피치 또는 비즈니스상의 스피치를 할 때는 주제와 사용 언어를 조율하고 청중의 지식 수준에 맞추어서 구체적으로 이해를 도와야 한다. 늘 청중 수준에 맞춰 말하고 결코 그 이상도 이하도 하지 말라.

랜스 밀러는 자기 자신을 떠받치는 화자에게 다음과 같은 조언을 했다. "겸손과 성실은 최고의 화자와 최고의 스피치를 만든다. 겸손은 당신이 청중과 눈과 눈을 마주치면서 말하는 것이다. 나는 사람들이 청중을 깔보는 말투로 얘기하면서 권위적인 자세로 변하는 것을 알고 있다. 그들의 스타일은 이런 것이다. '나는 당신이 이러한 방법으로 생각하도록 명령한다!' 그러나 더 적절한 방법은 청중을 항상 우수한 사람으로, 당신보다 더 스마트한 사람으로 만들어 주는 것이다."

랜스가 청중을 동등하게 보는 것이 옳다고 말했다 해서, 그들이 언제나 당신이 가진 지식의 깊이를 공유한다고 예상하지는 않는 것이 좋다. 랜스의 다양한 청중들은 대부분 한 가지를 제외하고는 그의 모든 말을 이해할 수 있었다. 앞에서 나온 그의 연설을 심사숙고해보자. "그리고 나에게는 아인슈타인과 오펜하이머 같은 멍청하고 바보스러운(Dumb and Dumber) 룸메이트들이 있었습니다." 유명했던 영화인 'Dumb and Dumber'(덤 앤 더머: 1994년 상영된 미국 코미디 영화)는 오래전에 소개되었기 때문에 사회의식 내에 잘 배태되어 있다. 마찬가지로, 모든 사람들이 앨버트 아인슈타인이 누구인지 알고 있다는 것은 합리적으로 기대할 수 있다. 그러나 청중 가운데 나이 든 몇몇 사람만이 로버트 오펜하이머가 누구인지 알 수 있다. 그는 맨하탄 프로젝트의 리더이고, 종종 원자폭탄의 아버지라고 불려진다. 비즈니스의 경우에는 청중의 지식수준 내에서 말하는 것이 훨씬 더 중요해진다. 이 경우 대부분의 발표는 발표자보다 더 연장자 앞에서 행해지게 되는데, 그러면 자연스럽게 자신의 지식을 뽐내려고 하게 된다. 그러나 대부분의 고위 임원들은 (일반적으로 당신이 발표할 내용에 대해서는 더 적은 지식을 가진 사람들) 자신들을 동료로 간주하고, 간단하고 명확한 언어로 말하는 것을 선호할 것이다.

조언 Advice 8
주제에 대해 정확하게 말하라.

직업상의 목적과 스피치의 목적 사이의 공통적인 내용인 마지막 세 번째 고려사항은 "돈이 목적이 아니어도 꼭 하고자 하는 일은 무엇인가?"이다. 여러 대중 연설들의 유사점은 당신에게 영감을 주는 아이디어를 다른 사람과 공유하는 것이다. 당신이 변할 때, 청중도 변화시킬 수 있다. 연설 내용에 대한 열정이 진정성의 심장이고 혼이다. 청중은 단지 연설자를 보고 들음으로써 확신을 느끼게 된다.

예상한대로, 특히 직장에서는 누구나 영혼이 없는 발표를 하도록 요청받는다. 열렬한 척하면서 발표를 강행하지 말라. 잘못된 신념은 빈혈처럼 위험하다. 단지 당신이 느낀 대로, 하고자 하는 방식으로 말하라. 극단적인 경우, 만약 당신이 신뢰하지 않는 주제에 대해서 말하도록 요청을 받는다면, 잘할 수 있는 다른 사람에게 그 기회를 줄 수 있는지 알아보라. 연설은 당신이 다루고 있는 개인적이고, 깊은 열정을 느끼는 주제에 대해서 말할 때 쉬워진다. 이는 사회적 상황에서와 마찬가지로 비즈니스 상황에서도 그렇다. 직장에서도 이러한 원리를 알 수 있을 것이다. 랜스 밀러가 어떻게 그의 연설문 초고를 작성했는지 확인해보자. "나에게는 연설 대회가 자기발견과 자부심을 찾는 여행이나 다름없었다. 우리는 인생을 성찰하고 자신이 누구인가를 규정할 필요가 있다. 삶을 되돌아보고 가족과 친구의 의미를 되새겨야 한다. 우리는 결국 우리가 되고자 하는 사람보다는 그들이 원하는 사람이 되고자 노력하게 된다. 당신이 스스로를 누군지 이해하게 되면, 당신의 언어를 가지고 가치 있는 어떤 주제를 세상에 전할 수 있게 된다."

랜스 밀러는 자신의 연설에 있어 청중들에게 참으로 흥미로운 내용을 드러냈다. 그의 말을 들어보면 알 것이다. "주차 시간이 남았는지 생각한 그 순간 이후로 얼마나 시간이 지났을까요? 집에 오는 내내 그녀의 말이 여운으로 남았습니다. 그리고 내 삶을 되돌아보며, 내가 누군가를 인정해 본 게 언제쯤이었을까 생각하기 시작했습니다. 나는 남을 인정해 주고 싶었고, 사람들을 기분 좋게 해주고 싶었습니다."

대중 연설 기법을 습득한 사람은 종종 두 가지 방법 중 하나를 따른다. 한 부류는 경직되고 감정이 없는 보수적인 모습으로 너무 다듬은듯한 스타일을 보이며, 다른 부류는 인위적으로 스스로를 증폭시켜서 해방되고 불타는 열정을 내보인다. 두 가지 유형 모두 무대 뒤가 아니라 무대 위에 있다는 사실을 망각하는 실수를 저지른 것이다. 랜스는 진정한 열정을 표현함으로써 진짜 카리스마를 보여주었다. 그는 청중들에게 같은 길을 함께 여행하고 있는 것처럼 말했다.

랜스는 또한 실수와 도전과 실패를 공유함으로써 청중들에게 자신을 연약하게 보이게끔 했다. "나는 내 삶의 모든 것을 변화시키려 했습니다. 그러나 변한 것은 아무것도 없었습니다. 나는 여전히 내가 가야 할 곳은 아무데도 없다고 느꼈습니다." 그의 이야기는 앞으로의 기회와 도전뿐만 아니라, 그의 인생행로와 과거의 성공과 실패가 점철된 삶에 대한 중요한 통찰이었다.

· · · · ·

당신이 해야 하는 어떤 스피치라도 청중에게 '가치 있는 주제', 당신이 깊게 '이해하고 있는 내용' 그리고 당신이 '열렬히 믿고 있는 것', 이 세 가지 교차점 안에서 아주 좁고 명확한 주제에 초점을 맞추어야 한다.

다음 장에서는 주제를 고상하게 구조화하여, 토스트마스터즈에서나 직장에서 또는 개인적인 기회에 어떻게 성공적인 스피치를 할 것인지에 대해 탐구할 것이다.

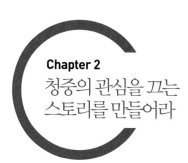

Chapter 2

청중의 관심을 끄는
스토리를 만들어라

청중이 메시지를 잘 파악하도록 프레임워크를 조직하라.

토스트마스터즈 회원이 입문 초기 단계에서 사용하는 '훌륭한 커뮤니케이션을 위한 매뉴얼'에서는 시사적 주제, 공간, 인과관계, 비교법, 문제해결, 발생 순 등 스피치를 구조화시키는 일련의 아주 이해하기 쉬운 프레임워크를 제공한다. 각 프레임워크는 스피치의 일반적인 네 가지 목적, 즉 정보, 설득, 즐거움, 그리고 영감에 대한 한 가지 또는 그 이상의 주제와 잘 어울리게 되어 있다. 가장 중요하게 고려해야 하는 점은 청중들이 화자의 핵심 메시지를 잘 파악하도록 하는 프레임워크를 선택하는 것이다.

정보를 전달하는 스피치에는 시사적 프레임워크를 사용하라.

시사적인 스피치는 전통적인 서론-본론-결론의 구조를 따르는데, 본문을 구성하는 핵심은 같은 복수형 명사를 사용하여 분류한다. 예를 들면, "체중감량을 보장하는 세 가지 일상습관"이라는 제목의 시사적 스피치에서 복수형 명사는 '습관'(habits)이다. 시사적이거나 정보를 제공하는 목적의 스피치는 토스트마스터즈 모임의 대들보에 해당하는데, 이러한 프레임워크로 세계 대중 연설 대회에서 승리하는 경우는 아주 소수에 불과하다. 비록 반드시 지켜야 하는 규칙이 없다 해도, 대부분의 시사적 스피치의 본론은 세 가지 주요 핵심들로 구성되어 있다.

공간적 스피치는 시사적 스피치의 아류로 본론에서 주요 핵심을 나타내는 복수 명사는 '물리적 장소'이다. "가장 수익성 있는 세 개의 매장" 또는 "세계에서 가장 아름다운 휴양지들"이라는 제목의 스피치가 그 예이다.

인과관계 스피치는 시사적 스피치의 또 다른 아류이다. 주요 핵심을 나타내는 복수 명사는 '원인 또는 영향'과 관련이 있다. "우리 매장에서의 절도 방지"라는 제목의 스피치가 여기에 해당한다. 서론은 영향을 표현한다. 즉, 매장 절도에 의한 손실이 지난해에 재고 2%에서 4%로 두 배 증가하였다는 내용이다. 본론은 그 원인을 탐색한다. 즉, 고장 난 보안카메라, 지역 사회의 높은 실직률 그리고 매장 내 소수의 근무 직원 등에 대해 말이다. 결론은 영향을 상기시키고, 영향을 다시 언급한다. (만약, 결론에 이 문제를 해결하는 제안 사항이 내포된 경우라면, 스피치 프레임워크는 인과관계보다 문제 해결 형태가 될 수 있다. 이 개념은 나중에 다룰 예정이다.) 만약 서론에 인과관계가 들어가 있다면, 본론이 그것의 영향을 탐색하게 된다. 즉, 증가된 상점 절도, 계산대의 직원 도둑에 의한 부족한 현금, 그리고 통로의 대혼란 등이다.

 조언 A d v i c e 11

핵심 메시지를 사전에 검토하고, 관심을 끌고, 서론에서 로드맵을 제시하라.

잭 엘리어트(Jock Elliott, 2011)의 스피치 "그저 운이 무척 좋아요"는 세계 대회에서 우승한 보기 드문 시사적 스피치에 해당한다. 이는 일반적인 표현을 초월하고 청중에게 영감을 주었기 때문이기도 하다. 특출한 발표력을 개발하기 위한 모범사례를 알아내기 위해 텍스트를 해체해보자. 그의 대부분의 스피치 테크닉은 다른 각 스피치 프레임워크에도 균등하게 잘 적용된다. 우선 그의 서론을 분석해보자.

실제연설문 2 ▶▶

그저 운이 무척 좋아요(2011)[*]

핵심 메시지	사랑

---

* 이 연설문의 원문은 http://www.speakeasy.com에서 인용하였다.
잭 엘리어트의 연설에 대한 통찰은 306쪽부터 요약되어 있다.

시간	6.78분
분당 단어 수	109
분당 웃음 수	1.47

〈도입〉

대회 의장님, 그리고 신사숙녀 여러분, 만약 제가 트위터나 페이스북에 가입했다면, 수백 명의 새로운 친구들을 아주 쉽게 사귈 수 있었을 것입니다. 그러나 그들 중 몇 명이나 내가 필요할 때, 새벽 3시에 침대에서 일어나 내게로 왔을까요? 아마도 아무도 없을 것입니다.

따라서 내가 믿을 수 있는 사람은 누구입니까? 존 라우는 그의 페이스북에서 "모든 사람은 삶의 각 단계에서 최고의 친구를 얻는다. 단지 소수의 행운아만이 변치 않는 오랜 친구를 가질 수 있다."라고 했습니다. 그런데 내가 바로 그 행운아입니다. 최고의 친구 세 명을 가졌기 때문입니다. 나는 피의 친구(생명을 나누는 친구), 시간의 친구(삶을 함께 갈 친구), 그리고 심장의 친구(가슴을 함께 하는 친구)를 가졌습니다.

짧은 서론에서 핵심 메시지인 '진실한 우정의 힘'을 간단히 소개했다. 청중은 당신이 연설할 때, 당신이 무엇을 말하는지를 일찍 파악할 권리가 있다. 또한 당신의 연설을 들어야 하는 이유를 물을 수 있다. 당신이 직면한 문제는, 그 메시지가 청중에게 주는 혜택을 얼마나 직접적으로 언급하는가에 달려 있다. 전달하고자 하는 메시지가 논쟁의 여지가 없는 경우라면 그 주제를 가급적 직접 언급하라. 반대로 청중이 연설 내용에 반박할 여지가 있다면 작은 씨앗을 먼저 심은 다음 주제를 말하라. 우정에 대한 쟉의 메시지는 손쉽게 받아들여지는 것이기 때문에 그는 직접적인 접근을 선택했다. 그가 핵심 메시지를 신속히 밝힌 데는 다른 이유가 있었다. "청중으로서는 핵심이 어딘가로 길게 갈수만 있다면, 그 핵심이 연설 가운데 오랫동안 나타나는 것이 더 행복하다. 그러나 심사위원들은 판별 기준을 그 핵심에 달아놓는다. 그들은 당신의 메시지를 상당히 일찍 알거나 또는 최소한 적절한 출발점을 알 필요가 있다."

그는 우리와 공유하는 메시지가 청중들에게 다양한 수준에서 반드시 영향을 주도록 했다. "수 년 동안 나는 이러한 점을 놓쳤다. 아마도 너무 고지식했던 것 같다. 내가 얘기하고자 하는 것에 대해서는 열정적이었지만, 감성적 울림이 없는 내용에 집착했었다. 청중에게는 명백하게 지적이면서도 감성적으로 다가가야만 한다."

당신이 무엇인가 발표할 때는 모든 청중과 연결되기를 원할 것이다. 쟉은 선제적인 질문을 던져서 청중의 관심을 끌었다. "그러나 그들 중 몇 명이나 내가 필요할 때, 새벽 3시에 침대에서 일어나 내게로 왔을까요?"

이러한 도입부에서 쟉은 청중들이 그의 연설 내용에 머물도록 도와주는 로드맵을 제공했다. "그런데 내가 바로 그 행운아입니다. 최고의 친구 세 명을 가졌기 때문입니다. 나는 피의 친구, 시간의 친구, 그리고 심장의 친구를 가졌습니다." 이 문장은 일반적인 대중 연설 경구에서는 아주 기본적인 표현이다: '청중에게 하고자 하는 말을 하라.' 우리는 연설문 첫 부분을 너 미묘하게 변형시키는 것을 선호한다: '청중이 당신이 말하고자 하는 내용을 맛보게 하라.' 잭은 이러한 변형을 잘 따랐다. 그는 이렇게 말했다. "내가 바로 그 행운아입니다. 최고의 친구 세 명을 가졌기 때문입니다." 그러나 세 종류의 친구를 바로 언급하지 않았다. 대신 연설의 본론으로 들어가면서 각 유형에 대해 밝혔다. 이러한 접근은 세 가지 유형의 친구를 공개할 때의 만족감을 채우기 위해 청중들이 듣고 기다리는 동안, 그들을 긴장감 속으로 몰아넣는다.

조언 Advice **12**
선제적인 질문이나 충격적인 말, 개인적인 이야기로 연설을 시작하라.

선제적인 질문으로 연설을 시작하는 방법은 가장 효과적인 세 가지 오프닝 멘트 중 하나로 꼽힌다. 잭 엘리어트(Jock Elliott)는 2011년에 이를 시도했다. 잭은 도발적인 질문으로 연설을 시작해서 좋은 결과를 냈던 2005년, 2001년, 1992년 챔피언들과 같은 방법을 사용한 것이다. 랜스 밀러(Lance Miller, 2005)는 자신의 연설에 '궁극의 질문'(The Ultimate Question)이라는 제목을 달 정도였다. 랜스는 주차증에 확인을 받는 것과 다른 사람들에게 권한을 주는 것을 관련짓기 위해, 다른 사람들의 약점에 초점을 맞추는 대신 강점을 칭찬하는 방법을 썼다. 그의 연설은 이렇게 시작된다:

궁극의 질문, 이는 천지개벽 이래로 사람을 괴롭혀왔습니다. 우리 중에 누구라도 각각의 삶 어느 시점에서 한번은 꼭 물어야하는 질문이 있습니다. 그것은 바로 "이 세상에서 나는 의미 있는 존재인가?"입니다.

　　물론 충격적인 진술을 하려면 사회적 통념에 이의를 제기할 정도로 강력한 견해를 표출하면 된다. 어쨌든 연사가 충격적인 표현을 할 때, 가장 많이 의존하는 것은 바로 통계자료다. 연사는 충격을 주는 표현이 청중의 감정을 촉발시킨다는 점에 주목해야 한다. 만약 연사가 청중과 '무엇'을 공유했다면 이제 그 청중은 공백 상태로 남은 '왜, 어떻게, 언제, 어디서'를 메우고 싶은 강렬한 욕구가 생기기 마련이다.

　　충격적인 진술로 연설을 시작한 연사 중에는 아직 토스트마스터즈 연설 대회의 우승자가 없어서, 대신 테드 콘퍼런스(Ted confer-ence: 세계적인 지식 공유 콘퍼런스)를 살펴보았다. 2010년, 테드 콘퍼런스에서 스타 요리사이자 아동 영양에 대한 주창자 제이미 올리버(Jamie Oliver)는 충격적인 진술로 연설을 시작했다. 그의 오프닝 멘트를 들어보자:

　　제가 이야기를 시작한지 18분이 지나면 지금 살아 있는 미국인 중 네 명이 사망할 것입니다. 자신이 먹고 있는 형편없는 음식 때문입니다. 저는 영국 에섹스 출신으로, 올해 서른 네 살 된 제이미 올리버입니다. 지난 7년 동안, 저는 사람들의 생명을 살리기 위해 순전히 제 방식대로 줄곧 일했습니다. 저는 의사가 아닌 요리사입니다. 비싼 장비나 기계도 없습니다. 그저 제가 알고 있는 정보와 교육을 활용할 뿐입니다. 저는 음식의 힘은 가정에 있다는 사실을 철저히 믿고 있습니다. 집이야 말로 가족과 생애 최고의 순간들을 결속하는 최초의 장소입니다.

요리사 제이미 올리버는 '무슨 일'(what)이 일어났는지를 청중과 공유하는 방식으로 청중을 사로잡았다. 현대 국가에서 사람들이 자신이 먹는 음식으로 인해 파리처럼 죽어나간다는 것 말이다. 대다수의 청중은 이제 점심 식사를 하고 무사할지 궁금해진다! 이것이 바로 청중과 개인적으로 깊은 관련이 있는 충격적인 통계의 위력이다. 사람들에게는 육체적 건강과 안전, 사랑과 소속감, 욕망과 이익 추구, 밝은 미래에 대한 소망 같은 네 가지 주된 욕구가 있다. 제이미는 청중에게 생사가 걸린 원초적인 질문을 던졌다. 그러자 청중은 왜 이런 일이 벌어졌고, 어떻게 하면 목숨을 구할 수 있을지 숨을 죽이고 다음 내용을 기다리게 된다.

세계 대회 우승자들이 대중 연설에서 가장 흔하게 사용하는 오프닝 멘트는 바로 개인적인 이야기다. 개인적인 이야기로 연설을 시작하면 연사와 청중 사이에 곧 정서적인 유대감이 생긴다. 26년 동안 우승자 19명이 이처럼 이야기로 연설을 시작했다. 14명은 개인적인 이야기로, 5명은 다른 사람들에 대한 이야기로 연설을 시작했다. 비카스 징그란(Vikas Jhingran, 2007)은 자신의 인생에서 결정적인 몇몇 순간을 청중이 다시 체험할 수 있도록 개인적인 이야기로 연설을 시작했다.

두 손이 벌벌 떨리고 목이 콱 막혔습니다. 제 두 손에 인생을 바꿀 편지 한 통이 들어 있었습니다. 좋은 내용일까요, 아니면 나쁜 내용일까요? 답은 편지 속에 있습니다. 저는 꿈에 그리던 대학원, 일명 MIT라고 불리는 매사추세츠 공과대학이라는 발신인 주소를 뚫어지게 바라봤습니다. '축하합니다.'일까요, 아니면 '농담하지 마세요.'일까요? 답은 이 안에 있습니다.

다른 사람의 이야기로 연설을 시작해서 우승한 마크 헌터(Mark Hunter, 2009)는 라만차(La Mancha: 스페인 중남부의 고원 지방)의 사나이 돈키호테를 불러냈다. 이는 다른 사람들의 권리를 이상적으로 옹호하는 것을 보여주는 전형적인 방법이었다. 마크 헌터는 비록 개인적인 이야기로 재빨리 옮겨갔지만, 연설문 본론 내내 미묘하게 참고한 기사도에 창과 갑옷과 말을 포함시켜 제대로 완성했다. 상징을 반복적으로 활용한 그의 접근법은 주제와 관련된 이미지 시스템으로서, 유명한 시나리오 작성 이론에 깊이와 정교함을 추가한 것이다.

비개인적인 이야기로 연설을 시작하는 것은 지난 시절의 유물로, 오늘날 이길 가능성이 거의 없는 방법이다. 아라벨라 뱅송(Arabella Bengson, 1986)은 피그말리온 효과로 연설을 시작했다. 해롤드 패터슨(Harold Patterson, 1987)은 화가 앙리 마티스(Henri Matisse)와 피에르 오귀스트 르누아르(Pierre-Auguste Renoir)의 논쟁으로 연설을 시작했다. 데이비드 로스(David Ross, 1991)는 사람들에게 성공에 대해 전하기 위해 형이상학적인 맥락을 묘사했다. 오티스 윌리엄스 주니어(Otis Williams Jr., 1993)는 토마스 에디슨(Thomas Edison)을 언급했다. 초기 우승자 중 뱅송과 패터슨 두 사람만 연설 도중 개인적인 이야기로 넘어가지 않았다.

오늘날 인용문으로 연설을 시작하는 사람들을 많이 볼 수 있지만, 그것은 더 이상 정교한 방식이라는 평가를 받지 못한다. 사람들은 연사 본인의 말을 듣고 싶어 한다. 단, 연설문의 본론에 인용문을 사용하는 것은 아직까지 허용하는 편이다. 1995년, 마크 브라운(Mark Brown)은 '첫 인상을 만드는 두 번째 기회란 없다.'는 금언을 활용해서 우승했다. 그때가 인용문으로 연설을 시작해서 우승한 마지막 해였다. 그 밖에 1990년, 데이비드 브룩스(David Brooks)는 토마스 울프(Thomas Wolfe)의 소설 제목인 '다시는 고향에 가지 못하리.'라는 인용문으로 연설을 시작해서 우승했다.

조언 Advice 13
문단을 넘어갈 때 청중이 적응할 수 있도록 유사한 단어와 문구를 반복적으로 사용하라.

작이 연설문의 서론에서 본론으로 넘어갈 때, 장면을 전환하기 위해 사용한 단어 활용에 주목하라.

<1부>

첫째, 혈연으로 맺은 친구가 있습니다. 바로 가족입니다. 부모님과 형제자매, 자식 말입니다. 이들과는 태어날 때부터 맺은 오랜 우정이 있습니다. 그것은 제 과거와 미래를 연결하는 평생의 관계입니다. 물론 우리 가족은 모두 다릅니다. 가족은 원래 모두 다르지요. 저는 그서 운이 무척 좋은 편입니다. 우리 가족은 그런 차이를 모두 극복했으니까요. 어쨌든 형제자매에게 큰 소리를 칠 수 없다면 다른 누구에게 소리칠 수 있을까요? 피는 물보다 진합니다. 어느 누구도 내 형제보다 친할 순 없다는 말이지요.

문단이나 문장을 바꾸는 단어와 문구는 꽤 많다. 그 중에 서수 (첫째, 둘째, 셋째 등)가 가장 흔하게 쓰인다. 쟉은 연설문 본론의 1부를 시작할 때, '첫째, 혈연으로 맺은 친구'라는 말로 시작했다. 2부는 '이제 우리에게는 함께 시간을 보낸 친구가 있습니다.'라는 말로 시작했다. 3부는 '이제 마지막으로 마음을 나눈 친구가 있습니다.'라는 말로 시작했다. 사소한 것을 트집 잡기 좋아하는 필자들이 보기에는 쟉이 '첫째'를 '우선'으로 대신했더라면 좋았을 것이다. 다만, 쟉이 '첫째' 다음에 '둘째'를 사용하지 않고, 연설문 본문을 바꿀 때마다 유사한 단어 선택을 유지하기 위해 '이제'라는 말을 반복 사용한 것은 청중이 적응할 수 있는 최고의 방법이었다.

요점을 보강하기 위해 각각의 연설문 본론을 서로 연관지어라.

연사의 머릿속에는 언설문의 내용이 각인되어 있을지라도 청중에게는 새롭기 마련이다. 그러니 청중에게 연설의 요점을 상기시켜야 한다. 쟉은 연설문 중 1부는 혈연으로 맺은 친구에 초점을 맞췄다. 2부의 마지막 문장에서 쟉이 가족을 살짝 언급했다가, 어떻게 시간을 함께 보낸 친구로 주의를 돌렸는지 주목해야 한다.

〈2부〉

이제 우리에게는 함께 시간을 보낸 친구가 있습니다. 학창 시절과 군 복무 시절, 좋은 시간과 나쁜 시간을 함께 보낸 친구 말입니다. 경험과 가치를 서로 공유한 친구도 있습니다. 물론 제게는 무척 중요한 친구들입니다. 하지만 사람들이 이런 친구들을 좋아하는 것은 자신과 생각하는 방식이 같기 때문입니다. 예를 들어 이들은 친구를 '스스로 선택한 가족'이라고 생각합니다.

요점의 우선순위를 정하라.

요점의 우선순위를 무작위로 정하는 것은 금물이다. 쟉은 감동을 줄 수 있는 주제를 말한 후에, 감정의 강도를 키우기 위해 친구들을 단계별로 드러냈다. 또한 요점의 우선순위를 정하면 연설 시간을 할당할 수 있는 이점이 생긴다. 쟉이 3부에서 연설문 본론 중 대부분의 내용을 가장 중요하고 친한 친구인 아내에 할애한 것은 적절한 방법이었다.

〈3부〉

이제 마지막으로, 마음을 나눈 친구가 있습니다. 연인 말입니다. 저에게는 아내인 로빈(Robin)이 바로 그런 친구입니다. 또한 토스트마스터와 결혼한 것도 큰 행운이었습니다. 물론 참 좋은 생각이었지요. 사랑하는 사람은 특별한 친구입니다. 이들은 우리를 이용하지 않으니까요. 가족이나 학창 시절의 친구들과 같습니다. 사랑하는 사람과의 우정은 즐겁고 자발적이며 열정적입니다. 인생의 봄날은 생기 넘치는 혈관을 따라 지나는 젊은이의 피처럼 간혹 빠르게 흐릅니다. 인생의 후반기는 정맥류로 확장된 혈관을 따라 지나는 늙은이의 피처럼 간혹 천천히 흐릅니다. 이제 제 피도 더 이상 빠르게 흐르지 않습니다. 그렇다고 천천히 순항하지도 못합니다. 그저 응고될 뿐이지요.

하지만 저는 남은 세월 동안, 여전히 친구이자 동반자이며 연인인 제 아내와 인생의 풍요로움을 즐길 수 있습니다. 이런 사실을 알기에 사랑하는 사람과의 우정이 남은 생에 지속될 수 있겠지요. 그렇지 않으면 이글거리며 불타지만 순식간만 빛나는 강한 햇살처럼 훨훨 불타올랐다가 바로 사라지게 될지도 모릅니다. 식어버린 피부에 쓰라린 흉터만 남겠지요.

　사랑은 간혹 실패할 때가 있기에 우정이 없으면 지속될 수 없습니다. 우정이 있어야 사랑은 영원히 지속될 수 있습니다. 모든 것의 가치가 그렇듯 사랑도 획득하고 유지해야 합니다. 우리에게는 모두 천 가지의 이야기가 있습니다. 그 자체로는 아무런 의미가 없지만 모두 합치면 결국 멋진 것이 만들어집니다.

　연설문의 본론을 만들 때 가장 좋은 두 가지 방법이 3부에서 드러났다. 잭은 "이제 마지막으로 마음을 나눈 친구들이 있습니다."는 말을 이용해 다른 문단으로 넘어가는 방법을 확실히 사용했다. 또한 "사랑하는 사람은 특별한 친구입니다. 이들은 가족이나 학창시절의 친구들처럼 우리를 이용하지 않으니까요."라는 말로 과거의 친구들과 확실히 관련지었다.

　그런데 사적인 청중과 달리 비즈니스와 관련된 청중은 요점이 전달될 때, 중요성이 내림차순일 것이라고 추정한다. 그러므로 우선순위가 가장 높은 내용을 제일 먼저 말해야 한다. 우선순위가 낮은 이야기로 연설을 시작하면 방 안에 모인 의사 결정자의 흥미를 쉽게 잃기 때문이다.

미진한 부분을 모두 하나로 묶어라.

연설에는 속편이 없다. 그러니 미진한 부분이 있다면 하나로 묶어야 한다. 일명 '체호프의 총'(Chekhov's gun)이라는 유명한 법칙이 있다. '1장에 벽에 걸린 총이 등장했다면 2장이나 3장에서 반드시 발사해야 한다.'는 뜻이다. 또한 이 법칙은 본인이 묶을 수 없는 실은 제거하라고 권한다. 다음은 좍의 조언이다. "가장 중요한 것은 바로 자신이 하고 싶은 말이 무엇인지를 아는 것입니다. 저도 그런 사람들 중에 한 명입니다. 하지만 특정한 글이나 생각은 요점이 될 수 없습니다. 그저 방향 전환에 불과합니다. 연사라면 연설을 준비할 때 내용에서 벗어났다가 다시 돌아와 냉정하게 말할 수 있는 여유가 있어야 합니다. '그래, 참 멋진 생각이야. 다음에 쓸 수 있게 이 아이디어를 갖고 있어야지. 하지만 이번 연설하고는 맞지 않네.'"

좍은 자신이 친구들에게 기대했던 것이 무엇인지를 언급했지만, 여전히 친구들이 자신에게 기대한 바를 이야기할 필요가 있었다.

〈결론〉

그렇다면 저는 어떤 친구일까요? 제 친구들은 제가 친구들에게 받은 것을 받고 있을까요? 저는 친구들에게 이런 이야기를 한 적이 없습니다. 단 한 번도 없었지요. 지금 제가 여러분에게 한 이야기를 하지 않았다는 말입니다. 하지만 저는 친구들에게 마음대로 조언합니다. 친구들이 원하지 않는 조언도 합니다. 그리고 친구들에게 필요한 위안도 줍니다. 친구들이 울 때는 웃게 만들기도 하지요. 저는 늘 같습니다. 언제나 친구들 곁에 있지요. 이것밖에 없습니다. 이것이 바로 친구들이 원하는 것이지요.

조언 *A d v i c e* **17**

결론에서 서론의 내용을 다시 한 번 언급하라.

연사들은 청중에게 유대감을 주기 위해 연설의 중요 부분에서 구문이나 단어를 반복해 말하곤 한다. 이것을 "콜백"(callback)이라 하는데, 이는 주로 코미디언들이 농담과 관계가 있다는 느낌을 관객에게 증폭시켜주기 위해 쇼의 결말에 사용하는 기술이다. 이 기술을 극적인 연설의 끝부분에 사용하면 같은 효과를 낳게 된다. 즉 진지한 감정을 청중들에게 증폭시켜 주는 것이다. 작은 결론에서 '새벽 3시'를 다시 한 번 언급했다.

여러분은 이제 저와 함께 시간을 보낸 가장 좋은 세 친구를 알게 되었습니다. 여러분도 모두 이러한 친구가 있겠지요. 그들은 이름도 다르고 얼굴도 다를 것입니다. 하지만 모두 같은 점이 있습니다. 그들은 여러분이 원한다면 새벽 세 시에라도 잠자리에서 일어날 사람들이라는 것입니다. 그들은 여러분도 자신들과 똑같이 해 줄 것이라고 믿고 있습니다.

콜백은 심지어 에둘러 말할 때도 효과를 발휘한다. 데이비드 노타지(David Nottage, 1996)는 연설의 서론에서 여섯 살 때 자전거를 얼마나 힘들게 배웠는지를 이야기했다. 그리고 올림픽 체조 선수 케리 스트럭(Kerri Strug: 첫 번째 착지에서 왼쪽 발목에 부상을 입은 후, 두 번째 착지에서는 용감하게 오른쪽 발로만 착지해 미국 팀에 금메달을 안겨준 선수)을 언급하는 것으로 연설을 끝맺었다. 이는 오프닝 멘트를 다시 활용한 것이다.

스트럭은 포기할 수도 있었습니다. 하지만 그녀는 일어났습니다. 메리 픽포드(Marry Pickford)는 이렇게 말했습니다. '이를 두고 우리는 실패라고 부릅니다. 예, 분명히 실패라고 부를만한 것입니다. 하지만 이것은 쓰러진 것이 아니라 그냥 머문 것일 뿐입니다.' 신사숙녀 여러분, 저와 여러분은 이토록 간단한 성공의 비밀을 정말 쉽게 기억할 수 있습니다. 정말로 자전거에서 떨어지는 것만큼이나 쉬운 일입니다.

마지막 사례로, 윌리 존스(Willie Jones, 1997)가 사용한 콜백을 곰곰이 생각해 봐야 한다. 윌리 존스는 연설 중에 친구들의 컴퓨터를 고쳐준 일화를 설명했다. 친구들에게 컴퓨터를 재부팅하는 방법을 가르쳐서 도와준 것이다. 그는 연설의 첫 부분을 이렇게 시작했다. "저는 '펑!' 하는 소리를 들을 수 있습니다. 이 소리를 들으면 모든 것이 잘되고 있다는 것입니다. 기억하세요, '펑!' 소리 말입니다." 그리고 결론에서 이 마지막 말로 연설의 고리를 완성시켰다. "단지 나이가 들었다고 늙을 필요는 없습니다. 베이비부머 여러분, 자, '펑!' 하는 소리를 들려주세요."

조언 A d v i c e **18**
결론에서 요점을 요약하고, 주된 메시지는 분명히 말하라.

청중은 '내용을 다시 한 번 정리해주는' 연설가를 고맙게 생각한다. 물론 모든 것을 다시 말할 필요는 없지만, 연설의 요점을 요약해서 주된 메시지와 명확하게 연결시키기 위해 노력해야 한다. 작의 주된 메시지는 혈연으로 맺어진 친구와 시간을 나눈 친구, 마음을 나눈 친구를 향한 자신의 감정을 지지하는 방식으로 친구의 가치를 전달하는 것이었다.

내일이면 우리는 이 자리에 없습니다. 전 세계에 있는 각자의 집으로 뿔뿔이 흩어질 것입니다. 하지만 가기 전에 새로운 친구를 데려갈지도 모릅니다. 여러분에게 운이 있다면 바로 옆자리에 있는 그 사람이, 바로 마음을 바친 친구이거나 아니면 시간을 같이 했거나 피로 맺은 친구라는 사실을 일깨워드리고 싶습니다.

결론에서 행동에 옮기는 문제를 거론하라.

연설의 일반적인 목적이 무엇이든 연설은 청중의 믿음이나 행동에 영향을 미쳐야 한다. 청중 자신의 삶이나 사랑하는 사람들의 삶을 개선시킬 수 있는 방식이어야 한다. 작은 청중에게 친구와의 유대 관계를 소중히 여기고 키우도록 촉구하는 방식으로 자신의 연설을 완성했다.

　

이제 생각과 마음을 다해 친구들에게 연락하고 접촉하세요. 그들의 온기를 느끼세요. 우정을 느끼세요. 그리고 유대감을 느끼세요. 우리가 우정을 소중히 여기고 잘 키운다면 언제라도 행운을 얻게 될 것입니다. 그러면 이제 페이스북은 필요하지 않겠지요, 의장님.

비교하는 방법은 피하라. 청중이 더 혼란스러워 한다.

지금까지 우리는 〈능숙한 의사소통, Competent Communication〉이라는 토스트마스터즈 안내 책자에 소개된 여섯 가지 조직화시키는 프레임 방법 중 네 가지를 탐색했다. 이제는 '상대적인 방법'으로 간략하게 주의를 돌려볼 시간이다. '상대적인 방법'이란, 말 자체에서 의미하듯이 연설가가 두 가지 혹은 그 이상의 대안에 대해 장점과 단점을 상대적으로 비교하는 것이다.

비교하는 연설은 피해야 한다. 특히 비즈니스 상황에서 상대적인 연설은 불확실성과 복잡성을 낳기 때문이다. 시리얼 회사에서 제품 마케팅을 할 때, 매출을 증가시키기 위해 소비자에게 쿠폰을 발행하는 것과 식품점에서 가격을 할인하는 것을 비교하고 대조하라는 질문을 받았다고 상상해보라. 당신은 쿠폰 발행이 돈이 더 많이 들지만 브랜드 인식을 키우는 데 더 좋다고 말할지도 모른다. 하지만 연사가 이러한 접근법을 사용하면 서로 비교·검토하기 어려운 여러 요소를 비교하느라 의사 결정 과정을 신속하게 하지 못하고 오히려 느려지게만 할 가능성이 크다. 정보는 결정을 내릴 때 가장 가치가 있다. 그러므로 비교하는 연설은 권고하는 것이 하나만 있어도 무척 복잡한 것이 된다.

조언 Advice **21**
설득력 있는 연설에 맞추려면 '상황-문제-해결 구조'를 활용하라.

'상황-문제-해결 구조'(situation-complication-resolution framework)는 스토리텔링을 활용해서 조언해 주는 기법이기 때문에, 설득력 있는 연설을 공들여 만드는 데 가장 적합한, 최고의 접근법이라고 할 수 있다. 이 구조를 설명하려면 먼저, 우리에게 좀 더 친숙한 '2부 문제 해결 구조'(two-part problem-solution framework)를 그에 상응하는 '상황-문제-해결 구조'로 완전히 바꿔야 한다.

어떤 문제를 논의하려면 먼저 발생한 문제 상황이나 정황을 청중에게 알려 줄 필요가 있다. 그런 다음 그 상황 속에서 예상치 못하게 변화된 문제, 즉 일어난 결과를 청중과 공유해야 한다. 이렇게 '문제'를 '상황-문제'로 확대시키게 되면, 이제 문제 해결 접근법은 더 정확하게 되어 '상황-문제-해결' 구조가 된다.

상황, 문제, 해결이라는 말을 어떠한 동의어를 사용하여 어떻게 조합시키는지 간에, 우리는 설득력 있는 결말을 이끌어 낼 수 있다. 예를 들어, '상황'에는 원인, 정황, 환경 등의 의미가 있다. '문제'에는 결과, 기회, 쟁점 등의 의미가 있다. 또한 '해결'에는 해결책, 해답, 충고 등의 의미가 있다. 이에 대해 스탠포드 대학의 교수이자 비즈니스 소통 전문가인 매트 아브라함(Matt Abrahams)은 기억하기 쉽게 하려고, "뭐라고? - 그래서 뭐 어쩌라고? - 이번엔 또 뭐야?"라고 표현했다.

우리가 상황-문제-해결 구조를 선호하는 이유는, 이 구조가 스토리텔링에 자주 적용되는 전문용어를 활용하기 때문이다. 예를 들어, 1막에서 우리는 평범한 세상을 사는 여성 영웅을 만난다. 이 '평범한 세상'은 여행을 떠나기 전 그녀의 신체 및 심리적 상황이 만들어진 곳이다. 1막은 도발적인 사건이 일어나 영웅이 무시무시한 적수와 겨루는 것으로 끝맺는다. 2막에서 영웅은 강도가 점점 커지는 시험을 계속해서 겪어야 한다. 이러한 시험들은 비즈니스에 상응하는 것으로, '문제'(complication)에 해당한다. 그러나 영웅은 이 모든 악조건들을 극복한다. 그동안 서사시의 절정이 이루어지고, 2막은 이렇게 끝난다. 3막에서 영웅은 대개 더 나은 새로운 삶을 결심하게 되는데, 이런 식으로 영웅의 여정은 끝이 난다.

'상황 분석'이 유용한 것은, 상황 분석이 하나의 독립적인 제안이 됨으로써, '의사결정자를 교육하는' 연설가의 능력이 입증되기 때문이다. 하지만 '상황-문제 분석'은 여러 문제들과 그 근본 원인을 밝힘으로써, '의사결정자에게 영감을 주는' 연설가의 능력을 입증한다. 그래서 이것은 '상황 분석'보다 훨씬 좋은 것이다. 하지만 '상황-문제-해결(혹은 문제 해결) 분석'을 활용하는 것이 이 중에서 가장 좋다. 왜냐하면 설득력 있는 충고가 최종 결과에 수월하게 전달되기 때문이다. 연설가가 문제에서 멈추면 단지 '문제를 발견하는 사람'이 될 뿐이다. 하지만 연설가가 해결책을 제공하면 그는 더 소중한 '문제 해결자'가 된다.

직원들은 대체로 강한 해결책을 제공하는 것을 두려워하는 편이다. 그것이 위험하다고 생각하기 때문이다. 물론 대부분의 두려운 경우에 그런 것처럼 최악의 상황이 일어날 것이라고 생각하는 것은 그리 나쁘지 않다. 필자들의 비과학적인 경험으로 볼 때, 상사들은 우리 필자들이 충고한 열 개의 충고 중에 여덟 개를 선택했다. 나머지 아홉 번째 충고는 차선책으로 선택했다. 열 번째 충고는 무시했으며, 우리가 전혀 고려하지 않았던 사항을 영리한 방법이라고 제안했다. 하지만 어떤 경우에도 우리 필자들은 질책을 받거나 해고되지 않았다. 어떤 경우든 관리자는 우리 필자들을 소중하고 독립적인 문제해결자라고 존중해 주었다.

연설의 개요를 설명할 때, 암기나 읽기는 피해야 한다.

　대다수의 토스트마스터는 자신의 첫 번째 연설을 읽거나 암기한다. 하지만 비즈니스 상황에서 이런 방법은 효과가 없다. 연설을 읽거나 암기하면 연설가는 로봇처럼 들리거나, 혹은 진실하게 보이지 않을 것이다. 비즈니스 프레젠테이션은 상호작용이 매우 높은 것이다. 따라서 연사가 메시지보다 자신이 쓴 재료에 우선순위를 두면, 어디를 읽는지 모르게 될 때 그 연설은 회복하기 힘들어진다. 즉 다른 방향으로 흘러갈 위험이 있게 되는 것이다.

　연설의 초안을 작성할 때는 정확히 문자 그대로 해야 한다. 그렇게 해야만 연사의 생각을 정확히 표현할 뿐만 아니라 연설 시간이 얼마나 걸릴지 알 수 있게 된다. 먼저, 연설을 말하는 속도는 일반적으로 분당 125단어가 적당하다. 그리고 연설은 요점으로 구성된 개요로 압축해야 한다. 마지막으로, 연설을 완전히 익히고 자신감을 얻기 위해 대여섯 번은 연습해야 한다. 물론 어디서든 한 가지 요점을 놓칠 가능성은 있다. 이때 명심할 것은, 할 말을 잊었다는 사실은 연사 본인만 알고 있다는 것이다. 대체적인 목적과 특정 목적이 명확하기만 하다면, 연사의 임무는 완성된다는 사실을 명심하라.

　대부분의 비즈니스 상황에서 연사는 정해진 시간 동안 연설을 한다. 그런 다음 끝부분에서 질문을 받는다. 이런 경우 개요를 서술한 연설이 가장 좋다. 대부분의 경우 연사는 웅변가가 아닌 조력자에 가깝다. 그러므로 연설문을 나눠준 다음 바로 개요로 넘어가야 한다. 요즘 이런 개요는 프레젠테이션 슬라이드로 바뀌고 있다. 하지만 기본적인 목적은 똑같다. 만약 연사가 연설 내용을 완전히 체득했다면 이런 슬라이드는 당연히 제거해야 한다. 한 가지 예외가 있으니, 매우 전문적인 내용으로 연설하는 경우다. 그때는 한 장의 그림이 천 마디 말보다 더 효과적이 될 것이다.

• • • • • •

청중은 대개 서론, 본론, 결론처럼 3부로 된 프레젠테이션을 기대한다. 설득력 있는 프레젠테이션을 구축하는 방법이 이 방법만 있는 것은 아니지만, 상황-문제-해결 구조가 대다수의 비즈니스 홍보 연설에 효과를 발휘한다. 연사 역시 내용을 전달할 때 상당한 융통성을 갖게 된다. 설득력 있는 프레젠테이션을 공들여 만드는 비즈니스 전문가는 단순히 최신 정보를 공유하는 데만 매달리는 사람들보다 더 효과적으로 자신을 홍보할 수 있다. 연사가 선택한 틀이 연설의 본질을 제공하고, 연설의 본질이 좋을수록 더 많은 청중을 사로잡게 되는 법이다.

지금까지 우리는 토스트마스터들이 추천한 연설문 구조 중 하나만 제외하고 모든 구조를 다루었다. 아직 다루지 않은 것은 '연대순 연설'인데, 이것은 전형적인 스토리텔링의 기본이 된다. 이는 영감을 주는 연설을 선택하기 위한 기본 형식으로, 다음 장에서 집중적으로 다룰 것이다.

Chapter 3
따스한 공감을 불러오도록
친밀하게 말하라

조언 A d v i c e **23**

스토리를 말하라.

　다음은 필자들이 가장 좋아하는 북미 원주민의 속담이다. "사실을 말하면 배울 것이다. 진실을 말하면 믿을 것이다. 하지만 이야기를 말해주면 내 마음 속에 영원히 살아있을 것이다." 이것은 연사들에게 연설 본문에 하나 이상의 이야기를 포함하라고 조언하는 이유를 보여주는 것이다.

　이 금언은 흡인력 있는 메시지와 그렇지 못한 메시지를 관찰해서 나온 상식적인 말이다. 신경과학에서는 이제야 왜 이야기가 학습의 전달자로서 효과적인지 그 답을 내놓았다. 세인트루이스에 위치한 워싱턴 대학의 연구진들은 학술지 〈사이컬로지컬 사이언스(Psychological Science)〉에 기사 하나를 싣고 다음과 같은 결론을 내린 바 있다:

등장인물의 물리적 위치나 현재의 목표처럼 한 가지 이야기에 각각 다른 측면이 있듯이, 뇌에도 각기 다른 영역이 있어 이야기의 여러 측면을 각 영역에서 추적할 수 있게 해 준다. 사람들이 이야기와 유사한 현실 세계의 활동을 수행하거나 상상하거나 관찰할 때, 뇌 영역의 몇몇 곳에서는 그와 관련된 것들이 거울처럼 비쳐진다. 이 연구 결과는 독자가 이야기를 읽을 때 이야기 속의 세상에서 일어난 사건에 자극받고, 이야기가 바뀌면 독자가 받는 자극도 새로워지는 과정을 거쳐 이야기를 이해하게 된다는 견해를 지지하는 것이다.[1]

연사는 이야기를 직접적으로 이용해 청중의 마음을 충족시켜야 할 의무가 있다. 청중은 이야기를 들으면서 연사의 이야기를 자신의 과거 경험과 연계시키고, 새롭게 합성한 경험으로 만들어서 그 이야기 속에 들어 있는 생각과 감정을 실제로 경험하게 된다.

사람들은 이런 재능을 통해 시간과 정력을 훨씬 덜 쓰면서도 위험하지 않게 생존하고 번영하는 방법을 배우고 있다.

조언 Advice **24**

되풀이하듯 말하지 말고, 실제 체험하듯이 표현하라.

무대에서 자신의 이야기를 되살리는 사람이야말로 이야기를 효과적으로 전달하는 사람이다. "자신의 이야기를 되풀이하지 말고 되살리라."는 경구는 동기부여 연설가인 루 헤클러(Lou Heckler)가 시작한 것으로, 토스트마스터즈 세계 챔피언인 크레이그 발렌타인 (1999)에 의해 대중에 알려졌다. 크레이그는 "나의 이야기 속 장면에 청중을 초대했으니 이제 청중은 내가 들은 대로 듣고, 내가 본 대로 보며, 내가 느낀 대로 느낄 수 있다."라고 말했다. 이야기를 되풀이하면 과거 일만 생각하게 되고 냉담한 느낌이 든다. 하지만 이야기를 되살리면 생생해지고 감정을 자극하게 된다.

사회자와 악수를 나누고 박수가 가라앉기를 기다린 후, 에드 테이트(Ed Tate, 2000)는 연설을 시작하기 전 4초 동안 대부분의 청중과 눈을 맞추었다. 그런 다음 다시 9초 동안 침묵을 지키면서 권위적으로 뻣뻣하게 자세를 고친 다음, 코트 안주머니에서 3×5인치 크기의 개방형 메모장을 꺼내서 펄럭이고는 종이 한 장을 떼어냈다. 그리고 바로 주차위반 딱지를 자신에게 건넸다. 그러자 청중은 이 장면에 푹 빠져들었다. 에드는 그제서야 연설을 시작했다.

실제연설문 3 ▶▶

그런 날 중의 하루(2000)*

핵심 메시지	연민
시간	7.61분
분당 단어 수	143

---

* 이 연설문의 원문은 http://www.edtate.com에서 인용하였다.
에드 테이트의 연설에 대한 통찰은 272쪽부터 요약되어 있다.

분당 웃음 수	4.86

〈도입〉

"자, 여기 있습니다. 테이트 씨. 이제부터는 좀 천천히 운전하세요."

'천천히'라는 말이 나와서 그러는데, 여러분은 혹시 왜 경찰관들은 주차위반 딱지를 끊는데 그렇게 시간이 많이 걸리는지 생각해 본 적이 있나요? 여러분의 시간을 단축하기 위해 제가 직접 말씀드리겠습니다.

에드는 청중을 사로잡기 위해 침묵을 활용했다. "대부분의 연사들은 소개를 받으면 정말이지 순식간에 연설을 시작합니다. 하지만 저는 그렇지 않습니다. 저는 청중과 소통하고 싶거든요. 먼저 청중과 영적으로, 정서적으로 소통하고 싶으니까요. '우~'하는 소리가 들리는 것 같군요. 어쨌든 제게는 심리적으로 중요한 일이랍니다." 에드의 설명이었다.

에드는 이야기를 되살리기 위해 무대에서 목소리로 등장인물에 생명을 불어넣었다. 경찰관을 구현할 때는 권위적인 자세로 부자연스럽게 움직이면서 진지한 목소리를 뽑냈다. 다시 자신으로 돌아왔을 때는 자연스러운 표정과 개성을 보여주었다. 연사는 청중에 맞추기 위해 반드시 극적인 정도를 낮추거나 높이는 식으로 조절할 수 있어야 한다. 또 자신이 느끼는 편안함도 조절해야 한다.

또한 에드는 사실적인 대화를 통해 자신의 이야기를 되살렸다. 만약 에드가 "늦었습니다. 어쩔 수 없이 공항에 급히 달려갔지만 경찰에 잡히고 말았습니다. 정말 짜증나더군요."라고 연설을 시작했다고 가정해보라. 이 이야기에 행동과 감정이 들어있다고 해도, 청중을 사로잡지는 못했을 것이다. 혹은 등상인불과 내적인 대화가 서로 방해받는 분위기가 조성되었을 것이다.

사실적인 대화는 감정을 재빨리 전달한다. 단어를 축약하거나 문장의 일부만 쓰거나, 심지어 '음', '~ 같아', '당신도 알다시피' 같은 말을 이용해서, 격식을 차린 글쓰기 규칙을 탈피해서 말하면 신빙성도 높아진다. 친구들과 어떻게 대화를 나누는지 생각해보라. 간혹 정보를 나누는 경우도 있지만, 친구들 간 대화의 주된 목적은 이야기를 전달하거나 등장인물의 강점과 약점, 혹은 욕구를 드러내는 데 있다.

사실적인 대화는 등장인물의 진정한 감정과 욕구, 혹은 숨겨진 뜻이나 깊은 의미를 전달할 때 그 영향력이 가장 크다. '말로 하지 말고 보여주라.' 훌륭한 스토리텔링의 금언은 대화를 하는 데도 적용된다. 만약 등장인물의 생각과 행동, 감정 등을 설명해주면 비록 분명하게 설명해도 사실성은 떨어진다. 부끄러운 일을 피하고 자존심을 지키려는 연사들의 노력 때문에 등장인물은 희미해지고 연설문의 내용은 등장인물이 실제로 바라는 것과 모순이 되는 일들이 종종 벌어진다. 여기에 빙빙 돌리는 말이나 거짓말까지 보태지면, 등장인물은 희미한 문제를 상징적이고 은유적으로 표현하게 되는 것이다.

그러므로 모든 등장인물은 적절한 범위 내에서 구별될 만한 언어 패턴이나 목소리를 유지해야 한다. 고정관념에 따라 나이가 어린 등장인물의 말을 할 때는 더 천천히 말하고 발음을 덜 분명하게 할 수 있다. 연사가 여자라면 남자의 대화를 전달할 때는 목소리를 낮출 수 있다. 나이든 등장인물이라면 살짝 걸걸한 목소리를 보여줄 수도 있다. 때로는 사투리를 쓰는 것이 적절할 수도 있다. 대부분의 대화를 전달할 때, 모든 등장인물의 목소리는 다른 등장인물과 구분될 정도로만 조정해야 한다. 물론 예외도 있다. 희극적인 장면을 묘사할 때는 상식을 벗어난 등장인물을 이용할 수도 있다.

조언 A d v i c e **25**

강점과 약점, 목표가 있는 주인공을 만들라.

연사에게 아무리 좋은 스토리가 있더라도 연설에는 청중이 만나고 싶어 하는 원형적인 역할에 딱 맞는 등장인물이 있어야 한다. 전형적인 등장인물 유형을 고수하면 감정적인 영향력이 증폭된다. 청중은 원래 영웅의 성공을 갈망하고, 영웅의 앞 길을 막는 악당은 무척 싫어하는 법이다. 무엇보다 이러한 전형적인 유형을 만드는 것은 시간을 절약하는 데 효과적이다.

에드는 자신의 이야기를 계속하면서 자신의 강점과 약점, 그리고 목표를 드러냈다.

　　그런데 시간을 계산했더니 애리조나 주 피닉스 행 정오 비행기를 탈 수 있더군요. 차를 주차한 후, 보안 검색대를 통과하고 게이트를 지나기만 하면 됐습니다. 운이 좋았는지 바로 주차할 곳을 찾았습니다. 하지만 보안 검색대를 통과하려고 보니, 줄이 엄청 길었습니다. 그때 항공 역사상 처음으로 유나이티드 항공이 수화물 규정을 가방 2개까지만으로 엄격하게 적용하기로 결정했습니다. 다시 시간을 계산했더니 도저히 정오 비행기를 탈 수 없었습니다. 그 날이 바로 일이 잘 안 풀리는 날이었지요.

　　이제 저는 유나이티드 항공에 무척 화가 났습니다. 유나이티드 항공의 정책 때문에 비행기를 놓치게 되었으니까요. 최소한 이 이야기는 만들어졌네요. 저는 출발 안내 전광판을 바라보았습니다. 피닉스 행 2시 비행기가 있더군요. 그 비행기를 타면 어쨌든 미팅에 참석할 수는 있었습니다. 그리고 이렇게 혼잣말을 했습니다. '난 정말 유나이티드 항공을 많이 탄단 말이야. 아마 이 항공사에 수만 달러를 지불했을 걸. 그러니 이 항공사에서 내가 비행기 타는 방법을 생각해내는 게 좋을 거야. 그렇지 않으면 뭐라고 잔소리 좀 해야겠어.'

　　모든 이야기의 주된 역할은 주인공에게 있다. 그래서 이야기가 시작될 때 늘 주인공이 등장한다. 에드도 압도적으로 많은 토스트마스터즈 챔피언들을 따라 일인칭 시점을 사용했다. 즉 자신이 주인공

역할을 맡은 것이다.

그러나 이것이 개인적인 이야기를 할 때는 상당한 위험이 따른다. 연사 본인을 받들어 모시는 문제가 발생하기 때문이다. 미묘하거나 그렇게 미묘하지 않은 방식으로 그런 일은 자주 일어난다. 대다수의 아마튜어 연사는 자신의 진실성을 너무 서투르게 전달하는 편이다. 예를 들어, 이야기의 시작 부분에서 인상적인 자신의 전기를 줄줄 말하는 것이다. 여기서 여행 상식과 비행기를 자주 타는 에드의 강점은 감지하기 힘들만큼 미묘하지만 이야기에 중요한 역할을 한다.

덜 분명하고 고의가 아닌 방식으로 연사 본인을 높이는 방법도 있다. 하지만 권위적이고 자신감 있게 보이고 싶은 욕구 때문에 자신의 성공담만 공유하려는 연설가가 일부 있게 마련이다. 자신의 취약점을 드러내지 않으면 청중과 유대감을 맺고 공감할 수 있는 중요한 방법을 놓치게 된다. 에드는 인간의 기본적인 약점인 꾸물거리는 버릇과 자만심을 드러내서, 연설 초반에 이런 실수를 피할 수 있었다.

잘 다듬어진 주인공은 목표나 욕구를 몇 개 가지고 있다. 이런 주인공들에게는 외적인 목표가 있다. 또한 본질적인 욕구도 알고 있다. 단, 청중이 분명히 알고 있다는 사실을 본인은 모르기 마련이다. 에드의 외적 목표는 피닉스 행 비행기를 제 시간에 타는 것이다. 대다수의 경우 주인공은 어떤 결점을 극복하려는 본질적인 욕구를 가지고 있다. 자신의 외적 목표를 성취하거나, 더 낳은 결과를 갖도록 방향을 다시 설정하려는 목적이 있는 것이다. 아직 에드의 이야기를 충분히 따라가지 않아서 확실히 알 수는 없겠지만, 에드가 이야기의 절정에서 자신의 약점을 하나 혹은 둘쯤은 통찰할 것이라는 사실을 짐작할 수 있다.

조언 Advice 26
주인공에 맞는 적수를 등장시켜라

〈2부〉

저는 고객센터로 갔습니다. 그런데 제 앞에 어떤 커플이 있더군요. 키가 큰 젊은 남자와 여자 친구로 보였습니다. 이들과 고객센터 직원인 여성의 대화가 들렸습니다. "피닉스 행 2시 비행기에 우리 두 사람이 탈 자리가 없다니 그게 무슨 말입니까? 유나이티드 항공 때문에 내가 비행기를 놓쳤잖아요. 나는 이 비행기를 무척 많이 탄다고요. 이 항공사에다 수만 달러는 썼어요. 그러니 우리가 비행기를 탈 수 있게 방법 좀 생각하세요."

그러자 고객센터 직원이 이렇게 말했습니다. "선생님, 제가 두 분께 제공할 수 있는 비행기는 6시 비행기뿐입니다."

"아줌마, 산수 좀 하세요. 결혼식이 다섯 시에 있다고요." 남자는 이렇게 말하고는 변명의 여지가 없는 죄를 범하고 말았습니다. 쌍스러운 욕설을 한 것이었죠. 그러자 주위가 싸늘해졌습니다. 그런 다음, 남자는 자리를 박차고 나갔습니다. 이제 제 차례가 되었습니다.

　이런, 그날은 바로 그렇게 운이 없는 날이었지요.

　잘 다듬어진 주인공은 좋은 이야기를 만들기에 충분하다. 하지만 좋은 이야기를 만들려면 반드시 적수가 있어야 한다. 특히 초반에 등장해서 주인공과 싸움을 벌일 수 있어야 한다.

　가장 그럴 듯한 이야기에는 실제보다 더 큰 적수가 있기 마련이다. 물론 그 적수는 주인공과 동등하게 싸움을 벌일 정도로만 커야 한다. 만약 적수가 만만한 사람이라면 이야기는 짧고 지루해진다. 반면, 적수가 너무 무시무시한 사람이라면 주인공이 적수를 물리칠 때 청중이 믿지 않게 된다. 주인공에 공을 들이는 만큼 적수를 만드는 데도 같은 정도의 시간을 할애해야 한다. 악당은 주인공이 갖고 있는 목표와 똑같은 외적인 목표를 갖고 있다. 그래서 주인공이 목표를 성취하는 것을 방해하는 것이다.

　에드의 등장인물 구조는 매우 정교하다. 에드의 이야기에서 누가 적수일까? 에드에게 주차위반 딱지를 끊어준 경찰이 다시 등장할까? 아니면 유나이티드 항공과 고객센터 직원일까? 경찰과 항공사의 조합인가? 그것도 아니면 무례하게 화를 내는 키 큰 젊은 남자인가?

　단순한 이야기에서 등장인물의 발전은 주인공과 적수로 시작한다. 더 공들여 짠 이야기에는 동지들과 적수들이 추가될 수 있다. 공을 가장 많이 들인 이야기에는 감지하기 힘든 가짜 동지들과 적수들이 등장하는 바람에 청중은 일시적으로 혼란에 빠진다. 여기서 별다른 특징 없이 등장한 경찰관은 일반적인 적으로, 다시 등장하지 않는다. 유나이티드 항공과 고객센터 직원은 가짜 적으로, 처음에는 에드를 방해하지만 나중에는 도움을 준다. 경찰관과 마찬가지로 화난 젊은 남자도 일반적인 적이다.

토스트마스터즈 우승 연설에서 악당들은 거의 대부분 실체가 없는 무형의 악이었다. 연설에 등장한 이들 악은 주된 메시지를 돋보이게 하고 있다. 사람들에게 인내심을 갖게 하는 것이 연설의 목적이라면, 실체가 없는 악은 바로 두려움이다. 그리고 문제 해결을 위한 조치의 적은 자기만족이다. 사랑과 연민의 적은 무관심, 차별, 혹은 단순히 무례함이다. 에드의 이야기를 끝까지 들어 보면 그의 연설도 예외 없이 '무형의 악당' 표준을 따른 것이었다. 청중과 심사위원들은 감명 받기를 바라기 때문에 악당은 반드시 맨 마지막에 패해야 한다. 속편이 있을 리 없다.

조언 A d v i c e **27**
주인공을 인간답게 만들고 포용해줄 멘토를 등장시켜라.

저는 고객센터 직원과 눈을 맞췄습니다. 그러자 갑자기 이 직원이 최선을 다한다는 사실을 깨닫게 되었습니다. 그녀도 저처럼 가족을 부양하려고 노력한다는 사실이었죠. 저와 그녀는 다를 바가 없었습니다. 그래서 저는 그녀와 눈을 맞추고 이렇게 말했습니다. "부인, 천천히 하세요. 저는 바쁘지 않습니다." 이젠 저도 달라졌습니다.

"선생님, 오늘 무엇을 도와드릴까요?" 그녀는 이렇게 물었습니다.

"부인, 저도 모르게 피닉스 행 다음 비행기가 모두 예약됐다고 들었습니다. 오늘 안으로 언제든 피닉스 행 비행기만 끊어주면 됩니다." 직원의 손가락이 키보드 너머로 날아 다녔습니다. 그리고 피닉스로 가는 2시 비행기 표를 전해주었죠. "할렐루야, 할렐루야!" 정말로 이렇게 말하지는 않았지만 그런 심정이었습니다. 그래서 저는 그 직원에게 말했습니다. "부인, 정말 고맙습니다. 오늘은 그렇게 운 나쁜 날은 아니군요."

자기 혼자서 온갖 역경을 이겨낸 이야기를 하면서 스스로를 떠받드는 연사들이 일부 있다. 어떻게 보면 감탄할 수도 있지만, 청중은 연사가 성취한 것과 똑같은 성공을 이룰 수 있다고 믿을 때만 교감한다. 청중과 교감하려면 연사가 특별하게 보이는 것은 금물이다. 단, 역경을 극복하는 특별한 과정을 인내하며 견뎌냈다는 사실이 이야기 전개 속에서 청중에게 드러나야 한다. 에드의 연설에 특별한 점은 없다. 오히려 에드는 다른 사람들에 대한 친절과 연민을 동원하는 특별한 과정을 이용해서 피닉스에 제시간에 갈 수 있었다.

연사는 이렇게 특별한 과정을 스스로 개발하거나 멘토로부터 획득할 수 있다. 두 가지 접근법 모두 효과적이지만 멘토로부터 획득하는 방법이 거의 대부분 더 낫다. 성공하는 특별한 방법을 연설가 혼자서 발견하면 청중보다 더 똑똑하고 뛰어나 보인다. 하지만 현명한 멘토로부터 특별한 방법을 배우면 연설가는 청중과 눈을 맞추고 자신을 솔직히 털어놓게 된다. 연사는 다른 사람으로부터 귀중한 선물을 얻은 그대로 청중에게 선물을 주는 것이다.

에드의 이야기 속에서 고객센터 직원은 일반적인 동지로, 완전히 탈바꿈하는 보통의 가짜 적이 아니다. 그 여직원은 자격을 제대로 갖춘 멘토로서, 에드의 친절함에 따라 외적인 목표를 이루어주었다. 즉, 에드가 제시간에 미팅에 도착할 수 있도록 피닉스로 가는 비행기 표를 제공한 것이다. 이뿐만 아니라, 연사가 친절함을 표현하는 것이 어떤 의미인지 처음으로 맛보게 해주었다.

토스트마스터즈 연설 대회에서 멘토는 각종 형태로 등장한다. 대개 가족이나 친구가 멘토로 등장하지만, 무생물 같은 특별한 멘토들도 있었다. 에드 헌(Ed Hearn, 2006)은 아이의 고무 샌드백을 보고 그릇 모양 저울추의 탄성을 살리는 방법을 추론해냈다. 과거 후회스런 일에 대해 콘트롤-알트-딜리트(Control-Alt-Delete) 키를 누르는 방법을 알려준 컴퓨터는 윌리 존스(Willie Jones, 1997)의 연설 속에서 멘토로 꼽히는 좋은 사례이다.

가장 특별한 멘토는 실체가 없는 것이다. 드웨인 스미스(Dwayne Smith, 2002)는 음악이 어떻게 자살에 임박한 친구의 목숨을 살렸는지 들려주었다. 마크 브라운(Mark Brown, 1995)은 편협함을 과장하기 위해 디즈니의 만화 영화인 〈미녀와 야수〉를 이용했다. 크레이그 발렌타인(Craig Valentine, 1999)은 재기 넘치는 창의적인 순간에 침묵으로 활성화된 명상의 이로움을 스스로 배우기 위해 거울 속 자신의 모습에 생명을 불어넣었다.

비록 이제는 진부한 방법으로 간주되지만, 과거 대다수의 연사들은 많은 역사적 인물들을 멘토로 활용해서 이야기를 만들었다. 브렛 러틀리지(1998)는 기존의 질서를 무시하고 꿈을 가진 사람들로 존 F. 케네디와 마틴 루터 킹, 앨버트 아인슈타인을 언급했다. 대런 라크루와(2001)는 사람들이 포기하지 않으면 무엇을 성취할 수 있는지 보여주기 위해 로켓 개발자인 로버트 고다드(Robert Goddard)로부터 영감을 끌어냈다.

이야기 속에서 멘토들은 청중을 북돋아준다. 1995년부터 2012년 사이에 개최된 토스트마스터즈 연설 대회에서 우승한 연설문 중, 역사적인 인물을 제외하고 멘토가 여자인 경우는 단 한 번뿐이었다.

조언 Advice **28**
더 극적인 절정을 만들라.

〈3부〉

저는 남는 시간을 때우기 위해 푸드코트로 갔습니다. 그런데 제 앞에 누가 있었을까요? 아까 화를 내던 키 큰 젊은이와 여자 친구가 보였습니다. 저는 속으로 생각했지요. '이런, 저 청년이 주문을 잘 받아야 할 텐데.'

또 이렇게 생각했지요. '저 청년한테 누구든 말을 해야 할 텐데. 분명 누군가 저 청년에게 솔직하게 말해야 할 텐데. 누군가는 해야 하는데.' 그 때 이런 소리가 들렸습니다. '에드, 네가 안 하는데 누가 하겠어?' 정말이지 이런 순간이 싫었습니다.

저는 그들 쪽으로 걸어갔습니다. 그건 그렇고, 그 청년이 키가 크다는 말을 했던가요? 193cm에 몸무게는 100kg에 육박했지요. 제발 비디오 화면에 속지 마세요. 저는 그렇게 키가 크지 않습니다. 저는 그 청년의 어깨를 톡톡 두드렸습니다. '실례합니다. 제가 상관할 바가 아니라는 것을 저도 알고 있습니다만, 비행기를 자주 탄다는 댁의 말이 사실이라면 두 가지를 알아야 합니다. 첫째, 당신이 비행기 시간을 놓친 것은 중요하지 않다는 것입니다. 둘째, 고객센터의 여직원은 기장이 아닙니다. 당신이 비행기를 놓친 것과 그 여직원은 아무 상관이 없다는 말이지요. 그러니 다음에 비행기를 놓치면 좀 친절하게 대하시길 바랍니다.'

그러자 갑자기 퍽(극적으로 길게 멈춘다)하는 소리가 들렸습니다. 청년의 여자 친구가 청년의 팔을 친 것입니다. 그리고 이렇게 말했죠. '그래, 좀 착하게 굴어.' 이제 여러분 중 몇몇은 제 생각을 알았겠죠, 그렇죠? 그 청년은 깜짝 놀랐는지 잠자코 있다가 팔을 문지르며 걸어갔습니다.

3장의 초반부에서 우리는 청중이 이야기를 전달하는 사람의 경험을 공유한다는 사실을 강조했다. 이야기의 절정에서 주인공에 대한 관심이 가장 높을 때, 청중의 관심도 가장 높아진다. 생사가 걸린 절정이 많을수록 청중은 더 활발히 참여하고 주인공은 보답을 받았나고 믿게 된다. 초반에 고객센터에서 에드는 자신의 결점인 자만심을 무력화시킬 만한 덕으로서 연민의 영향력을 처음으로 맛보았다. 하지만 에드는 매우 위험한 상황에서 자신의 변신을 완수하기 위해 다른 사람들을 옹호하는 이타적인 능력을 증명할 필요가 있었다. 푸드코트에서 화가 난 젊은 남자에 맞서는 것은 에드가 실질적인 위험에 처한 것이다. '그러자 갑자기 퍽 하는 소리가 들렸습니다.'라고 에드가 말했을 때, 청중은 분명 화난 젊은 남자가 에드를 쳤다고 확신했을 것이다.

조언 Advice 29
청중에게 이야기의 도덕성을 알려주라.

〈결론〉
결국, 저는 출구로 갔습니다. 그런데 평상시와는 다른 점이 감지되었습니다. 보통, 출구에는 제복을 입은 사람들이 배치되어 있습니다. 그런데 특이하게도 이들 옆에 양복을 입은 남자가 있었습니다. 양복을 입은 남자들은 대개 골칫거리입니다. 저는 그래서 이렇게 생각했습니다. '아무래도 고객센터 직원이 비행기 표를 주지 않을 작정인가 보네.'

저는 비행기 표를 출구 직원에게 건넸습니다. 그러자 출구 직원이 양복을 입은 남자에게 이렇게 속삭였습니다. "이 분이 바로 그 사람입니다."

저는 이렇게 생각했습니다. '안 돼, 이 사람들이 내 표를 가져가려고 하네.'

그러자 양복을 입은 신사가 이렇게 말했습니다. "테이트 씨, 저는 유나이티드 항공의 책임자입니다. 당신이 해주신 일에 감사를 표하고 싶습니다."

저는 그와 악수를 나누면서 이렇게 생각했습니다. '이 사람이 나를 다독이면서 내 표를 가져가려고 하네. 그런데 나한테 뭘 감사한다는 거지?'

책임자는 이렇게 말했습니다. "선생님, 우리 직원 중 한 명이 푸드코트에 있었습니다. 선생님이 화난 젊은이에게 맞서는 것을 목격했지요. 테이트 씨, 아시다시피 우리 회사의 제일 우선순위 중 하나는 승객을 목적지까지 안전하게 모셔드리는 것입니다. 물론 우리는 매일 그렇게 하고 있습니다. 고객을 목적지까지 정시에 모셔드릴 때도 있지만, 사람들이 우리 항공사를 옹호하는 경우는 극히 드뭅니다. 그래서 테이트 씨에게 감사를 전하고 싶습니다. 이 표를 받아주세요."

이런 망할, 저는 그 남자가 제 표를 가져갈 줄 알았습니다. 그런데 출구 직원은 제게 일등석 비행기 표를 건넸습니다. 피닉스 행 2시 비행기 표였습니다. 제가 늘 하는 말처럼, 오늘은 일이 잘 안 풀리는 날인줄 알았습니다.

연사들은 이야기의 도덕성을 마지못해 전한다. 하지만 도덕성을 명백히 전달하는 것은 정말 효과적인 것이고, 충분히 용인되는 일이다. 대부분의 경우 그렇다. 에드는 이렇게 말할 수도 있었다. "그날 저는 지금까지 이기적인 삶을 살았다는 것을 깨달았습니다. 우리는 어떤 상황을 보더라도 그것이 우리에게 개인적으로 영향을 미칠 때만 언급합니다. 이제 저는 다른 사람들이 알지 못하더라도 아니 제가 어떤 희생을 치러야 할지라도 그 사람들을 옹호해야 한다는 도덕적 의무감이 있다는 사실을 배웠습니다." 하지만 항공사의 책임자와 나눈 대화 속에 에드의 도덕성을 심어놓은 방법은 미묘했다. 그런데 똑같이 효과적이다. 다음은 에드의 스타일을 아주 잘 따른 마무리 말이다. "저는 설교를 하지 않습니다. 제가 살면서 배운 교훈을 여러분과 나누고 싶지만, 선택은 여러분의 몫으로 남기고 싶습니다."

조연 Advice **30**
영웅의 여정을 전할 때, 3막 구조를 활용한 스토리들을 전하라.

에드의 전체 연설을 단편적으로 경험했으니, 전형적인 영웅 이야기를 어떻게 적용했는지 보기 위해 이야기를 다시 모아보자. 틀에 박힌 정의는 없지만, 현대적인 스토리텔링의 전문가인 조셉 캠벨(Joseph Cambell)이나 크리스토퍼 보글러(Christopher Vogler), 로버트 맥키(Robert Mckee)는 3막 구조로 된 완벽한 이야기가 어떤 것이지 약간의 통찰력을 제공해주었다.

1막에는 평범한 세상에 사는 주인공이 등장한다. 여기에서 주인공의 능력과 사고방식, 욕구, 인간관계, 단점까지 자세히 알 수 있다. 1막 끝에서 영웅은 긴 여정을 떠날 수밖에 없는 도발적인 사건을 겪게 된다.

2막에서 주인공은 고조된 일련의 내적 갈등과 대인관계 혹은 외적(사회적) 갈등을 겪게 된다. 각각의 시험을 통해 주인공은 기술과 지식을 쌓는다. 2막에서 절정이 폭발하는 시점에 주인공은 반드시 적수를 물리쳐야 한다.

3막에서는 미진한 부분이 하나씩 해결된다. 새로운 세계에 속한 주인공은 육체적, 도덕적으로 완전히 탈바꿈한다. 정서적으로 탈바꿈하는 경우도 매우 흔한 편이다.

오늘날 사람들은 '픽사 피치'(Pixar pitch)에 더 익숙한 편이다. 이것은 호평 받는 애니메이션 스튜디오의 스토리 담당자 매튜 룬(Matthew Luhn)이 지지한 방식이다. 다음은 이것을 3막의 이야기 구조로 바꾼 것이다. 1막에서 평범한 세상은 이렇게 그려진다. "옛날 옛적에 …이(가) 있었어요, 그래서 매일 … 어요." 다음 장에서 1막과 2막을 연결짓는 도발적인 사건을 묘사하기 위해 "그러던 어느 날 … 있었어요."라는 표현이 나온다. 그리고 2막에서 점진적으로 진행된 문제들을 픽사 피치로 바꾸면 "… 때문에, … 때문에, … 때문에," 가 된다. 절정은 "결국 … 했어요."로 시작한다. 그런 다음, 이 이야기는 새로운 보통 세상으로 끝이 나고 핵심 메시지도 드러난다. "그러자 …가 되었어요. 이 이야기의 교훈은 …입니다."

이제 픽사 피치를 이용해서 에드의 이야기를 분석하면 다음과

같다: 옛날 옛적에 출장을 자주 다니는 에드라는 남자가 있었어요. 그는 특권의식이 있는 교만한 사람이었지요. 그러던 어느 날, 에드는 공항으로 가는 길에 속도위반에 걸려 비행기를 놓치고 말아요. 이 일 때문에 에드는 고객센터에서 줄을 서게 되었어요. 그때 바로 앞에 에드처럼 특권의식을 갖고 있는 여행객이 고객센터 직원에게 험한 말을 했어요. 이 일 때문에 에드는 그 직원에게 연민의 마음을 드러냈어요. 그러자 직원은 에드에게 보답하는 마음으로 에드가 원하는 표를 주었어요. 결국 에드는 푸드코트에서 그 여행객에게 맞섰어요. 다른 사람들을 존중하라고 따졌죠. 그런 일이 있은 후, 에드는 훨씬 큰 보답을 받았어요. 바로 일등석 비행기 표를 받은 것이에요. 이 이야기의 교훈은 '다른 사람들에게 인정을 베풀라. 설사 그들이 알아주지 않거나 어떤 대가가 따를지라도 타인을 옹호하라.'는 것입니다.

조언 Advice 31
청중에 맞춰 이야기의 배경을 설정하라.

연사가 저지르는 가장 큰 실수는 이야기의 배경을 너무 막연하게 잡는 것이다. 한 여성이 자신의 연설(무고한 사람을 보호하기 위해 일부 내용은 수정했다.)에 도움을 받고 싶다며 필자를 찾아 온 적이 있었다. 다음은 그 여성의 연설 내용 중 일부다:

몇 년 전, 제가 로데시아(Rhodesia) 대학에서 유학생의 고문으로 처음 일을 시작했을 때, 사무실에는 직원이 딱 두 명이었습니다. 매일 같이 저는 일에만 집중했습니다. 그런데 동료인 제인(Jane)이 적어도 하루에 한 번은 상사의 사무실에 가서 업무나 개인적인 일 등 여러 가지 일을 의논한다는 것을 알았습니다.

청중이 연사의 이야기를 체험하고 현실감을 주려면 이야기의 배경인 시간, 장소, 주변 정황을 반드시 구체적으로 묘사해야 한다. 위의 사례에서 연사는 두 가지 점에서 시간을 모호하게 표현했다. 첫째, 이렇게 '몇 년 전'이라고 표현하면 청중은 그 때가 2년 전인지 혹은 5년, 10년 전인지 알 수 없다. 그 때문에 청중은 그 날이 언제인지 정확히 가늠할 수 없게 되는 것이다. 둘째, 두 번째 문장처럼 '매일'이라는 말로 문장을 시작하면 청중은 그 일이 일어난 정확한 날짜를 상상할 수 없다. 모든 배경이 모호한 것이었다.

연사가 로데시아 대학 유학생 사무실이라고 장소를 정확히 묘사한 것은 잘한 일이다. 하지만 청중이 그 장면을 다시 체험하려면 감각적인 표현이 필요하다. 혹시 학생들이 여러 나라 말로 왁자지껄하게 떠드는 소리를 들을 수는 없을까? 공기 중에 떠도는 분필가루 냄새를 맡거나 혹은 더 심하게 맛볼 수는 없을까? 다 헤진 팔걸이의자의 부드러운 감촉을 느낄 수는 없을까? 이러한 세부 사항이 모두 나올 필요는 없다. 물론 한꺼번에 다 등장하는 것도 금물이다. 하지만 연사는 청중이 자신의 사무실을 느낄 수 있게 더 특징적인 것을 몇 가지 제공할 수 있었다. 그랬다면 청중은 연사가 느낀 것들을 더 잘 느꼈을 것이다.

배경의 마지막 요소인 주변 정황은 분위기를 조성하는 데 꼭 필요한 열쇠와 같다. 이번 사례에서, 제인이 하는 일이라고는 상사에게 아첨하는 것밖에 없다는 것을 강조하기 위해, 에어컨이 돌아가는 사무실이라든지 길고 지루한 여름휴가를 배경으로 삼을 수 있었다. 계절과 날씨, 불빛, 심지어 물건까지도 분위기를 전달하는 데 활용될 수 있다. 연사가 하는 몇 마디 말은 배경을 세우는 데 유익하게 사용된다. 정체된 도로 상황, 끝도 없이 줄 서 있는 항공사 보안 검색대, 항공사 고객센터 라인, 푸드코트, 항공사 출구 등 에드 테이트가 무대 배경으로 삼은 모든 것은 명확한 감정을 불러일으키는 역할을 했다. 청중에 맞춰 배경을 설정하면 청중은 연사가 안내하는 대로 따라온다. 연사는 해당 장면을 자세히 알리기 위해 청중의 상상력을 활용할 수 있는 것이다.

조언 Advice 32
논리적인 서사 구조를 세우기 위해 다양한 이야기를 선택하고, 그 이야기를 진전시켜라.

지금까지 연설을 발전시키는 가장 흔한 두 가지 방법을 살펴보았다. 2장에서 살펴본 쟉 엘리어트(2011)의 연설은 서론, 3가지 요점이 들어 있는 본론, 그리고 결론으로 구성되었다. 3장에서 살펴본 에드 테이트의 연설은 영웅의 여정을 연대순으로 전달한 이야기였다. 어떤 연설이든 서사 구조를 창의적으로 구성하는 방법은 끝도 없이 많다. 하지만 주제를 일관성 있게 유지하고 메시지를 강화하려면 제목을 활용하는 것이 매우 중요하다.

1995년부터 2011년까지 17년을 돌아보면, 연사 14명이 몇 가지 이야기로 구성된 연설로 세계 대회에서 우승했다. 바로 이 기간에 한 가지 이야기를 전달한 연설은 세 번이었고, 두 가지 이야기를 전달한 경우는 네 번, 세 가지 이야기는 일곱 번, 네 가지 이야기를 전달한 연설도 세 번이었다. 세 가지 이야기를 활용한 경우가 가장 많았지만, 이야기의 횟수에는 딱히 정해진 규칙이 없다.

이야기의 다양성과 더불어 강력한 서사 구조를 만들려면 따로 필요한 요소가 있다. 바로 '이야기의 진행'으로, 이야기가 단순히 연대순으로 흐르거나 순서대로 나열되는 것이다. 이야기의 진행에는 직선형, 독립형, 회상형, 비선형 등 네 가지 유형이 있다.

직선형 이야기에서 연사는 보통 연대순으로 이야기를 전달한다. 1995년부터 2011년까지 과거 세계 대회 우승자들은 엄격한 직선형 이야기 진행으로 여섯 번 우승했다.

독립형 이야기 진전은 연사가 연대순으로 진행되지 않는 몇 개의 이야기를 전달하는 것으로, 다른 유형처럼 흔한 방식이다. 여기에는 여섯 개의 사례가 있다. 독립형 이야기에서 연사의 주된 메시지는 주제가 되며, 이는 반드시 공유해야 한다. 하지만 등장인물이나 배경 같은 다른 핵심 요소를 공유할 필요는 없다.

독립형 이야기 구조를 사용한 예로는 마크 브라운(Mark Brown, 1995)의 연설을 들 수 있다. 마크는 "첫인상을 만드는 두 번째 기회는 없다."는 격언으로 연설을 시작했다. 마크의 연설 본론에는 독립형 이야기가 두 가지나 들어 있었다. 보통의 연설에는 기본적으로 한 개만 들어 있다. 그래서 마크는 남은 이야기에 더 구체적이고 자세한 내용을 담을 수 있었다. 처음에 마크는 가상의 세상에 생생하게 살아있는 편협, 무지, 무관심을 분명히 보여주기 위해 디즈니 만화영화 〈미녀와 야수〉의 구성 요소를 이야기했다. 두 번째 이야기에서는 1995년 1월에 NBC 텔레비전 뉴스 앵커인 팻 하퍼(Pat Harper)가 닷새 동안 얼음같이 추운 뉴욕 거리에서 노숙한 상황을 묘사했다. 등장인물이나 배경, 시간, 실제 상황까지 모두 별개였지만, 두 이야기는 모두 현실 세계에도 여전히 편협과 무지와 무관심이 존재한다는 것을 강조하는 내용이었다. 마크는 청중에게 거울 앞에서 자신을 돌아보고, 이제부터 다른 사람들에게 두 번째 기회를 주는 것을 명심하라고 당부하며 연설을 마무리했다.

이 책의 공동저자인 라이언 에이버리(Ryan Avery, 2012)는 회상 형식의 이야기 진행을 활용했다. 이같은 진행은 직선형 주제에 변화를 준 것으로, 예전에 비카스 징그란(Vikas Jhingran, 2007)과 데이비드 헨더슨(David Henderson, 2010)이 사용한 방식이다. 라이언은 '신뢰는 필수조건이다.'라는 연설의 서론에서, "라이언, 약속해 주실래요?"라는 말로 청중을 애태웠다. 이것은 자신의 인생을 영원히 바꿔버릴 만한 결정을 요구하는 질문이다. 청중은 "헌신하기 전에 …합니다."라는 말을 남긴 1막에서 손에 땀을 쥐는 상황에 처해졌다. 라이언은 연설의 본론으로 넘어가서 회상 형식의 세 가지 이야기를 직선형으로 진행시켰다. 결국 라이언은 연설의 끝에서 단상으로 돌아와 이렇게 대답했다. "첼시, 약속할게요."

데이비드 헨더슨의 연설은 회상 형식의 진행에 주목할 만한 변화를 주었다. 라이언이 이야기를 시작했을 때 과거를 기억했다가 다시 연대순으로 돌아온 것과 달리, 데이비드는 순전히 등장인물의 발달을 위해 회상 형식을 끼워넣는 방식을 사용했다. 데이비드의 이야기는 자신과 어릴 적 단짝 친구인 재키 파커(Jackie Parker)가 전투기 조종사로 가장해서 레드 바론(Red Baron)을 물리치는 것으로 시작한다. 레드 바론은 제1차 세계대전 당시 독일군 전투기 조종사이자 스누피의 숙적이었다. 데이비드 연설의 본론은 자신과 재키가 유치원 할로윈 의상 대회에서 만나 우정이 싹튼 것을 회상하며 시작된다. 전투기 조종사 사진을 꺼내는 끝부분에서는 도발적인 사건이 없었던 점에 주목해야 한다. 데이비드는 이야기의 1막에서 평범한 세상을 만들기 위해 단지 두 가지 내용을 역순으로 만들었다. 그리고 2막으로 들어가면서 전투기 조종사 이야기가 끝이 난다. 그때 재키가 쓰러지고 지나치게 천천히 회복되다가 겸상적혈구빈혈이라는 진단을 받는다. 재키는 안타깝게도 2막의 절정에서 목숨을 잃는다. 3막에서 데이비드는 이제 새로운 생활로 돌아가서 죽음의 공포를 극복하고, 다른 사람을 사랑하면 잃을 수도 있다는 사실을 받아들인다.

몇몇 세계 챔피언들, 특히 초기의 우승자들은 직선형 이야기와 독립형 이야기를 섞었다. 비직선형 이야기 진행으로 우승을 거머쥔 사례는 단 한 번뿐이었다. 이러한 방법은 기교는 있지만 혼란을 일으킬 위험이 있다. 게다가 이야기 전달자가 생각을 일관되게 유지해야 한다는 커다란 단점이 있다. 비직선형 방식을 분명히 보여주는 두 가지 사례는 영화에서 쉽게 볼 수 있다. 크리스토퍼 놀란 감독이 2000년에 제작한 〈메멘토(Memento)〉는 역순 구성 방식이다. 1994년 쿠엔틴 타란티노 감독의 〈펄프 픽션(Pulp Fiction)〉은 〈메멘토〉보다 더 복잡하다.

2001년 토스트마스터즈 챔피언인 대런 라크루와는 타란티노의 기법을 이용해 우승을 거머쥐었다. 대런은 연설을 시작할 때, 사람들이 역경에 직면하면 너무 쉽게 포기한다는 흔한 문제를 극적인 말로 실현했다. 그가 1막에서 전한 첫 번째 이야기는 서브웨이 샌드위치 가게를 인수한 후 빚을 진 이야기다. 그는 이 이야기로 자신의 주장을 뒷받침했다. 1막의 두 번째 이야기는 로켓 개발자인 로버트 고다드에 대한 것이었고, 1막의 세 번째 이야기는 코미디언이 되고 싶었던 자신의 꿈과 관련된 개인적인 이야기였다. 이어서 대런은 2막에서 고다드 이야기를, 2막과 3막에서는 코미디언 이야기를, 또 2막과 3막에서 서브웨이 이야기를, 그리고 3막의 마지막 순서로 고다드 이야기를 전했다. 연설을 1, 2, 3, 2, 3, 3, 1, 1, 2번째 이야기 순서로 짜놓은 것이었다. 끝으로 대런은, 실패해도 여전히 전진할 수 있다고 주장하면서, 청중에게 다음 단계를 밟으라고 부탁하며 연설을 마쳤다. 대런의 비직선형 이야기 진행은 무척 복잡했지만, 그런 이유로 토스트마스터즈 역사상 최고의 연설 중 하나로 인정받고 있다.

메시지와 청중에 맞춰 관련 기술의 난이도를 조절하라.

에드 테이트는 늑장부리는 자신의 성격과 유나이티드 항공의 사칙 변경으로 비행기를 놓쳤다. 다음 비행기 좌석을 얻으려면 비행기의 수용력이나 일정 계획과 관련된 지극히 기술적인 업무가 딱 맞아떨어져야 한다. 항공사는 무척 정교한 실시간 확률 모델을 이용하고 있다. 승객의 요구, 날씨, 승무원, 장비 등 10여 가지 요소를 분석한 것을 기반으로 이익을 최적화하려는 것이다.[2] 하지만 에드가 이런 내용을 전혀 언급하지 않은 것은 현명한 생각이었다. 그가 전달하려는 감동적인 메시지는 연민에 대한 것이기에 청중은 수학적으로 복잡한 비행기 운항에 대해 알 필요가 없다.

연사는 연설의 메시지와 청중에 맞춰 전달하고자 하는 내용의 난이도를 반드시 조절해야 한다. 만약 에드가 산업 회담에서 동료들을 상대로 발언하는 운송 학자로서 심도 깊은 기술적 영역을 다뤄야 했다면, 그와 같은 내용들은 더할 나위 없이 적절했을 것이다.

하지만 지극히 기술적인 프레젠테이션을 요구하는 업무 환경이라도 너무 심각한 문제를 전하면 청중의 관심을 잃을 위험이 있다. 프레젠테이션의 목적은 발표자의 명석함으로 청중을 놀라게 하려는 것이 아니다. 청중을 위해 필요한 정보를 주고, 격려하고, 설득하고, 즐겁게 하는 데 그 목적이 있다. 그러니 발표할 내용을 단순하게 만들도록 노력해야 한다. 하지만 무조건 단순한 것이 아니라, 양파를 까듯이 프레젠테이션의 기술적인 깊이를 드러낼 수 있을 정도로는 높은 수준이어야 한다. 연사의 경험과 열정을 청중과 공유하라.

청중을, 가르쳐야 할 무식한 사람으로 여기지 말고 존경하는 동료로 여겨야 한다.

세계 대회 챔피언들은 이야기를 진달하는 과정에서 시간을 많이 빼앗기기 때문에 대체로 기술적인 문제를 설명하는 것을 피하는 편이다. 하지만 소수의 예외도 있다. 다음은 데이비드 헨더슨이 연설 중에 전문적인 내용을 설명한 부분이다:

> 여러분도 저처럼 그 병이 무엇인지 궁금하실 것입니다. 겸상적혈구빈혈이 대체 뭘까요? 그것은 유전적인 혈액 장애입니다. 사람들은 이 병이 아프리카계 미국인만 걸리는 병이라고 생각합니다. 하지만 이 병은 중동에서 아시아, 남아메리카까지 세상 사람들 거의 모두가 걸리는 병입니다.
>
> 겸상적혈구빈혈에 걸린 사람들은 우리 몸의 혈관을 따라 산소를 운반하는 적혈구 세포가 변형됩니다. 정상적인 적혈구 세포의 모양은 디스크처럼 원형이어서 혈관을 자유롭게 통과하지만, 겸상적혈구빈혈에 걸린 사람의 세포 모양은 낫처럼 생겼습니다. 그래서 교통 체증을 유발하는 것처럼 서로 막히게 되어 여러 가지 큰 질병의 원인이 됩니다. 이 병에 걸린 사람은 처음에는 괜찮지만 곧 염증이 생깁니다. 그러다 다시 좋아지고, 또 다시 아프게 됩니다. 다시 좋아지지만, 결국 사망에 이릅니다. 이 병은 알려진 치료약이 없습니다.

데이비드는 사전에 연습할 때, 대다수의 청중은 그 질병이 무엇인지 모를 것이며, 자신의 스토리 중 가장 중요한 등장인물이 이 병으로 어느 정도의 고통을 당했을지도 예상치 못할 것이라고 생각했을 것이다. 전문적인 내용을 설명하는 것은 위험스럽다. 그래도 더 안전하게 설명하는 방법이 있다. 무엇보다 먼저, 다양한 청중 앞에서 발표해야 하니 반드시 간결하고 명확하게 설명하도록 연습해야 한다. 토스트마스터들은 자신이 사는 지역의 모든 클럽에서 연습할 수 있다. 또한 비즈니스 전문가라면 자기 동료를 토스트마스터즈 클럽에 온 게스트로 여기고 연습할 수 있다. 둘째, 데이비드가 '교통 체증'이라는 말을 언급한 것처럼 눈으로 쉽게 그려 볼 수 있는 비유를 사용하는 것이다. 셋째, 설명할 때 감정적인 깊이를 더하라. 데이비드는 겸상적혈구빈혈이 보편적인 질병이라는 설명을 통해 감정적인 깊이를 더했다. 그리고 "그러다 결국 사망에 이릅니다."는 문구를 사용해서 가장 친한 친구의 사망을 예시하는 방법으로 긴장감을 조성했다. 겸상적혈구빈혈을 교통 체증으로 비유한 것은 거의 모든 청중이 매일 겪는 고통스런 상황으로 질병을 묘사한 것이기에 가장 효과적인 방법이었다.

데이비드가 겸상적혈구빈혈을 설명할 때 사용한 방법은 아니지만, 연설가들은 가끔 논리적인 것을 감성적인 것으로 바꾸기 위해 큰 수치를 언급할 때가 있다. 연설에 들어있는 수치로 청중의 공감을 불러일으키기 위해서는, 수치의 규모를 포괄적인 수준과 개인적인 수준에 이르기까지 동시에 언급하는 방법이 있다. 예를 들어, 데이비드는 이렇게 말할 수도 있었다. "질병관리본부(The Centers for Disease Control and Prevention)는 겸상적혈구빈혈로 미국인 100,000명이 고통받고 있다고 추정합니다. 이는 미국인이 3,000명당 1명꼴로 이 병을 앓고 있으며, 단명할 것이라는 뜻입니다. 아프리카계 미국인은 500명 당 1명꼴로 이 병을 앓을 정도로 수치가 큽니다."[3]

조언 Advice 34
특수 용어(전문 용어)를 배제하라.

프레젠테이션을 발표할 때는 대부분의 경우 특수한 용어 사용은 금해야 한다. 특히 두문자어(각 단어의 첫 글자를 모아 만든 약어)나 업계에서 쓰는 은어는 금해야 한다. 연사가 그런 용어를 사용하면 전문가처럼 보일 것이라는 함정에 빠질 수 있다. 그러나 발표 내용을 지나치게 난해하게 만들면 전문적으로 보이지 않을 위험성이 훨씬 커진다. 게다가 연사가 사용한 특수 용어의 의미를 알지 못하는 청중은 오히려 연설을 이해하지 못할 가능성이 더 커진다.

하지만 특수 용어도 아주 가끔 사용하면 가치를 발휘하기도 한다. 예를 들어, 스쿠버 다이빙 전문가들을 상대로 연례 회의를 한다면 연사도 그들과 같은 그룹이라는 느낌이 필요하다. 그런데 연사가 친숙한 용어인 'PADI'라는 말 대신 '전문 다이빙 강사 협회(Professional Association of Diving Instructors)'라고 장황하게 말하면, 청중은 즉각 연사가 이방인이라는 것을 알아차릴 것이다. 모든 청중이 두문자어를 상세히 알고 있는 경우에는 이러한 특수 용어를 사용해서 신뢰감을 형성하는 것이 좋은 선택이다.

청중에게 호소할 수 있는 메시지를 선택하라.

2010년 세계 대회 챔피언인 데이비드 헨더슨은 연사들에게 남성과 여성 모두의 흥미를 끌 수 있는 이야기를 선택하라고 조언했다. 토스트마스터즈 연설 중 특히 비즈니스 프레젠테이션을 발표하는 남자들은 종종 스포츠와 전쟁을 비유로 사용하는 잘못을 저지른다. 이런 종류의 비유는 남성 청중에게는 효과적일지 모르나, 여성 청중들에게는 그리 마음이 끌리는 비유가 되지 못한다.

• • • • •

연사가 청중에게 스토리를 전할 때는 반드시 연사 본인이 알고 있고 열정이 있는 주제를 선택해야 한다. 주제를 뼈대로 삼아 구성과 등장인물, 대화, 배경 등으로 살을 붙이면 효과적인 이야기가 구현된다. 글에 윤택함을 더하고 싶다면 유머를 가미할 필요가 있다. 다음 장에서는 유머에 초점을 맞출 것이다.

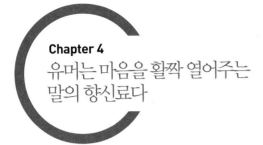

조언 Advice 36

**가능한 한 빨리 첫 번째 웃음을 터트려 긴장감을 해소하고
청중과 친밀한 관계를 형성하여, 청중이 연사를 좋아하게 만들고
연사의 메시지에 마음을 열게 하라.**

연설의 초반부, 박수 소리가 가라앉자마자 사람들은 침묵에 빠지고 장내엔 적막이 흐른다. 이렇게 되면 대회장 안에는 물리적, 심리적 긴장감이 생긴다. 사람들은 연사를 존중하느라 목이 간질간질 막혀도 억지로 기침을 참는다. 체중을 이리저리 옮길 순간을 기다리느라 의자에 앉아 있는 시간이 불편하기만 하다. 이럴 때는 가능한 빨리 첫 번째 웃음을 터트려 줘야 한다. 그래야 청중과 유대감이 형성될 것이다. 청중은 연사가 방안에 가득한 긴장감을 유머로 풀어주길 바란다. 아니, 필요로 한다. 긴장감을 녹이는 연사는 청중에게서 호감이라는 보답을 받는다. 호감은 친밀한 관계의 기반이 된다.

대런 라크루와(Darren LaCroix, 2001)는 세계 대중 연설 대회에서 우승하기 전에 스탠드업 코미디언(stand-up comic: 무대에서 단독으로 공연하는 코미디언)이었다. 그러니 대런의 연설이 대회 역사상 가장 웃기는 연설로 꼽히는 것은 당연한 일이다. 대런의 목적은 청중에게 웃음을 주는 것은 물론이고, 자신의 메시지를 받아들이게 하는 데 있었다. "제가 22클럽에서 연습하다가 앞으로 고꾸라진 적이 있었습니다. 그때 모든 사람들이 이렇게 말했죠, '얼른 일어나요, 보기 불편합니다.' 그런데 제 코치는 이렇게 말했습니다, '그냥 있어. 불편한 건 다른 사람들이야. 대런, 연사의 임무는 다른 사람들의 마음을 불편하게 하는 거야. 그래야 변화가 일어나지.'"

평범한 연설가가 30초 만에 청중을 웃게 만들면 그것은 정말 큰 성취라고 할 수 있다. 하지만 세계 대중 연설 대회는 분초가 중요하다. 1995년부터 2011년까지 우승자들은 평균 25초 만에 청중의 웃음소리를 들었다. 짝 엘리어트가 세운 88초는 가장 느린 기록이었다. 1998년 브랫 러틀리지는 "저는 부모들이 자기 아이들과 함께 놀지 말라고 하는 그런 아이였습니다."라는 말로 단 4초 만에 청중을 웃게 했는데, 이것은 역사상 최단 시간이었다.

유머에 대해 철저히 조사하기 전에, 먼저 대런이 거둬들인 청중의 웃음 횟수를 기록한 연설 전문을 읽어보자.

아야!(2001)*

핵심 메시지	인내심
시간	7.88분
분당 단어 수	124
분당 웃음 수	3.68

〈도입〉

멋진 생각이 머릿속에 번뜩였던 순간을 기억할 수 있나요? 여러분에게 딱 맞는 그런 생각 말입니다. 그런데 어느 날 갑자기 머릿속 깊은 곳에서 이런 생각이 들면, 그 번뜩이는 생각을 밀어 붙일 힘을 약하게 만듭니다. "그래, 참 좋은 생각이야. 그런데 만약 [웃음소리 1번] 일이 엎어지면 어쩌지?" [웃음소리 2번]

여러분은 혹시 엎어지면 어떻게 하십니까? 다른 사람들이 눈치 채기 전에 벌떡 일어나십니까? [웃음소리 3번] 실패를 통해 무언가를 배우기보다 다른 사람들의 생각이 더 걱정되십니까? [웃음소리 4번]

대회 의장님 [웃음소리 5번], 이 자리에 있는 모든 분들, 아얏! [웃음소리 6] 제가 너무 오래 엎어져있다고 생각하십니까? [웃음소리 7번] 여러분은 혹시 오랫동안 엎어져있었던 적이 있으신가요?

---

* 이 연설문의 원문은 http://www.darrenlacroix.com에서 인용하였다.
대런 라크루와의 연설에 대한 통찰은 281쪽부터 요약되어 있다.

〈1부〉

4년 동안 경영 대학원을 다닌 후, 저는 아메리컨 드림을 이루기로 결심했습니다. 그래서 서브웨이 샌드위치 가게를 인수했습니다. [웃음소리 8번] 네, 그래요. 여러분 모두 제 이야기에 감명을 받으셨군요. 딱 봐도 알겠네요. [웃음소리 9번] 딱히 떠벌릴 생각은 없지만, 가게를 인수한 지 6개월 만에 60,000달러의 빚을 졌습니다. 그리고 그 빚은 배로 늘었습니다. [웃음소리 10번] 네, 맞습니다. 서브웨이 샌드위치 가게를 비영리 재단으로 바꾼 것이지요. [웃음소리 11번] 정말 경제적으로 완전히 엎어졌습니다.

〈2부〉

그런데 그때 제 고향인 오번(Auburn)에서 실패한 사람이 저만은 아니라는 생각이 났습니다. 여러분도 아시다시피, 백여 년 전에 제 어린 시절의 영웅인 로버트 고다드 박사가 지구에서 별나라까지 날아갈 수 있는 장치를 개발하겠다는 엉뚱한 생각을 갖고 있었습니다. 고다드 박사 덕분에 우리가 달나라에 착륙할 수 있게 되었죠.

〈3부〉

제가 품었던 엉뚱한 생각이 기억납니다. 저는 위대한 연설가인 브라이언 트레이시(Brian Tracy)의 테이프를 듣고 있었는데, 이런 질문을 들었습니다. "만약 실패하지 않을 것을 알고 있다면 감히 어떤 꿈을 꾸겠습니까?"

저는 그 질문에 해답을 찾기 위해 고심했습니다. 그러다 갑자기

평하고 생각이 떠올랐습니다! 그래 코미디언이 돼야 겠어. [웃음소리 12번] 그런데 제 과거를 이해하셔야 합니다. 저는 그렇게 재미있는 사람이 아니었습니다. [웃음소리 13번] 학교에서 아이들을 웃긴 적도 없습니다. 사실 형이 저 때문에 처음으로 웃은 것도 제가 코미디언이 되고 싶다고 했을 때였죠. [웃음소리 14번] 아야! [웃음소리 15번]

여러분은 어떤 사람이 되고 싶나요? 인생에서 어떤 변화를 이루고 싶나요? 대부분의 사람들은 자신이 어디로 가고 싶은 지 분명히 알고 있습니다. 하지만 그저 우물쭈물 망설이기만 합니다. 그저 시간이 조금만 더 있다면, 그저 돈이 조금만 더 있다면, 아이들이 조금만 더 큰다면, 이렇게 생각하면서 기다리기만 할 뿐, 첫 발을 내딛지 못합니다.

〈4부〉

고다드 박사의 첫 비행은 오번에서 발사되었습니다. 그리고 음… 오번에 착륙했습니다. [웃음소리 16번] 겨우 41피트(12미터)만 날아오른 것이지만, 그래도 첫 번째 시도였습니다.

여러분 주위에는 여러분을 알지 못하는 이방인들이 있습니다. 그들은 여러분이 하는 첫 번째 시도를 비웃을 것입니다. 달나라에 가려는 고다드 박사의 엉뚱한 생각을 알게 된 지역 신문은 다음 날 아침 이런 머리기사를 올렸습니다. "달나라 로켓이 238,799.5마일 차이로 과녁을 빗나감." [웃음소리 17번] 아야! [웃음소리 18번] 하지만 이 같은 행동을 하는 이방인들도 여러분이 이겨내야 할 과정의 일부입니다.

〈5부〉

우리에게는 우리 자신을 사랑해주는 친구들과 가족이 있습니다. 이들은 우리가 엎어지길 바라지 않습니다. 상상해보세요. 제가 대학을 다닐 때 우리 부모님이 돈을 대주실 때의 표정을. 그리고 제가 엎어졌을 때, 집으로 돌아와 '엄마, 아빠. 저 코미디언이 되고 싶어요.' [웃음소리 19번]라고 말했을 때, 우리 부모님이 어떤 표정을 지었을지 상상해 보세요. 부모님은 묵묵히 아무런 말씀도 하지 않으셨습니다. [웃음소리 20번] 사람들의 침묵도 이겨내야 할 과정의 일부입니다.

〈6부〉

코미디 업계에서 1년 동안 고생하던 저는 어느 날 밤 잊지 못할 일을 겪었습니다. 20분 동안 쇼를 완전히 망쳤거든요. 정말 끔찍한 순간이었죠. [웃음소리 21번] 그래서 확실한 결과를 내야 했습니다. 청중 가운데 한 여성을 무대로 데려와서 제 바로 뒤에 서게 했습니다. 제 대신에 그 여성이 양 손을 앞으로 내밀었습니다. 즉흥으로 쓰는 오래된 기법이었죠. 여성은 제가 말로 표현한 이야기를 청중에게 자신의 손동작으로 보여줘야 했습니다. 손동작이 클수록 효과가 커집니다. 그런데 이 여성은 마치 고대의 동상처럼 가만히 서있기만 했습니다. [웃음소리 22번] 전혀 움직이지 않았습니다. 절망한 나머지 그녀를 보고 이렇게 말했습니다. "제발 손으로 뭐라도 하세요." [웃음소리 23번] 그녀는 하기는 했습니다. 손으로 입을 가렸거든요. [웃음소리 24번]

아야! [웃음소리 25번]

저는 즉시 멘토인 릭(Rick)에게 전화를 걸었습니다. "릭, 오늘 저 완선히 망했어요. 죽는 게 낫겠어요. 사람들이 저를 미워해요."

릭이 대답했습니다. "그래서 뭐?"

"그래서라니 그게 무슨 말이에요?" [웃음소리 26번] 도대체 '그래서'로 무슨 말 싸움이라도 하자는 겁니까?

그러자 릭은 제게 이런 사실을 상기시켜 주었습니다. 코미디언 이든 연설가든, 무엇이라도 성취한 사람이라면 그가 누구라도 실패를 겪었다는 사실 말입니다. 실패는 꼭 이겨내야 할 과정의 일부입니다.

〈7부〉

그러자 제 머리에 서브웨이 생각이 났습니다. 저는 실패했을 때, 결코 다음 단계로 넘어가지 않았습니다. 인생에서는 '아야' 하는 순간의 다음이 매우 중요합니다. 그리고 무척 어렵습니다. '아야' 하는 순간을 좋아하는 사람은 아무도 없습니다. 그래서 그 단계를 밟고 싶어 하지 않지요. 하지만 발을 땅에 디디면 그 느낌을 좋아하게 될 것입니다. '아야' 하는 순간에 무언가를 배웁니다.

〈8부〉

달나라에 도달하기 위해 노력하는 과정에서 고다드 박사는 이렇게 말했습니다. "실패란, 제가 보기에 불쾌하지만 그것을 통해 소중한 정보를 얻게 됩니다. 달나라로 더 가깝게 가는 각각의 단계를 밟으려면 실패가 꼭 필요합니다." 과연 고다드 박사는 '아야'의 대가입니다. [웃음소리 27번] 우리도 '아야'의 대가가 돼야 합니다.

〈결론〉

실패할 마음이 있다면 무엇이든 배울 수 있습니다. 저는 여전히 본업이 있습니다. 그런데 이제 제 고향에 있는 코미디 클럽의 벽에 제 사진이 걸렸습니다. '아야'의 순간을 넘어 다음 단계를 밟았기 때문입니다.

저는 사람들을 웃게 하는 재주를 타고나지 않았습니다. 그저 기회를 붙잡아 다음 단계를 밟았을 뿐입니다. 여러분도 저와 같습니다. 여러분의 다음 단계는 무엇인가요? 언제 그 단계를 밟으실 건가요? 지금 밟으세요.

저는 삶을 돌아보며 이렇게 생각하기는 싫었습니다. "코미디 같은 건 시도도 못했네. 하지만 대신 청구서는 다 지불했지." [웃음소리 28번] 우리는 모두 앞으로 나아가고 무언가를 시도하고 한 지점에 도달할 것입니다. 하지만 목표를 향해 앞으로 나아가면 길이 막히고 더 이상 나아갈 수 없을 때도 있을 것입니다. 하지만 앞으로 몸을 구부리고 위험을 감수하고, 앞으로 넘어져도 여전히 전진하는 것입니다. [웃음소리 29번] '아야' 하는 순간을 너무 두려워하지 마시고 지금 시작하세요, 그리고 실패하세요. 엎어지는 것을 감수하세요.

모든 연설에 유머를 사용하라

유머가 대중 연설에서 그토록 중요한 이유는 무엇일까? 1863년 에이브러 햄 링컨(Abraham Lincoln)의 '게티즈버그 연설'(Gettysburg Address)과 1963년 마틴 루터 킹(Martin Luther King Jr.)의 '나에게는 꿈이 있습니다'(I Have a Dream)에는 유머가 전혀 없다. 하지만 다른 연설들과 더불어 이 두 연설은 청중에게 충격요법을 쓰거나, 사람들을 교육하거나, 비탄에 잠기게 하거나, 밝은 미래에 대한 희망을 불어넣도록 만들어진 연설 가운데 역사상 가장 위대한 연설로 꼽힌다.

가장 최근까지도 희극적인 기분 전환은 훌륭한 웅변술로 받아들여지지 않았다. 특히 국가적인 애도의 순간에는 적절하지 않은 것이다. 그런데 우주선 챌린저(Chanllenger)호의 재앙에 대한 레이건 대통령의 연설과 샌디훅 초등학교에서 일어난 총기 난사 사건에 대한 오바마(Obama) 대통령의 연설을 비교해 보는 것은 유익할 것이다.

우주 비행사 일곱 명이 사망한 사건이 일어났을 때 레이건 대통령이 미국 시민에게 한 연설은 현대 미국 웅변 중 가장 위대한 연설로 꼽힌다. 레이건 대통령은 우주 탐사를 위험하지만 반드시 계속 추구해야 할 귀중한 시도라고 보았다. 대통령은 우주 비행사의 가족과, 텔레비전 생중계로 우주선이 산산조각 나던 순간을 시청했던 많은 어린이들과, 나사(NASA) 직원들의 슬픔을 정중하게 위로했다. 단어 수 650개로 이루어진 그의 연설은 격한 감정이 가득 들어 있었다. 유머가 아닌 희망과 인내가 안전판 역할을 한 것이었다.

그런데 2012년 12월 14일, 어린이 스무 명과 성인 여섯 명이 샌디훅 초등학교에서 총기로 무장한 괴한들에게 무작위로 살해된 비극적인 사건이 발생했다. 오바마 대통령은 이틀 후, 피해자 가족들과 코네티컷(Conneticut) 주 뉴턴 시민, 그리고 미국 국민들을 위해 연설을 했다. 대통령은 진심어린 애도를 표하는 동시에 미국의 느슨한 총기 규제를 다시 개정하겠다고 약속했다. 다음은 단어 수 1,670개로 이루어진 연설 중 일부에 해낭하는 내용이다. 아래 내용으로 오바마 대통령은 청중의 고통을 조금이나마 완화시켜주었다.

그 당시 다른 사람들을 도와주는 학생들이 보였습니다. 학생들은 서로를 안고서 평소라면 가끔 따라 할 법한 지시사항을 공손히 따랐습니다. 어떤 아이는 한 어른을 위로하려고 이런 말까지 했습니다. "제가 가라데를 할 줄 알아요. 그러니 걱정 마세요. 제가 앞장설게요."

아무리 비극적인 상황이라도 우리는 웃음으로 치유를 시작할 수 있다. 이 이야기를 듣고 웃음을 터트린 사람들은 웃음으로 슬픔을 해소한 것이다.

정치나 사회 개혁이 아닌 분야, 특히 토스트마스터즈 대회에서 연사의 목적은 사람들에게 감동과 재미를 주는 데 있다. 이 두 가지 목적에 도움이 되는 것이 바로 유머다. 영감은 깊은 감정을 휘젓는 역할을 하고, 유머는 약을 삼키는 것을 돕는 설탕과 같다. 즐거움을 떠받치는 대들보와 같은 역할을 하는 것이다.

분당 웃음소리를 더해 청중의 우월감과 놀라움, 해방감을 자극하라.

1995년부터 2011년까지 지난 17년 동안, 세계 대회 챔피언들이 청중을 웃긴 횟수는 분당 평균 2.5회였다. 1995년 최소한의 웃음소리로 우승한 마크 브라운은 분당 평균 1회를 겨우 넘겼다. 2002년 두 번째로 낮은 수치의 웃음소리로 우승한 드웨인 스미스는 분당 평균 1.4회를 거뒀다. 반면, 7분 52초 동안 연설한 대런 라크루와가 청중을 웃긴 횟수는 29번이었다. 정확히 분당 평균 3.7회에 해당하는 웃음소리를 이끌어내어 청중을 웃긴 것이다.[1]

우리는 분당 최고의 웃음소리를 거둔 비법을 제대로 알기 위해, 먼저 웃음의 심리학에 대해 깊이 파고들었다. 현재까지 왜 사람들이 웃는지에 대한 통일된 이론은 없다. 세 가지 설명이 있는데, 이것들은 상호보완적이고 중복되는 부분이 있다.

먼저 인간이 왜 웃는가에 대한 첫 번째 이론으로, '우월감'을 주장하는 이론이 있다. 대부분의 유머가 정확히 이 범주에 해당되는데, 여기에는 형편없는 결정을 내리거나 기이한 사람들을 비웃는 것 등이 포함된다. 이런 유형의 유머는 형편없는 결정을 내린 사람이 권력을 갖고 있거나 상투적인 이미지에 들어맞을 때, 그것이 정치적으로 옳든 그르든 웃음은 증폭된다. 우월감을 기반으로 하는 유머는 악랄함의 정도가 커지는 경향이 있다. 처음에는 조심스러운 패러디와 풍자로 시작해서 중간 정도의 비꼼으로 넘어간 다음, 혹독한 모욕으로 강도가 커진다.

대런이 계속해서 청중을 웃길 수 있었던 것은 자신을 희생해서 청중에게 우월감을 준 덕분이었다. 이것은 흔히 남의 불행을 고소해하는 마음이라고 표현된다. 대런이 처음으로 벌인 기업가적 모험을 어떻게 묘사했는지 주목해보자. "딱히 떠벌릴 생각은 없지만, 가게를 인수한 지 6개월 만에 60,000달러의 빚을 졌습니다. 그리고 그 빚은 배로 늘었습니다. [웃음소리 10번] 네, 맞습니다. 서브웨이 샌드위치 가게를 비영리 재단으로 바꾼 것이지요. [웃음소리 11번] 정말 경제적으로 완전히 엎어졌습니다."

인간이 왜 웃는가에 대한 두 번째 이론의 근거는 '놀라움'이다. 이 범주에 해당되는 유머들로는 명백한 모순과 형편없는 충고, 과장 혹은 익살, 모순, 말장난, 우스꽝스러운 코미디, 과장 및 억제된 표현 등이 있다. 사람들은 재치 있는 부조화나 엄청난 충격에 즐겁게 놀라는 편이다. 대런은 사람들을 놀랍게 해서 웃음을 유발했는데, 연설 초반에 엎어지고, 바닥에서 대회 의장(사회자)을 부르고, '실패하지 않는다면 무엇을 꿈꾸겠는가?'라는 질문에 코미디언이 되겠다고 결심하는 장면이 이에 해당한다.

인간이 왜 웃는가에 대한 세 번째 이론은 '웃음이 격한 감정을 발산시킨다.'는 것이다. 웃음은 당혹감이나 공포 같은 어두운 감정을 달래준다. 사람들은 죽음의 공포를 떨쳐버리기 위해 웃는다는 말도 있다. 기분 나쁘거나 병적인 유머는 이러한 발산 이론을 잘 설명해주는 것이다. 이와 유사하게 배설물과 관련된 지저분한 농담이나 성적인 유머는 당혹감을 완화시킨다. 대런은 무대에 누워있는 동안 청중에게 불편한 긴장감을 형성시켰다. 그는 자리에서 일어선 후, 이런 말로 긴장감을 해소했다. "여러분은 엎어지면 어떻게 하십니까?" [웃음소리 3번] 그에 더해 고통을 표시하는 '아야'라는 단어는 한 번씩 언급할 때마다 웃음을 유발하는 단어로 바뀌었다.

우월감, 놀라움, 발산이 유머와 연관되었다는 이상의 세 가지 이론은 거의 모든 유형의 유머를 설명해준다. 세 가지 항목이 중복되는 벤다이어그램으로 이 이론을 떠올릴 때, 고려할 점이 하나 있다. 한 가지 이론으로도 대부분의 농담을 설명할 수 있지만, 대부분의 농담은 두 가지 면에서, 일부 농담은 세 가지 면에서 효과를 발휘한다. 가장 쉽게 활용할 수 있는 방법인 '자신을 비하하는 농담'은 두 가지 면에서 늘 효과를 발휘한다. 첫째, 연사가 자신을 낮추면 청중은 '우월감'을 느끼게 된다. 둘째, 청중은 연사가 유능하고 자신감 있을 것이라고 예상하기 마련인데, 연사가 자신을 낮추는 발언을 하니 청중은 기분 좋게 '놀라서' 웃음으로 반응하는 것이다. 웃음은 보통 공감을 기반으로 한다. 토스트마스터들이 회원을 보고 웃는 것과 같은 맥락이다. 또한 어느 정도 자기를 낮추는 유머는 '발산' 이론에 포함될 수도 있다. 자신의 질병을 가볍게 농담처럼 다루는 연사를 예로 들 수 있다.

조언 Advice **39**
반복을 기억하라

대런 라크루와는 청중에게서 스물아홉 번의 웃음을 획득했다. 거의 16초에 한 번 꼴로 청중을 웃긴 셈이다. 놀라움, 우월감, 발산 등 거의 모든 유형의 웃음을 끌어냈다. 스물아홉 번의 웃음 가운데 여덟 번은 주로 우월감(9번, 10번, 11번, 13번, 14번, 21번, 23번, 28번)이, 열두 번은 놀라움(1번, 2번, 5번, 6번, 8번, 12번, 16번, 17번, 19번, 22번, 26번, 29번)이, 아홉 번은 발산(3번, 4번, 7번, 15번, 18번, 20번, 24번, 25번, 27번)이 원인이었다. 또한 대런은 농담을 무더기로 했다. 코미디언들이 쓰는 용어로 리핑(riffing: 재즈 용어로 반복악절)이었다. 이렇게 농담을 무더기로 하는 것은 청중을 한 번 웃긴 다음, 그 웃음소리가 잦아들 때까지 잠시 동안 기다린 후에, 같은 맥락으로 훨씬 더 터무니없거나 극단적인 말을 자세히 설명하는 것이다. 대부분의 코미디언은 이러한 3중 법칙을 적용하려고 노력한다. 3중 법칙을 적용하는 것은 누구나 가능하지만, 연설의 소재를 제대로 연습한 대런 같은 연사들만 이렇게 위험성이 큰 연설을 시도해야 한다.

대런이 시도한 농담 중 스물세 번의 농담은 두 개 이상이 뭉쳐서 전달되었다. 오직 여섯 번의 농담만 단독으로 실시되었다. 서론 전체는 일곱 번의 농담이 무더기로 발생했는데, 이것은 인상적인 부분이다. 1부에서 연속으로 발생된 웃음 네 번은 모두 같은 맥락으로 만들어진 것이다. 특히 2부와 7부에서 청중에게 휴식을 주고, 그 부분에 자신의 핵심 메시지가 들어있다는 신호를 주기 위해 일부러 청중을 웃기지 않았다는 점에 주목해야 한다.

조언 Advice 40
연사의 음성과 몸짓, 얼굴 표정을 활용해서 유머를 과장하라.

유머는 대중 연설에서 정복하기 가장 까다로운 기술 가운데 하나다. 언뜻 보기에도 겁이 나지만, 청중이 놀라움과 발산, 우월감이라는 정서에 관심을 갖도록 재미있는 글을 쓰는 것은 시작에 불과하다. 대부분의 사람들이 기가 막히게 재미있는 일들을 따라하지만 웃음을 끌어내지는 못한다. 그 이유는 무엇일까?

대개는 재미있는 일을 전달하는 과정에서 분명하고 고정된 잘못을 쉽게 저지른다. 수십, 수백, 혹은 수천 명의 사람들 앞에서 말하기 때문이라는 것은 충분한 이유가 되지 못한다. 정말 무서운 것은 농담을 했는데 사람들이 웃지 않을 것이라는 공포심이다. 친구나 가족, 동료들 앞에서 완전히 망치고 싶은 사람은 아무도 없다. 그래서 그렇게 많은 연사들이 청중이 웃을 수 있게 잠깐씩 멈춰야 하는데, 그렇지 못하고 내내 농담만 하는 것이다.

침묵은 웃음소리를 사로잡는 것만큼이나 중요하다. 과장되고 다양한 몸짓과 목소리는 웃음의 촉매역할을 한다. 대런은 과장된 목소리와 버릇을 활용하는 기술을 적용했다. 예를 들어, "4년 동안 경영대학원을 다닌 후, 저는 아메리컨 드림을 이루기로 결심했습니다. 그래서 서브웨이 샌드위치 가게를 인수했습니다. [웃음소리 8번] 네, 그래요. 여러분 모두 제 이야기에 감명을 받으셨군요. 딱 봐도 알겠네요. [웃음소리 9번]"라는 말을 할 때, 그는 골반에 양 손을 짚는 진지한 자세를 취하면서 열정적으로 고개를 끄덕였다.

얼굴 표정은 웃음소리를 키우는 데 또 다른 촉매제로 활용되고 있다. 대런은 자신의 얼굴 표정을 이용해서 연설 내내 웃음을 증폭시켰다. 대런은 서브웨이 샌드위치 가게에 대한 경험을 이야기할 때, 입술을 오므리고 눈썹을 치켜올렸다. 얼굴 표정 하나만으로도 상당한 웃음을 끌어내기에 충분하다는 사실에 주목해야 한다.

모든 유머는 연사의 메시지를 촉진하는 것이어야 한다.

코미디언들이 오랜 시간 여러 번 사용한 농담은 피해야 한다. 이런 농담은 연사의 메시지를 촉진하지 못할 뿐만 아니라 진실성이 느껴지지도 않는다. 또한, 아주 많은 사람들이 이미 들어본 것이라면 아무런 호응을 얻지 못할 수도 있다.

토스트마스터즈 세계 대중 연설 대회에서는 여러 번 사용된 농담을 찾기가 어렵다. 하지만 1997년 윌리 존스(Willie Jones)는 이 같은 실수를 범하고도 우승했다. 그의 핵심 메시지는 자신과 같은 또래인 베이비부머들에게, 과거에 하지 않은 일을 두고 후회하지 말고 삶에 충실하라고 지적하는 내용이었다. 그는 연설의 결론 부분에서, 쉽게 마음 상하지 말라는 주제를 내놓았다. 그것은 새롭지만 상호보완적인 주제이다. 다음은 그의 주제를 지지하는 내용이다:

사실 여러분이 실패를 대하는 방식은 어느 젊은 설교자가 교회에서 처음으로 중요한 설교를 했을 때 보인 반응과 같습니다. 설교자가 한 설교는 정말 형편없었습니다. 그때 주교가 일어나 그 설교자에게 가서 이렇게 말했습니다. "정말 형편없는 설교로군." 주교는 수많은 신도들 앞에서 젊은 목사에게 망신을 주었습니다. "다음 주에는 더 잘하겠습니다." 젊은 설교자는 이렇게 대답했습니다.

다음 주가 되자, 젊은 설교자는 두 번째 설교를 했습니다. 그는 지난 주에 모욕당한 기억을 떠올리고 이렇게 말했습니다. "이번 주에는 실수하지 않을 것입니다. 친애하는 성도 여러분, 때로 저는 실수를 합니다. 여러분도 실수할 수 있습니다. 주교님도 실수할 수 있지요. 저는 죄를 짓습니다. 여러분도 죄를 지을 수 있습니다. 주교님도 죄를 지을 수 있습니다. 저는 지옥에 갈 수 있습니다. 여러분도 갈 수 있고, …." 여러분, 너무 쉽게 마음 상하지 마세요.

농담을 말하는 대신 연사 개인의 경험에 따른 상황별 유머를 활용하면, 그것은 청중을 웃기고 연사의 핵심 메시지를 촉진할 수 있는 최고의 방법이 된다. 상황별 유머의 두 가지 유형으로는 자신의 실패를 공유하는 것과, 자신의 행동에 대한 아이들의 솔직한 대화를 반복하는 것을 꼽을 수 있다.

조언 Advice **42**
청중이 웃는 동안, 잠시 해당 등장인물에 머무르라.

빌 코스비나 제리 사인펠드, 케이시 그리핀 같은 위대한 코미디언들은 청중의 웃음소리가 가라앉을 때까지 잠시 침묵 속에서 기다리면서 취하는 방식이 두 가지 있다. 하나는, 자신이 연기한 등장인물의 행동이나 말 때문에 사람들이 웃으면 그 인물의 상태로 잠시 머물면서 제한된 행동을 취하거나 전혀 움직이지 않는 것이다. 단, 움직임이 농담의 일부일 때는 예외가 된다. 반대로 의도하지 않은 상황에서 웃음소리가 터지면 매우 가볍게 미소 지으면서 가만히 있거나 새로운 무대 장소로 이동한다.

• • • • •

　연사들은 청중과 친밀한 관계를 맺고 긴장감을 해소하기 위해 유머를 사용한다. 그로 인해 청중은 연사의 핵심 메시지를 더 잘 받아들일 수 있게 된다. 한편, 세계 대중 연설 대회의 우승자들은 사람들에게 감동을 주기 위한 기법 가운데 하나로 유머를 활용하고 있다. 다음 장은 그 부분에 대한 설명이다.

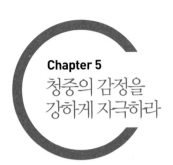

Chapter 5
청중의 감정을
강하게 자극하라

청중에게 가능한 가장 광범위한 감정을 전달하라.

감정을 분류하는 것은 까다로운 일이다. 저명한 학자인 폴 에크면(Paul Ekman)과 로버트 플러칙(Robert Plutchik)은 중복되지만 똑같지 않은 이론들을 지지했다. 여러 문화에 걸쳐 미세한 표정을 연구한 에크먼은 분노, 혐오, 공포, 행복, 슬픔, 놀라움 등 여섯 가지 주요 감정을 구분했다. 플러칙은 시각적으로 기억하기 쉽게 자신이 직접 만든 '감정 바퀴'(Wheel of Emotions)에 환희-슬픔, 신뢰-불신, 공포-분노, 놀라움-기대 등 여덟 가지 감정을 짝지어 놓고, 이를 사실로 단정했다.

우리는 연설 개발에 이 두 가지 이론을 혼합하는 것이 가장 효과적이라는 사실을 알아냈다. 따라서 분노, 혐오, 공포, 행복, 사랑, 슬픔, 놀라움을 연설의 일곱 가지 감정으로 정했다. (기대를 배제한 것은 그것이 다른 감정을 촉발하기 때문이다. 예를 들어, 무언가 기쁜 일을 기대하는 것은 행복이다. 그에 더해, 우리는 신뢰를 사랑으로 바꾸었다. 왜냐하면 사랑은 대중 연설에서 더 효과적으로 유도되는 흔한 감정이기 때문이다. '감정 바퀴'는 사랑을 환희와 신뢰의 합성물로 보기도 하지만, 우리는 사랑이 환희와 신뢰가 없어도 어디나 존재한다고 생각한다.)

내나수의 토스트마스터즈 우승자들은 5분에서 7분 이내에 일곱 가지 감정을 모두 다루려고 노력한다. 하지만 그렇게 하려면 매우 세심한 글쓰기가 필요하다. 그렇다고 이들 감정 중에 한두 가지 감정에만 초점을 맞추면 청중은 연사의 메시지에 흥미를 잃게 될 위험이 있다. 다음에 소개하는 각 문단 맨 앞에 제시해 놓은 것처럼, 랜디 하비(Randy Harvey, 2004)는 청중의 마음을 끌기 위해 감정을 이리저리 옮겨 다녔다. 그는 사랑을 주된 메시지로 선택했으며, 대부분의 연설 내용도 긍정적인 감정을 촉발시키는 것이었다. 하지만 긍정적인 감정을 과장하기 위해서, 연설 전반에 분노와 혐오, 공포, 슬픔, 놀라움 등 부정적인 감정을 대조적으로 마구 퍼부어 놓았다.

🎤 **실제연설문 5 ▶▶**

뚱보 아빠로부터 배운 교훈(2004)[*]

핵심 메시지	사랑
시간	7.45분

---

[*] 이 연설문의 원문은 http://www.randyjharvey.com에서 인용하였다.

분당 단어 수	108
분당 웃음 수	2.82

〈도입〉

[놀라움] 제 나이 일곱 살 때 일입니다. 우리 가족은 저녁 식사를 하려고 뚱보 아빠의 새 차인 1960년 형 포드 페어레인(Ford Fairlane)을 타고 으스대듯 사촌 집으로 갔습니다. 저는 차 뒷좌석에서 깜박 잠이 들었습니다. 식구들은 잠에 빠진 저만 나두고 사촌 집으로 들어갔습니다. 혼자 깨어난 저는 차 밖으로 비틀거리며 나와 현관을 향해 걸어갔습니다. [컹컹 소리가 크게 남] 그때 시커멓고 누런 사냥개 무리가 저를 에워쌌습니다. 제 심장은 덜컹 튀어 올랐죠. 그리고 제 몸도 심장처럼 튀어 올랐습니다. 처음에는 트렁크 위로... 그리고는 지붕 위로 올라갔지요. 아빠의 새 차 위로 말입니다.

[공포] 대회 의장님, 친애하는 토스트마스터즈 회원과 관객 여러분, 저는 궁지에 몰린 너구리처럼 꽁꽁 얼어붙어서 소리쳤습니다. 사냥개들은 차 주위로 원을 돌면서 울부짖었습니다. 흉측하게 생긴 외눈박이 개가 발톱을 세우고 트렁크를 긁었습니다. 누런 이빨로 탁탁 소리를 내면서 입에 거품을 물었습니다. 저는 선 채로 오줌을 싸버렸습니다.

[사랑] 그놈이 발톱으로 유리창을 긁으면서 미끄러질 때, '아들' 하고 부르는 소리가 들렸습니다. 저는 뚱보 아빠의 품에 안기기 위해 소리가 나는 쪽으로 뛰어들었습니다. 플란넬 셔츠에서 나는 체

리 담배 냄새를 맡자 안도감이 밀려왔습니다. 그리고 천둥 같은 고함소리에 사냥개들은 구름처럼 바람 속으로 흩어졌습니다.

〈1부〉

[사랑] 다음날 아침 뚱보 아빠는 새 차의 긁힌 부분을 천으로 닦고 있었습니다. "뚱보 아빠, 죄송해요." 아빠는 큰 팔로 저를 들어 올리더니 이렇게 말씀하셨죠. "아들, 살다보면 누군가를 지킬 때도 있고 보살핌을 받을 때도 있어." 누군가를 사랑할 때는 그 사람의 고통이 자신의 고통이 됩니다. 뚱보 아빠는 바로 저희 아빠입니다. 뚱보 아빠라는 사랑스러운 별명이 우리 가족의 남자들에게 4대째 내려오고 있습니다.

〈2부〉

[행복] 제가 16살이 되자, 뚱보 아빠가 자동차를 사주셨습니다. 흰색 타이어에 크롬 휠이 장착된 1963년 형 폭스바겐 비틀이었죠.

[혐오감에 이어지는 놀라움] 햇살이 비치는 어느 날 오후, 비틀을 몰고 가면서 사이먼 앤 가펑클의 노래를 듣고 있었습니다. "세실리아(Cecillia), 당신 때문에 내 마음이 괴로워요." 그 때 말파리 한 마리가 윙윙대며 창문을 통해 제 입속으로 딱하니 들어오더니, 목구멍에 걸렸습니다.[기침소리, 익살] 그러다 다시 제 오른쪽 콧구멍에 박혔습니다. 콧속에 말파리가 들어와 윙윙댄다면 어떻게 하시겠습니까? 저는 콧속에 박힌 말파리를 잡으려고 무릎을 이리저리 움직였습니다.

[공포] 차는 왼쪽으로 돌아갔습니다. 그러다 다시 오른쪽으로 쏠렸습니다. 모리슨 씨 댁의 울타리를 부수고 마당 오른쪽을 가로질러 모스버거 씨 댁의 분수를 들이받았습니다. 우산을 든 메리 포핀스가 물을 뿌리는 분수대였죠. 분수를 너무 심하게 들이받았는지 스푸트니크(Sputnik: 소련이 쏘아올린 인공위성)처럼 메리 포핀스가 발사되었습니다. 짧은 순간 공중에 떠있던 메리 포핀스는 곧장 바닥에 떨어졌습니다.

[분노] 모리슨 씨와 모스버거 씨 가족은 … 조금 흥분한 것처럼 보였습니다. 물론 아빠는 아니었지만요. 뚱보 아빠는 기병처럼 달려와 이웃을 가라앉혔습니다. 깜짝 놀란 저는 돌멩이 위에 주저앉았습니다.

[사랑] 뚱보 아빠가 두 팔로 저를 감싸자, 눈물이 와락 쏟아졌습니다. "쉿, 울타리는 고치면 돼. 분수도 새로 사고. 낡은 저 차도 다른 차로 바꿀 수 있어. 저것들은 그냥 물건일 뿐이야. 하지만 너를 대신할 수 있는 것은 아무것도 없어. 그리고 마을 사람들도 몇 주만 지나면 잊어버릴 거야." 이것이 바로 아빠가 주신 사랑이라는 교훈입니다.

⟨3부⟩
[사랑] 십대 남자아이라고 늘 자동차 생각만 하는 것은 아니지요. 가끔은 여자애들에 관한 생각도 한답니다. 한번은 저와 친구들이 여자들과 어울린 모험담을 자랑스럽게 떠벌리는 소리를 뚱보 아빠가 들었습니다. 아빠는 우리들과 어울리는 것을 어색하게 여기지

않는 편이라 우리와 함께 있었지요. 한동안 우리들의 이야기를 듣고 있던 아빠가 갑자기 얼음물 끼얹는 소리를 하셨습니다. "얘들아, 진정한 남자는 한평생 사랑한단다. 순간의 사랑이 아니란다." 우리들의 대화는 그렇게 끝이 났습니다.

[사랑] 우리 아빠는 엄마를 무척 사랑했습니다. 정원을 거닐거나 소파에 함께 앉아 있을 때면, 두 분의 손은 늘 서로를 찾는 것처럼 보였습니다. 엄마가 TV를 보고 있을 때면 뚱보 아빠는 엄마의 등 뒤로 다가와서 억센 팔로 엄마를 감싸 안으셨죠. 엄마의 어깨에 자신의 턱을 받치고 뺨에 키스를 하셨어요. 십대인 저로서는 나이든 사람들이 그렇게 서로를 안는 것이 믿어지지 않았습니다. 하지만 뚱보 아빠의 사랑은 로맨스 이상이었죠.

[슬픔] 우리 엄마는 돌아가실 때까지 암과 사투를 벌였습니다. 뚱보 아빠는 상처 입은 양을 돌보는 선한 목자처럼 엄마를 돌보셨습니다. 엄마를 먹이고 씻기고 책을 읽어주고 노래도 불러주셨죠. 뚱보 아빠는 엄마의 공포를 달래주기 위해 엄마를 꼭 안고 사랑과 믿음의 말을 속삭였습니다. 엄마를 향한 뚱보 아빠의 사랑은 제 아내와 아이들을 위한 선물이 되었습니다. 뚱보 아빠를 보고 평생 동안 제 식구를 사랑하는 법을 배웠으니까요.

〈결론〉

[슬픔] 올해 저는 처음으로 뚱보 아빠 없이 아버지날을 보냈습니다. 뚱보 아빠가 보고 싶네요.

[사랑] 뚱보 아빠가 저에게 가르쳐준 교훈은 평생 동안 지속될 것

입니다. 여러분이 누군가를 사랑한다면 때로는 보살피는 사람이 될 것입니다. 보살핌을 받을 때도 있겠지요. 곤란에 처하면 사랑이 몰려와 강한 팔로 여러분을 감쌀 깃입니다. 진정한 남자는 평생 동안 사랑합니다. 순간이 아닙니다.

[사랑] 토스트마스터즈 동료 여러분, 제가 전할 메시지는 사랑입니다. 우리 아이들이 저를 뚱보 아빠라고 부른다는 말을 여러분에게 전할 수 있어 뿌듯합니다.

조언 *Advice* 44
목소리와 몸짓, 얼굴 표정까지 연설 내용의 감정적 어조에 맞춰라.

연사가 청중과 진실한 대화를 나누겠다는 마음가짐을 가지고 있다면, 대중 연설의 어떤 기법도 기억할 필요가 없다(알 필요도 없다). 이것이 바로 대중 연설의 가장 기본적인 원칙이기 때문이다. 이 원칙은 연설의 각 부에 따라 연사가 목소리와 몸짓, 얼굴 표정까지 조절해야 한다고 가르쳐준다. 만약 연사가 이야기를 전한다면 자신이 느낀 그대로 전해야 한다. 또한, 연구와 관련된 말을 한다면 아이처럼 경이로움을 표현해야 한다. 열정은 전문성을 보완한다.

랜디는 다음 이야기로 우리 필자들에게 전문성을 발견하는 법에 대해 알려주었다:

제가 처음 라이언 에이버리를 만났을 때, 그는 세계 대중 연설 대회에서 우승하는 것이 자신의 목표라고 했습니다. 저는 그의 눈을 바라보며 이렇게 말했습니다. "그렇다면 저는 당신을 도와줄 수 없습니다." 대회 참가의 의미는 연사가 갖고 있는 핵심 메시지를 구분하는 데 있습니다. 그런 다음 사람들에게 그 핵심 메시지를 전달하는 능력을 키워야 합니다. 진심으로 말하세요. 그래야 세상이 귀를 기울입니다. 연사가 마음을 다해야 세상이 따릅니다. 본인의 마음을 따르세요. 그러면 늘 행복을 알게 될 것입니다.

라이언이 대회에서 우승하기 전 10주 동안 저는 그와 함께 일했습니다. 저는 그가 자신의 존재와 관심사를 보여줄 수 있는 주된 메시지를 준비시키는 것을 목표로 삼았습니다. 다른 사람들의 것이 아닌 자신만의 독특한 메시지를 전달하기 위해 준비시켰습니다. 자신의 진심을 있는 그대로 보여줄 때 진실한 말이 가능하기 때문입니다. 이러한 진실함은 요지부동한, 결코 변치 않는 진실이어야 합니다.

저의 대중 연설이 시작된 초등학교 시절이 분명히 기억납니다. 당시 선생님께서는 워싱턴 D.C.에서 일어난 시위 연설을 들려주셨습니다. 연사는 '나에게는 꿈이 있습니다.'라는 명연설을 했습니다. 연설을 듣는 순간 팔에서 소름이 돋았습니다. 얼마 후 저는 존 F. 케네디, 윈스턴 처칠, 마하트마 간디의 연설을 공부했습니다. 이들에게는 모두 자신의 목숨을 희생해서라도 반드시 지키고 싶은 굳은 신념이 있었습니다.

사람들은 다른 사람들과 똑같은 메시지를 갖고 있는 사람의 생각을 따를 마음이 없습니다. 사람들은 유일무이한 독특한 메시지를 갖고 있는 사람을 찾습니다. 그 사람이 그 메시지대로 살고 있는지 보고 싶은 것입니다. 그러한 메시지를 소통하는 기술을 발전시키고, 가장 효과적인 방법으로 그 메시지가 사람들의 마음과 생각을 감동시키고 인류의 역사를 바꾸는 것이 바로 대중 연설입니다. 일주일짜리 세미나로 성취할 수 있는 것이 아닙니다.

저는 회사의 중역이나 정치가들을 대상으로 커뮤니케이션 기술을 개발하는 일을 할 때, 주로 이런 질문을 던집니다. "일단 날마다 받는 질문을 모두 써보세요." 사람들은 모두 하루에 10여 가지의 질문을 주고받습니다. 변호사인 저는 주로 이런 질문을 주고받습니다. "저에게 사건을 맡기실 건가요?" "제가 이길 수 있을까요?" "손해는 어느 정도나 될까요?"

일단 의뢰인에게 공통으로 받는 질문을 확인하면, 저는 그들의 진심을 알기 위해 세 가지 특정 질문을 던집니다. 예를 들어, 정치가와 함께 일할 때 저는 그에게 이렇게 묻습니다. "판매세가 옳다고 생각하십니까?" 정치가의 정치적 신념에 따라 각기 다른 견해가 나올 것입니다. 저는 이들에게 먼저 이렇게 묻습니다. "당신은 어떤 사람입니까?" 이는 자신이 옳다고 믿고 있는 것이 무엇인지 밝히는 정교하고 깊이 있는 질문입니다. 그가 만약 진보적인 성향이라면 세금은 재산이 부족한 사람들의 노력을 적절히 지원하는 데 필요한 것이라고 믿을 수도 있습니다. 저는 두 번째로 이런 질문을 던집니다. "당신은 어떤 것에 관심이 있습니까?" 이 질문은 그들의 삶을 좌우하는 규칙들을 드러내기 위한 것입니다. 자신의 삶을 희생해서라도 꼭 지키고 싶은 주된 원칙 말입니다. 진보적인 정치가라면 이렇게 말할지도 모릅니다. "저는 돈이 더 많은 우리 같은 사람이 가난한 사람들을 도와줄 책임이 있다고 생각합니다." 마지막으로 저는 이렇게 묻습니다. "그런 생각은 어디서 배웠습니까?" 이것은 그들의 메시지를 뒷받침하는 이야기가 무엇인지 알기 위한 질문입니다. 연사는 특별한 핵심 가치를 어디에서 배웠는지 알기 위해 시간을 거슬러 올라갈 수 있어야 합니다. 그래야만 그런 가치를 세우게 된 사건이나 사람을 찾을 수 있습니다.

진실해진다는 것은 말처럼 쉬운 일이 아니다. 특히 긴장했을 때는 더욱 어렵다. 그러니 진실하게 보일 때까지 그런 것처럼 가장해야 한다. 랜디가 우승 연설에서 자신의 감정을 어떻게 전달했는지 곰곰이 따져보자.

놀라움. "그때 시커멓고 누런 사냥개 무리가 저를 에워쌌습니다. 제 심장은 덜컹 튀어 올랐죠." 이렇게 말할 때, 랜디는 손으로 몸을 감싸듯이 들어 올렸다가 뒤로 물러서며, 눈을 크게 뜨고 입을 벌렸다.

공포. "저는 궁지에 몰린 너구리처럼 꽁꽁 얼어붙어서 소리쳤습니다." 이렇게 말할 때는 눈을 크게 뜨고 입을 딱 벌린 다음, 어깨를 움츠리고 팔꿈치를 딱 붙였다. 그리고 두 주먹을 꽉 쥐고 무릎을 단단히 붙였다. 말은 빨라지고 목소리는 한층 커졌다.

사랑. "아들, 살다보면 누군가를 지킬 때도 있고 보살 핌을 받을 때도 있어." 이 말을 할 때 랜디의 표정은 온화해지고, 부드 러운 미소를 지었다. 양손을 가슴에 얹자 몸이 편인해 보였다. 부드 러운 목소리로 느리게 말했다.

행복. "제가 16살이 되자, 뚱보 아빠가 자동차를 사주 셨습니다. 흰색 타이어에 크롬 휠이 장착된 1963년 형 폭스바겐 비 틀이었죠." 이 말을 할 때 랜디는 눈을 크게 뜨고 환하게 웃었다. 팔과 몸의 움직임이 더욱 활기찼고, 말하는 속도도 빨라졌다.

혐오. "그 때 말파리 한 마리가 윙윙대며 창문을 통해 제 입속으로 딱하니 들어오더니, 목구멍에 걸렸습니다." 이 말을 할 때는 콜록콜록 기침을 하고 목이 메었다. 실눈을 뜨고, 코는 찌푸리 고, 말은 느려지고, 목소리는 작고 은밀했다.

분노. "모리슨 씨와 모스버거 씨 가족은 … 조금 흥분 한 것처럼 보였습니다." 이 말을 할 때까지 랜디는 막 차를 들이받아 깜짝 놀란 십대 역할에 빠져 있었다. 사람들은 화가 나면 공격적인 자세를 취할 것이라고 생각한다. 팔과 다리를 더 벌리고, 눈을 가늘 게 뜨고 콧구멍을 벌름거리고, 말은 빨라지고 목소리가 커진다고 생 각한다.

슬픔. "우리 엄마는 돌아가실 때까지 암과 사투를 벌였습니다. 뚱보 아빠는 상처 입은 양을 돌보는 선한 목자처럼 엄마를 돌보셨습니다. 엄마를 먹이고 씻기고, 책을 읽어주고 노래도 불러주셨죠." 이 말을 할 때 랜디의 눈꺼풀은 축 처지고 입가도 내려갔다. 목소리는 작아지고 말은 느려졌다.

감정을 표현하되 자제심을 잃지 말라.

연사가 감정을 표현할 수 없다면 청중은 연사의 감정을 결코 경험할 수 없을 것이다. 세계 대회의 결승전 무대에 오른 연사들은 모두 청중 앞에서 감정을 표현할 수 있는 사람들이다. 하지만 연습이 부족한 연사들은 몇 가지 이유로 감정을 드러내는 것을 무척 어려워한다.

가장 흔한 이유는 바로 긴장감이다. 연사가 긴장하면 얼굴과 목소리의 표현력이 떨어진다. 긴장감은 심지어 몸짓까지 억제할 때가 있다. 그런데 긴장감이 가라앉아도 자존심 때문에 감정을 드러내는 것을 두려워하는 연사들이 있다. 분명 맞는 말이다. 그러나 어쩌란 말인가? 9미터 두께의 콘크리트 벽에 자신의 자존심을 감싸봤자 결국 '청중과의 소통 실패'라는 결과만 낳을 뿐이다. 너무나 비싼 값을 치르는 것이다.

랜디는 엄마를 잃었을 때 아버지의 보살핌으로 평온함을 유지할 수 있었다고 말했다. 다수의 세계 대회 우승자들 중에서 단 한 사람만이 감정 조절이라는 선을 유지하지 못하고 넘어설 뻔 했다. 데이비드 핸더슨(2010)이 바로 그 사람이다. 그는 어린 시절의 친구를 잃은 비극적인 사건을 되새기는 연설을 하는 동안 거의 내내 눈물 속에서 이야기를 했다. 이보다 심한 사람은 아무도 없었다.

연설의 일곱 가지 감정 가운데 분노, 혐오, 행복, 사랑, 놀라움 등 다섯 가지 감정을 이야기할 때, 실제 연사는 말을 더 많이 하게 된다. 반대로, 공포나 슬픔과 관련된 이야기를 할 때는 입을 다물게 된다. 그래서 연사가 이야기를 되살릴 때, 공포로 청중을 압도시키기는 무척 어렵다. 그러므로 슬픔은 연사에게 상당한 위험 요인이 될 만한 유일한 감정이다. 토스트마스터즈 대회를 보면 마치 셰익스피어의 비극을 보는 것 같은 느낌이 든다. 불치병이나 사고, 단순한 고령 등의 이유로 사랑하는 사람을 잃은 수많은 이야기가 등장한다. 하지만 슬픈 이야기로 우승하는 경우는 무척 드물다. 우승자 17명 중 겨우 4명만 비극적인 이야기에 초점을 맞추어 우승했다. 때때로 야심찬 연사들은 감정을 고려할 때 오직 슬픔에만 초점을 맞춘다. 이들은 청중의 눈물을 성공의 증거로 이용하는 것이다. 하지만 다른 여섯 가지 감정도, 비록 슬픔보다 크지는 못하더라도 청중의 마음을 사로잡는 힘은 같다.

• • • • •

감정은 언어를 기반으로 한다. 다음 장에서는 이해와 감각적 경험, 그리고 끈끈한 메시지 전달을 돕는 데 광범위한 역할을 하는 '언어'를 탐색해 볼 것이다.

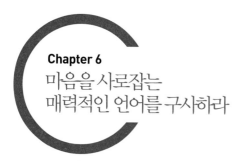

Chapter 6
마음을 사로잡는
매력적인 언어를 구사하라

조언 A d v i c e **46**

간단한 단어와 짧은 문장을 활용해서 메시지를 표현하라.

만약 오늘 밤 토스트마스터즈 클럽에 간다면 '오늘의 단어'를 사용하라는 말을 듣게 될 것이다. 세계 어느 곳의 토스트마스터즈 클럽에 가더라도 마찬가지다. 대개 돈키호테 같은(quixotic), 낙관적인(sanguine), 감미로운(mellifluous) 같은 '10달러짜리 단어'가 오늘의 단어가 된다. 이 게임은 말하는 사람에게는 빨리 생각하라고 권하고, 듣는 사람에게는 자세히 들어보라고 재촉하는 것이라 무척 재미있다. 또한 연사가 오늘의 단어를 사용하면 청중의 긴장감이 풀려서 웃음이 100퍼센트 보장된다.

그런데 오늘의 단어라는 개념에는 '위대한 연사에게는 광범위한 어휘력이 필요하다.'는 미신을 영속화시킨다는 문제점이 있다. 연사의 역할은 청중과 정서적으로 소통하는 것이다. 연사는 청중이 세상을 다르게 보기를 바란다. 자신의 어휘력(혹은 이 문제와 관련된 어떤 것이든)으로 청중을 감탄시키기를 바라지 않는다. 만약 연사가 청중의 인지 처리 능력에 부담을 준다면 소통은 이루어질 수 없다.

루돌프 플레쉬(Rudolf Flesch)가 고안하고 피터 킨케이드(J. Peter Kincaid)가 발전시킨 플레쉬-킨케이드(F-K) 등급별 알고리즘은 미 육군이 까다로운 기술 매뉴얼을 판단하기 위해 처음으로 사용하였다. 지금은 마이크로소프트 워드에서 사용하는 가독성 있는 통계의 기초가 되었다. F-K 테스트를 활용해서 17년 이상, 3.5~7.7 등급으로 우승한 연설을 측정했더니, 평균 읽기 수준이 9~13세와 같은 수준이었다.

사람들이 추정한 것과는 반대로 F-K 점수는 사전을 기반으로 한 것이 아니다. F-K 점수는 장르와 감정 구조를 구별하지 못한다. 즉흥 연설은 형식이나 조화, 창의성보다 더 복잡하다. 두 가지 조건을 채우면 등급이 올라가는데, 첫째, 글에 긴 문장이 있으면 점수가 올라간다. 둘째, 글에 다음절의 단어가 많이 들어 있으면 점수가 올라간다. 그런데 청중은 짧은 단어로 이루어진 짧은 문장을 더 좋아한다.

우승자인 데이비드 브룩스(David Brooks, 1990)는 글 솜씨가 좋기로 널리 인정받았다. '은제 탄환'(Silver Bullet: '묘책'에 대한 비유로, 늑대인간 등을 사냥할 때는 은제 탄환을 써야 한다는 속설에서 비롯됨)이라는 제목을 단 데이비드의 연설은 핵심 가치인 명예, 고결, 자긍심으로 돌아가야 한다는 것을 강조한 연설이다. 간단한 단어와 짧은 문장이 들어있는 데이비드의 연설은 5학년 학생에 맞춰서 쓴 글이다. 한 문장 당 평균 9.7단어가 들어 있고, 3음절 이상의 단어는 7.7퍼센트에 불과할 정도로 희박하게 사용되었다. (데이비드의 연설 중 저자들이 언급한 것은 대괄호에 묶어 대문자로 처리하고 그의 수사적 기법에는 밑줄을 쳤다. 조언 49에서 자세히 설명할 것이다.)

실제연설문 6 ▶▶

은제 탄환(1990)*

핵심 메시지	명예
시간	6.76분
분당 단어 수	127
분당 웃음 수	1.48

〈도입〉

"그대 다시 고향에 가지 못하리." 이 말은 토마스 울프가 한 말입니다. 신사 숙녀 여러분, 저는 텍사스 댈러스에서 태어나고 자랐습니다. 그런 제가 고향에 돌아왔습니다. 기분이 참 좋군요.

의장님, 토스트마스터즈 동료들, 그리고 손님 여러분.
[자운(CONSONANCE: 자음만의 압운)] 혹시나 해서 말씀드리는데, 그래요, 몇몇 분은 이곳에 오시는데(down) 정말 잘 차려 입으셨네

---

* 이 연설문의 원문은 http://www.davidbrookstexas.com에서 인용하였다.
데이비드 브룩스의 연설에 대한 통찰은 235쪽부터 요약되어 있다.

요(do dress). … 턱시도는 존경을 상징하죠. 그런데 청바지도 보이네요? [모음 압운(ASSONANCE)] 음, 그러니까 텍사스에 우리의 오일(of our oil) 머니가 조금 과하게 들어가 저축한 사람도 있고 빚진 사람도 있다는 뜻인가 보군요.

[어구의 반복(ANAPHORA)] 그것은 존경의 문제입니다. 어쨌든 존경은 오늘 제가 전할 메시지의 기반이 됩니다. 지금은 유명한 것이 무명이 되고, 경멸을 받을 만한 행동이 흔한 것이 되어버린 시대입니다. 어쩌면 지금은 단순한 상징 그 이상을 찾아야 할 시기인 것 같습니다(maybe it's time). 우리 모두 고향으로 돌아와 잊고 놔두었던 소수의 가치를 다시 찾아야 할 시기인 것 같습니다(maybe it's time).

〈1부〉

먼저 제가 고향에 두고 온 것에 대해 말씀드리고 싶습니다. 말씀드렸다시피 저는 댈러스에서 자랐습니다. 하지만 엄밀히 말하면 이곳에서 남쪽으로 몇 마일 떨어진 디소토(DeSoto)라는 작은 마을에서 자랐습니다. 제가 알기로 이곳은 텍사스에서 유일하게 자동차의 이름을 딴 마을입니다. [어구의 반복] 혹시 기억하시나요, 메이베리(Mayberry)라고? 음, 결코 세계적인 곳이 아니라 그냥 메이베리(Mayberry)와 비슷합니다.

하지만 이곳은 제 인생의 초반을 보낸 고향입니다. 두 형제와 저는 이곳에서 가치와 원칙을 배웠습니다.

[헨디아트리스(HENDIATRIS)] 우리는 이곳에서 명예와 고결, 자긍심에 대해 배웠습니다.

우리가 누구로부터 이 같은 가치를 배웠을까요? [잠시 멈춤]

[전사 반복(ANADIPLOSIS)] 바로 텔레비전입니다! 그래요, 텔레비전이죠, 그곳에 우리의 형제들이 살고 있으니까요. 물론, 우리 부모님도 우리들에게 똑같은 교훈을 가르치려고 하셨죠. 하지만 우리는 아이들이잖아요. 우리는 텔레비전에만 관심이 있었습니다. 지금 생각해보니 30년 전 일이네요. 우리에게는 지금하고는 다른 롤 모델이 있었지요. 바트 심슨(Bart Simpson)이나 돌이변이 특공대 닌자 거북(Teenage Mutant Ninja Turtles)과는 다르지요.

[헨디아트리스(HENDIATRIS)] 그때는 슈퍼맨(Superman)과 스카이킹(Sky King), 로이 로저스(Roy Rogers)의 시대였습니다. 형제들과 저는 그들이 나오는 프로그램을 봤습니다. 프로그램이 끝나면 밖으로 나가 그들을 재연했죠. 물론 우리 형이 로이 로저스가 되었습니다. 당연히 저는 데일 에반스(Dale Evans)가 되었고요. 뭐 그렇게 나쁘지는 않았습니다. 정말이에요 …. 동생은 트리거(Trigger)가 되었습니다.

그래요, 우리에게는 멋진 롤 모델이 있었습니다. 무엇보다 최고의 롤 모델은, 잠깐만요, 여러분이 기억하시나 볼까요?

[자운(CONSONANCE)] 제가 먼저 유명한 구절(famous phrase)을 시작하겠습니다. 단서를 드리면 완성해보세요(finish). [올가미 밧줄을 돌리는 것 같은 손 모양을 한다.]

[자운] 단 명심할 것이 있습니다. 우리는 이곳에서 많은 것을 했습니다. 그래서 싱가포르(Singapore)에서 '샌안토네(San Antone)'[샌안토니오의 비공식 명칭]에 이르기까지 여러분의 소리를 들려주고 싶

습니다. 준비되셨나요? 그럼 이제 저와 함께 신나는 지난날로 돌아가 봅시다.

빛의 속도로 달리는 불같은 말, 먼지 구름, 원기 왕성한 사람 [청중의 반응: "하이-요, 실버, 어웨이"(Hi-Yo Silver, Away: 〈론 레인저〉의 주인공인 론 레인저가 자신의 애마인 실버(Silver)를 부를 때 쓰던 말. "자, 실버, 가자."라는 뜻)]

그래요! 론 레인저가 다시 말을 탑니다. 기분이 좋지 않나요? [전사 반복, 헨디아트리스] 음, 저는 그런 말을 들은 순간부터 명예와 고결과 자긍심을 소중히 여기고 보상을 받던 그 시절 그 장소로 빠져들게(away) 됩니다. … 빠져들지요(away).

[어구의 반복] 저는 론 레인저처럼 크고 싶었습니다(I wanted to). 불같은 하얀 종마를 타고 싶었습니다. 신비스런 검은 마스크를 쓰고 싶었습니다(I wanted to). 그리고 은제 탄환도 쏘고 싶었습니다(I wanted to).

[전사 반복] 하지만 그 무엇보다 론 레인저처럼 되고 싶었습니다. 비록 어린 아이였지만 당당한 사람(a person who stood), 옳은 것을 지지하는 사람(a person who stood)에게는 뭔가 특별한 것이 있다는 사실을 알았으니까요.

〈2부〉

그런데 그때 어떤 일이 일어났습니다. 그리고 모든 것이 바뀌었습니다. 제가 어른이 된 것입니다. [자운, 전사 반복] 저는 현실과 환상(fantasy from fact)을 구분하는 법을 배우면서(learned), 엄청난 진실을 알았습니다(learned). 현대 세계의 영웅들이 그저 평범한 사람에 불과하다는 것을, 그리고 그 평범한 사람이 어리석은 사람이라는 사실을 알았습니다(learned).

불과 3년 만에 올림픽 선수가 약물 때문에 금메달을 빼앗겼습니다. 성직자 2명이 불명예스럽게 추락했습니다.

[자운] 갑부들이(billionaires) 탐욕 때문에 파산(bankrupted)했습니다.

그리고 도널드 트럼프(Donald Trump)는 … 도널드 트럼프라는 것을 보았습니다.

[헨디아트리스] 명예와 고결과 자긍심은 어디 있나요? 우리는 이것들을 잊고 살았습니다.

⟨3부⟩

작년까지 있고 살았습니다. 그런데 저는 그것을 텔레비전에서 다시 한 번 보았습니다.

1989년 6월 3일 베이징, 며칠 동안 평화 시위가 있었습니다. 줄지어선 탱크가 천안문 광장에 덜커덩거리며 몰려들었습니다. [어구의 반복] 모든 사람들(Everyone)이 안전한 곳을 찾아 도망쳤습니다. 모든 사람들(Everyone)이 도망쳤지요. 단 한 사람만 빼고요.

거리에서 90미터 쯤 떨어진 곳에, 한 남자가 굳건히 서 있었습니다. 길 한가운데 혼자 서 있었습니다.

탱크는 계속 밀려 들어왔습니다. 거대한 쇳덩이 자국이 길 한가운데를 할퀴고 지나갔습니다. 한 남자가 굳건히 서있습니다. 탱크는 계속 가까이 다가왔습니다. 이제 몇 인치 떨어지지 않은 곳까지 밀려 들어왔습니다. 하지만 그 남자는 당당해 보입니다.

그런데 갑자기 탱크가 멈췄습니다.

저는 박수를 보내고 싶었습니다. 하지만 목이 메고 눈물이 났습니다. 이렇게 저를 감동시킨 저 남자는 누구일까요? [결구 반복] 저는 알고(to know) 싶었습니다. 아, 그런데 그때 생각이 났습니다. 알면(to know) 안 되는 사람이라는 것을 … 론 레인저스의 이름을 말입니다.

〈결론〉

승리의 순간, 그 남자가 우리를 과거로 데려다 주었습니다. 어떤 희생을 치르더라도 자신이 믿는 것을 지키던 그 멋진 시절로 말이에요.

[헨디아트리스] 그 남자 때문에 우리가 어린 시절부터 알고 있던 모든 것들이 다시 생각났습니다. 더 나은 세상을 만드는 데 우리에게 필요한 것은 명예, 고결, 자긍심이라는 세 가지 은제 탄환뿐입니다.

[자운] 그렇습니다. 한 가지(one) 이상의 여러 방법(ways)으로 우리는 다시 고향에 돌아갈 수 있습니다(can come).

생생한 이미지와 감각적인 디테일을 사용하라

단순한 말을 사용하라고 해서 연설 내용의 감정적 강도를 양보하라는 뜻은 결코 아니다. 카마인 갤로(Carmine Gallo)는 저서인 〈스티브 잡스 프레젠테이션의 비밀, The Presentation Secrets of Stcvc Jobs〉에서 과학기술 분야의 선구자인 스티브 잡스의 말에 대해 '간결하고 구체적이고 감정적인 표현'이라고 묘사했다. 감정적 강도를 구축하는 열쇠는 서술 형용사와 부사의 사용에 달려 있다. '놀라운', '믿을 수 없을 정도로 대단한', '믿을 수 없을 정도로 엄청난'이라는 단어를 사용한 스티브 잡스를 생각해보라.

연사가 의미 있는 메시지를 전달할 때, 처음부터 끝까지 청중을 사로잡는 것이 바로 연사의 역할이다. 연사는 청중의 공감을 얻어야만 자신의 이야기 속에 청중을 관련시키고, 그들의 상상력을 사로잡을 수 있다. 진심으로 청중의 주의를 사로잡으려면 스스로에게 먼저 물어봐야 한다. "내 연설을 느끼고 맛보고 냄새 맡을 수 있는가?" 오감을 모두 이용하라. 데이비드는 연설의 처음부터 끝까지 감각적인 언어를 구체화시켰다. 그래서 누구라도 천안문 광장으로 덜커덩거리며 돌진하는 탱크 소리를 듣고 느끼고 볼 수 있었다.

기억에 남을 만한 캐치프레이즈로 주된 메시지를 요약하고 자주 반복하라.

극히 드물지만 연사가 자신의 주된 메시지를 교묘하게 인식시켜야 하는 경우가 있다. 하지만 토스트마스터즈 세계 대중 연설 대회에서는 그럴 일이 전혀 없다. 캐치프레이즈(catchphrase: 사람의 이목을 끌기 위한 기발한 문구나 표현)의 존재 여부가 중요한 것이 아니라 그 문구를 전달하고 구성하는 방법이 관건이기 때문이다.

1995년부터 2011년까지 우승자 열일곱 명 가운데 열두 명이 눈에 띄는 명확한 캐치프레이즈를 이용했다. 이들 열두 명 중 여덟 명이 캐치프레이즈로 제목을 달아 커다란 이득 세 가지를 얻었다. 첫째, 캐치프레이즈로 연설 제목을 만든 덕분에 연사가 메시지에 초점을 맞출 수 있었다. 이로 인해 연설의 골자가 명료해지고 사려 깊은 편집이 가능했다. 둘째, 연사의 주된 메시지가 명료해져 청중이 이 메시지를 명확히 받아들였다. 이것은 첫째보다 더 중요한 이득이다. 셋째, 경쟁적인 연설 환경에서 심사위원이 연사의 제목만 보고도 연설의 힘을 상기할 수 있었다.

가장 효과적인 캐치프레이즈의 네 가지 요건은 '짧고' '반복적이며' '리듬이 있고' '실행 가능한 것'이다. 데이비드의 캐치프레이즈인 '명예, 고결, 자긍심'은 이중에 처음 두 가지 요건만 갖추었다. 그럼에도 청중의 마음속에 '은제 탄환'의 가치에 대해 성공적으로 심어놓았다. 이 책의 공동저자인 라이언의 캐치프레이즈인 '신뢰는 필수 조건이다'(trust is a must)를 포함해 세계 대중 연설 대회의 많은 캐치프레이즈가 위의 네 가지 요건을 모두 충족시켰다.

수사적인 재담으로 연설을 연마하라.

연설을 강화하기 위해 사용할 수 있는 수사적 장치는 무궁무진하다. 아래 목록 중 몇몇은 익숙하지 않은 명칭이지만, 현대 대중 연설에서 가장 흔하게 사용되는 유형을 선정한 것이다.

● 모음 압운(Assonance)과 자운(자음 압운, consonance): 같은 소리가 두 번 이상 연속해서 반복되는 것이다. 모음 압운은 모음이 반복되는 것이며 자운은 자음이 반복되는 것이다. 다음은 데이비드의 연설 가운데, 한 문장 안에서 f 소리를 세 번 반복한 자운의 사례다. "제가 먼저 유명한 구절(famous phrase)을 시작할게요. 단서를 드리면 완성해보세요(finish)."

● 어구의 반복(Anaphora): 연속적인 구절이나 문장의 초반부에 동일한 단어나 문구를 반복 사용한 것이다. 데이비드의 연설에서 사례를 찾아보면 다음과 같다. "어쩌면 지금은 단순한 상징 그 이상을 찾아야 할 시기인 것 같습니다(maybe it's time). 우리 모두 고향으로 다시 돌아와, 잊어버리고 놔두었던 소수의 가치를 찾아야 할 시기인 것 같습니다."(Mayby it's time)

● 결구 반복(Epistrophe): 어구의 반복과 같은 개념으로, 구절이나 문장의 끝에 적용된다. 데이비드의 연설에서 사례를 찾아보면 다음과 같다. "저는 알고 싶었습니다. 아, 그런데 그때 생각이 났습니

다. 알면(to know) 안 되는 사람이라는 것을 … 론 레인저스의 이름을 말입니다."("I wanted to know. Ah, but then I remembered … you're not supposed to know … the Lone Ranger's name.")

● 심플로우시(symploce): 어구의 반복과 결구의 반복을 결합한 것이다. 데이비드 브룩스는 이 기법을 사용하지 않았지만, 쟉 엘리어트(2011)는 이렇게 활용했다. "인생의 봄날은 때로 생기 넘치는 혈관을 따라 지나는 젊은이의 피처럼 빠르게 흐릅니다. 인생의 후반기는 때로 정맥류로 확장된 혈관을 따라 지나는 늙은이의 피처럼 천천히 흐릅니다."("Sometimes in the springtime of life when young blood courses through vibrant veins, sometimes later in life when more sluggish blood crises through varicose veins.")

● 전사 반복(Anadiplosis): 앞글의 마지막 단어를 다음 글의 거의 맨 앞에서 반복하는 방법이다. 데이비드의 사례는 다음과 같다. "당당한 사람(a person who stood), 옳은 것을 지지하는 사람(a person who stood)에게는 무언가 특별한 것이 있다는 사실을 알았으니까요."("I knew there was something about a person who stood tall – a person who stood for what was right.")

● 헨디아트리스(Hendiatris): 한 가지 개념을 표현하기 위해 세 가지 단어를 연속해서 사용하는 방법이다. 데이비드의 캐치프레이즈인 '명예, 고결, 자긍심'은 세 가지 단어로 주된 가치를 표현한 것이며,

'슈퍼맨, 스카이 킹, 로이 로저스'도 세 가지 단어로 옛 시절의 텔레비전 영웅을 표현한 것이다.

이렇게 근사한 수사적 기술에 더해 옛 구절이나 문장을 멋지게 반복하면 주된 메시지를 강조하는 막강한 방법이 된다.

조언 Advice 50
주의가 필요하다면 한 가지 항목을, 대조에는 두 가지 항목을, 조화에는 세 가지 항목을 나열하라. 강렬함이 필요할 때는 매우 긴 항목을 나열하라.

한 가지 항목으로 청중의 주의를 끌 수 있다. 짝을 이룬 두 가지 항목으로는 대조를 강조하고, 세 가지 항목으로는 유사점을 강조할 수 있다. 크레이그 발렌타인(1999)의 우승 연설 중 일부를 곰곰이 따져보자.

> 하지만 여러분은 영혼에 등을 돌렸습니다. 그리고 왜 우여곡절이 있는지 궁금해 합니다. 왜 좋은 일과 나쁜 일, 앞과 뒤, 아래와 위, 안과 밖이 있을까요? … 요컨대 당신은 영혼에 등을 돌렸습니다. 그래서 발을 헛딛고 넘어지게 된 것입니다.

크레이그는 긴 목록을 곡예에 가까울 정도로 빠른 속도로 전달해서 거의 비등점에 가까운 강렬함을 이끌어냈다. 그 다음 극적인 멈춤이 이어졌다. 그리고 자신의 말을 천천히 반복해서 결론을 이끌어냈다.

> 침묵. 그렇습니다. 바로 침묵이 필요한 것입니다. 여러분은 제게 시간을 가지라고, 침묵할 시간을 가지라고 하네요. 제 영혼에 가만히 귀를 기울이라고 애써 알려주네요.

유명한 사람들의 말을 인용하지 말라.

전 세계 토스트마스터들 사이에 끈질기게 떠도는 미신이 하나 있는데, 그것은 재능 있는 연사라면 유명한 사람들의 말을 즉각 인용할 수 있어야 한다는 것이다. 하지만 이 믿음은 몹시 그릇된 믿음이다. 어떤 상황에서든 유명한 인용문을 사용하는 것은 참신하지 않으며 오히려 진부하기 때문이다. 청중은 연사에게서 그의 메시지를 듣고 싶어 한다. 연사의 이야기에 귀를 기울이고 싶은 것이다. 청중이 인용문을 원한다면 〈바틀레트의 귀에 익은 인용문, Bartlett's Familiar Quotations〉을 집어 들었을 것이다.

20년 전 토마스 울프의 글을 기술적으로 인용해 우승한 데이비드 외에도 미리 준비된 인용문으로 우승한 사례가 간혹 있다. 마크 브라운(Mark Brown, 1995)은 '첫 인상을 만드는 두 번째 기회는 없다.'는 익숙한 인용문으로 연설을 시작했다. 마크 헌터(Mark Hunter, 2009)도 연설의 본론에 디팩 초프라(Deepak Chopra)의 글을 참고했다.

'인용문 배제' 법칙에도 드물게 예외가 있다. 2011년 우승한 쟉 엘리어트는 연설문의 서론을 이렇게 시작했다. "존 라우는 페이스 북에 이렇게 말했습니다. '모든 사람은 삶의 각 단계에서 최고의 친구를 얻는다. 단지 소수의 행운아만이 변치 않는 오랜 친구를 가질 수 있다.' 이 인용문은 두 가지 이유로 효과를 보았다. 첫째, 인용문이 참신했다. 청중 가운데 이전에 이 글을 읽은 사람이 거의 없었던 것이다. 둘째, 마치 인용문에 맞춰 자신의 연설을 주문 제작한 것 같았다. 엘리어트는 특별한 날 특별한 청중에 맞춰 자신의 글을 몇 년 동안 갈고 닦았던 것이다. 그렇다면 존 라우는 누구인가? 존 라우는 국제 토스트마스터즈 협회의 전 회장이었고 쟉 엘리어트가 우승했던 대회의 사회를 본 인물이었다.

조언 A d v i c e **52**

예측불허의 방법을 활용해 청중을 놀라게 하라.

짐 케이(Jim Key, 2003)의 연설에서 '인용문 배제' 법칙의 두 번째 예외를 볼 수 있다. 그의 연설에는 꿈을 쫓기에 너무 늦은 때는 없다는 무척 중요한 메시지가 들어 있다.

대중 연설의 가장 중요한 원칙 중 하나는 청중이 연사의 문장을 마무리 짓지 못하게 해야 한다는 것이다. 연사가 허락하기 전까지는 청중이 연설 내용을 마음대로 단정 짓지 못하게 해야 한다. 그렇게 하기 위해서는 그릇된 지시를 더 영리하게 활용할 수 있어야 한다. 짐은 꿈이라는 단어를 스물네 번 사용한 후 이렇게 말했다. "신사 숙녀 여러분, 우리는 꿈을 꾸지 않으면 안 됩니다. 우리는 반드시 꿈을 꾸어야 합니다. 우리 시대 가장 위대한 이상주의자 중 한 명인 마틴 루터 킹 박사는 이렇게 말했습니다." 이 부분에서 청중은 모두 짐 케이가 '나에게는 꿈이 있습니다.'라고 말할 것이라고 예상했다. 하지만 그는 다른 인용문으로 청중을 놀라게 했다.

"옳은 일을 하는 데에는 적기가 따로 없습니다." 이 말은 우리가 아직 아이일 때 꿈을 꾸는 것이 옳았다면, 어른으로서 꿈을 꾸는 것도 옳다는 의미입니다.

잭의 인용문과 마찬가지로 짐의 인용문도, 청중 가운데 이 글을 아는 사람이 거의 없었기 때문에 참신성이 있었다. 이것은 킹 박사가 1964년 8월 오벌린 대학(Oberlin College)에서 강연한 연설로, 짐은 덜 알려진 이 인용문을 그릇된 지시로 활용해 효과를 본 것이다.

조언 A d v i c e **53**
메시지에 더 이상 맞지 않는 말은 과감하게 모두 제거하라.

데이비드 브룩스는 '부적절한 단어나 생각이 하나도 없는' 연설문을 매우 높게 취급한다. 연사들은 원래 자신이 잘 쓰거나 말하는 단어나 어구, 혹은 그러한 생각이나 사례 등을 꽤나 좋아하는 편이다. 하지만 훌륭한 작가는 자신의 메시지에 부합하지 않는 모든 말은 거침없이 제거한다. 아서 퀼러 쿠치 경(Sir Arthur Quiller-Couch)

은 이러한 사실을 멋지게 표현했다. "정말 끝내주게 멋진 글을 쓰고 싶은 충동이 들면 당연히 써라. 진심으로 써라. 단, 원고를 인쇄하기 전에 다 삭제하라. 멋진 표현을 삭제하라."[1]

자신의 글을 객관적인 눈으로 보는 것은 말처럼 쉬운 일이 아니다. 그래서 우리 필자들은 멋진 표현을 삭제하는 두 가지 방법을 제시했다. 첫째, 훌륭한 편집자를 찾으라. 본인의 메시지에서 벗어난 부분을 볼 수 있는 판단력이 있고, 그 부분을 삭제하라고 연사를 납득시킬 수 있는 편집자가 필요하다. 둘째, 쟉 엘리어트는 이렇게 충고했다. "연설문에서 한 발짝 떨어졌다가 다시 돌아와 냉정하게 말해야 합니다. '그래, 참 좋네. 나중을 위해 이 생각을 갖고 있어야지. 어쨌든 좋은 생각이니까. 하지만 이 연설에는 맞지 않네.'" 당신은 그의 충고를 따라야 한다. "글은 하얀 열기 속에서 쓰되, 차가운 피 속에서 되살려라." 무시무시한 비유를 계속 사용하는 작가들은 조언 53을 따르지 않는 것이다.

조언 A d v i c e **54**
청중이 반응할 시간을 남겨 두라.

1995년 8월 션 섀논(Sean Shannon)은 260개의 단어로 이루어진 햄릿의 독백 '죽느냐 사느냐'(To be or not to be)를 단 23.8초 만에 전달했다. 그는 분당 655단어를 전달한, 역사상 말이 가장 빠른 연사가 되었다. 하지만 놀랍고 흥미로웠음에도 불구하고, 그의 연설은 1948년 로런스 올리비에 경(Sir Laurence Oliver)이 출연한 대작 영화의 강렬한 감정에는 미치지 못했다. 올리비에 경은 같은 독백을 3분 18초 만에 전달했다. 분당 79개의 단어를 전달한 셈이다.

토스트마스터즈 세계 대중 연설 대회에서 연사들은 5분에서 7분 이내에 연설을 마쳐야 한다. 참가자들은 5분이 지나면 녹색등이 켜지는 것을 보게 된다. 이어서 6분이 되면 노란색 등에 불이 켜지고, 7분쯤 되면 빨간색 불과 더불어 '7분 30초가 지나면 특별한 지시사항이 없어도 자격이 박탈됩니다.'라는 문구가 뜬다.

과거 몇 년간 연사들이 승리하지 못한 주된 이유는 청중의 반응 시간을 적절히 파악하지 못한 데 있었다. 특히 웃음소리 때문에 시간이 연장된 것을 파악하지 못한 것이 주요 원인이었다. 대회의 단계마다 청중의 규모가 증가하는데, 이에 대해 연사들은 내용을 다듬을만한 대안이 없는 것이다.

과거 17년 동안 우승자들은 평균 7분 15초 동안 892개의 단어를 전달하는 속도를 보였다. 분당 단어 수가 평균인 125개에 조금 못 미치는 정도였다. 데이비드 브룩스(1990)가 기록한 분당 단어 수 127개는 평균에 가장 가까운 수치였다.

최근 가장 빠른 속도로 우승한 사람은 크레이그 발렌타인(1999)이다. 그는 모든 사람이 매일 5분 동안 묵상해야 한다는 주장을 폈다. 긴장감을 키우기 위해 연설 중간에 침묵의 순간을 두었다가 속사포처럼 말을 쏟아냈다. 물론 그도 청중이 자신의 말을 완전히 이해할 수 없다는 것을 알았다. 그래서 빠른 속도로 말을 쏟아낸 다음, 다시 한 번 천천히 메시지를 반복해서 전달했다.

비카스 징그란(2007)과 브렛 러틀리지(1998)는 속도가 가장 느렸다. 각각 분당 단어 수 98개와 99개를 전달했다.

조언 Advice 55
청중의 끝없는 호기심을 촉발시킬 만큼 기억에 남을 만한 제목을 만들라.

청중을 사로잡는 연사의 능력은 무대에 오르기 전에 시작된다. 청중의 호기심을 끌어내기 위해 연설의 제목을 "왜?" 혹은 "어떻게?"를 촉발할만한 것으로 정하라. "누가?" "무엇을?" "어디서?" 같은 질문을 촉발하는 제목은 청중에게 미치는 영향이 대체로 약한 편이다.

반면, "왜?"라는 질문은 동기 부여 연설에서 청중을 가장 자극하는 개방형 질문이다. 사람들은 연사의 말을 들으려고 돈을 지불했으면서도 눈에 보이지 않는 방패를 치고 연설을 듣는다. 청중은 자신이 친 방패를 치울 만한 이유를 연사가 제시해 줄 때까지 그런 태도를 유지한다. 다시 말해, 연사가 청중에게 '왜'라는 질문을 유도해야만 청중은 눈에 보이지 않는 방패를 내리는 것이다. 두 번째로 막강한 질문은 바로 '어떻게?'로 시작하는 질문이다. 만약 연설이 행복에 대한 것이라면, 더할 나위 없이 행복한 삶을 위해 필요한 묘책을 제공할 것이라는 "어떻게" 신호를 이해하도록 청중의 마음에 불타는 욕망을 스며들게 해야 한다.

훌륭한 제목을 구성하고 싶다면 과거 26년 동안 우승한 연설들을 정독할 필요가 있다. 지금까지 문장의 제목으로 사용된 것은 격언, 명령어구, 동사구, 형용사구, 감탄문, 명사구, 문장 등이었다. 이는 영향력 순으로 나열한 것이다.

격언은 연설의 주된 메시지를 전달할 뿐만 아니라, '어떻게'나 '왜'와 함께 다른 질문도 유도하기 때문에 영향력이 가장 크다. 격언을 사용한 사례로는 짐 케이(Jim Key, 2003)의 '결코 늦은 때란 없다'(Never Too Late)와 오티스 윌리엄스 주니어(Otis Williams Jr., 1993)의 '그럴 수도 있겠지요'(It's Possible), 돈 존슨(Don Johnson, 1989)의 '찬란한 것'(A Many-Splendorded Thing)[Love is a many-splendored thing(사랑은 찬란한 것이에요; 우리말 제목 〈모정〉)이라는 영화 제목에서 Love is를 생략하여 사용함], 해롤드 패터슨(Harold Patterson, 1987)의 '고통은 지나간다'(The Pain Passes) 등이 꼽힌다.

명령어구도 격언만큼 영향력이 크다. 라션다 런들스(LaShunda Rundles, 2008)의 '말하라!'(Speak!), 데이비드 노타지(David Notage, 1996)의 '일어나'(Get Up), 다나 라몬(Dana LaMon, 1992)의 '기회를 잡아라'(Take a Chance)를 예로 들 수 있다. 제리 스타크(Jerry Starke, 1988)의 '엄마의 장미꽃을 밟지 마세요'(Please Don't Walk on Mother's Roses)는 훨씬 섬세하게 만든 것으로 그만큼 기억에 남는다.

영향력이 세 번째로 큰 유형은 동사구로 만든 제목이다. 에드워드 헌(Edward Hearn, 2006)의 '다시 회복하다'(Bouncing Back)는 "왜", "어떻게", "누가"를 유발했다. 모건 맥아더(Morgan McArthur, 1994)의 '양동이에 처박히다.'도 에드워드의 제목처럼 여러 질문을 유발했다. 맥아더의 제목은 제리 스타크의 제목만큼 기억에 남는 수준이었다.

그런가 하면 형용사구와 감탄문은 극히 드문 편이어서, 지난 26년 동안 각각 한 번씩만 있을 정도였다. 잭 엘리어트(2011)의 '그저 운이 무척 좋아요'(Just So Lucky)는 긍정적인 상태를 묘사한 형용사구 제목이다. 반대로 대런 라크루와(2001)의 '아야!'는 고통스런 상태를 묘사한 감탄사 제목이다. 각각의 제목은 연설 내용과 명확하게 연관되어 있었다. 쟉 엘리어트는 혈연으로 맺은 친구와 시간을 함께 보낸 친구, 마음을 나눈 친구가 있다며 자신이 얼마나 운이 좋은 사람인지를 청중과 공유했다. 대런 라크루와는 실패와 의혹과 거절을, 넘어질 때 느끼는 육체적 고통에 비유하여, 인내로써 회복해야 한다고 강조했다.

명사구로 만든 제목은 가장 자극적이지 않고 막강한 영향력도 없지만, 토스트마스터즈 대회의 우승 연설로 가장 흔하게 사용되었다. 명사를 기반으로 한 제목은 흔히 '무엇'과 관련된 질문을 유발한다. 또한 청중의 생각을 유발하는 제목을 만들기에는 무형명사가 유형명사보다 더 적합한 편이다. 다음은 무형명사를 기반으로 우승을 차지한 연설의 제목을 나열한 것이다. 비카스 징그란(2007)의 '스와미(Swami: 힌두교 종교 지도자)의 질문'(The Swami's Question), 랜스 밀러(2005)의 '궁극의 질문'(The Ultimate Question), 랜디 하베이(2004)의 '뚱보 아빠의 교훈'(Lessons from Fat Dad), 드웨인 스미스(Dwayne Smith, 2002)의 '인생의 열쇠는 음악'(Music in the Key of Life), 크레이그 발렌타인(1999)의 '두 번째 기회'(A Second Chance)' 등이 있다.

사람, 장소, 물건에 중점을 둔 유형명사를 기반으로 우승을 차지한 경우도 있다. 데이비드 헨더슨(2010)의 '비행사들'(The Aviators)은 사람에 초점을 맞추었다. 브렛 러틀리지(1998)의 '내 작은 세상'

〈My Little World〉은 장소를 암시한 것이다. 물건이라는 유형명사를 제목으로 삼은 연설들로는 마크 헌터(Mark Hunter, 2009)의 '덜 익은 토마토가 가득 담긴 개수대'(A Sink Full of Green Tomatoes), 에드 테이트(2000)의 '그런 날 중의 하루'(One of Those Days), 윌리 존스(Willie Jones, 1997)의 '웜 부트'(Warm Boot: 컴퓨터 시스템에 문제가 생겼을 때 전원을 끄지 않고 다시 부팅시키는 것, 혹은 따뜻한 부츠), 데이비드 브룩스(1990)의 '은제 탄환'(Silver Bullets) 등이 있다.

마지막으로 문장으로 만든 제목이 있다. 그런데 연사가 완전한 문장으로 제목을 만들면 곧바로 불이익을 받게 된다. 제목 자체만으로 내용이 끝나버리기 때문이다. 그렇다고 결코 우승을 못한다는 의미는 아니다. 단지 훨씬 더 어려울 뿐이다. 이런 범주로 우승한 사례는 데이비드 로스(David Ross, 1991)의 '기차는 여전히 굴러간다'(The Train's Still Rolling)와 아라벨라 벵슨(Arabella Bengson, 1986)의 '우리는 피그말리온이 될 수 있다'(We Can Be Pygmalion), 둘 뿐이다.

대회에서 우승한 연설의 제목에는 공통된 특징이 있다. 우승을 차지한 연설의 제목은 미리 청중의 호기심을 자극하는 동시에 해당 연설에 대한 사전 정보를 제공하고, 대회가 끝난 후에도 청중의 감각을 유지시킨다는 특징이 있다. 또한, 기념할 만한 제목이 되려면 다른 모든 연설 대회에서 쉽게 눈에 띄어야 한다. 이 뿐만 아니라 연사들이 명사를 제목으로 선택하고 더 특이한 것을 선택하기 때문에, 연사들이 연설의 방향을 바꾸면 제목도 그에 따라 쉽게 바뀌게 된다.

라이언은 원래 연설 제목을 '나에게 약속해주세요'(Promise me)로 정했었다. 하지만 후에 치열한 연습과 고쳐 쓰기를 통해 제목이 그다지 강렬하지 못하다는 것을 알았다. 무언가 가치 있는 것을 전해줄 제목을 선택해야만 했다. '나에게 약속해주세요'라는 제목은 청중에게 의미가 거의 없는 편이었다. 게다가 제목만으로는 연설이 무엇에 대한 것인지를 암시하지 못했다. 그래서 '신뢰는 필수조건이다'(Trust Is a Must)'라고 제목을 바꿨다. 이 제목이 효과적인 이유는 모든 사람이 소중히 여기는 주된 가치를 나타내기 때문이다. 이것은 청중의 주의를 사로잡기 때문에 기억에 남는 것이다.

이 조언은 자리를 뜰 수 없을 만큼 동기부여가 되는 연설의 제목을 정할 때도 적용되는 조언이다. 그런데 동시에 여러 가지 연설이 전달되는 상황에서 사람들이 자기 연설에 귀 기울이게 하려면 어떤 식으로 연설 제목을 정해야 할까?

좋든 싫든 사람들은 제목을 보고 연설을 판단하는 경향이 있다. 만약 '눈'(eyeballs)에 대한 연설로 경쟁을 벌인다면, 연설 제목은 단순하고 구체적이고 긴급해야 한다. 또한, 청중을 중심으로 제목을 정교하게 만들어야 한다. 회의 기획자들은 일반적으로 참석자 수를 밝히지 않는 편이다. 그래서 우리는 지금까지의 조언을 뒷받침하기 위해 인터넷 마케팅의 도움을 받았다. 2012년 허브스팟(HubSpot Inc.)이 출간한 상위 10대 블로그 포스트를 꼼꼼히 따져보라. 허브스팟은 2012년에 900개 이상의 기사를 출간한 웹 마케팅 소프트웨어 개발 판매 회사로, 방문객 수가 870만 명을 넘은 곳이다.[2]

● 시대를 초월한 가장 훌륭한 상위 10대 마케팅 캠페인(The 10 Greatest Marketing Campaigns of All Time)

- 더 나은 랜딩 페이지를 만드는 데 필요한 간단하고도 중대한 11가지 조언(11 Simple But Critical Tips for Creating Better Landing Pages)
- 이메일 마케팅에 대한 위험하지만 흔한 8가지 오해(8 Dangerous (But Common) Misconceptions About Email Marketing)
- 정말 끔찍한 스톡 사진 중 아주 웃기는 13가지 사례(13 Hilarious Examples of Truly Awful Stock Photography)
- 마케팅의 역사: 철저한 연대표(The History of Marketing: An Exhaustive Timeline)
- 당신을 사로잡을 트위터 유형 페이지 백그라운드의 17가지 사례 (17 Examples of Twitter Brand Page Backgrounds to Inspire You)
- 슬로건을 확실히 정한 10대 기업(10 Companies That Totally Nailed Their Taglines)
- 웹 분석이 아닌 마케팅 분석이 필요한 이유(Why You Need Marketing Analytics, Not Web Analytics)
- 사람들이 당신의 웹사이트를 정말 싫어하는 15가지 이유(15 Things People Absolutely Hate About Your Website)
- 링크드인 정복에 필요한 궁극적 커닝 페이퍼(The Ultimate Cheat Sheet for Mastering LinkedIn)

목록만 쭉 훑어보아도 몇 가지 패턴을 알아볼 수 있다: 즉, 제목이 모두 짧은 편이다. 평균 단어 수는 8개이고, 글자 수는 53개 정도다. 대다수의 제목(70퍼센트)에는 숫자가 들어 있다. 이 블로그 포스트 제목들에 사용된 숫자는 8~17로, 대부분 큰 편이다. 하지만 필자들은 연설의 제목에 3~5가지 이상의 항목을 넣지는 말라고 권한다. 그렇지 않으면 항목이 너무 길어서 청중에게 부담을 줄 수 있다. 또한 가장 훌륭한, 궁극의, 웃기는, 철저한, 확실히 정한, 위험한, 정말 싫어하는 등 긍정적이거나 부정적인 단어를 최상급으로 활용해서 사람들의 끝없는 호기심을 촉발했다. 애플(Apple)의 창업자인 스티브 잡스(Steve Jobs)의 방법을 모방한 것이었다. 또한 제목들이 절박감(중대한, 요구), 편의성(단순한), 오락성(웃기는) 등 다양한 감각을 전하고 있다. 결국, 유익한 정보를 얻는 방법, 부정적인 것을 피하기 위한 경고성 사례, 긍정적인 것을 배우기 위한 매우 효과적인 사례 등의 형식으로 제목을 만들어, 독자 중심의 가치를 명료하게 강조했다.

조언 Advice 56
제목은 가능한 한 짧게 유지하라.

간결한 제목에는 연설을 기억에 남게 만들 만한 큰 특징이 있다. 과거 26년 동안, 우승자들의 연설 제목은 평균 세 마디 단어에 불과했다. 그 중 두 개인 '말하라'(Speak)와 '아야!'(Ouch!)는 단 한 단어만을 사용해서 우승을 거머쥐었다. 여섯 단어로 우승을 거머쥔 제목이 가장 긴 것이었다.

매우 긴 연설 제목으로 눈에 띌 생각을 갖는 것은 금물이다. 우승은 못했을지라도 유튜브(YouTube)에 올라온 토스트마스터즈 연설 중 가장 조회 수가 많은 연설은 2006년 앤디 둘리(Andy Dooley)의 연설이었는데, 그 제목은 다음과 같다. '다른 모든 조건은 평범한 상황에서 콜로라도 산꼭대기에 떨어진 순수한 백설공주를 향해, 운명이 얼마나 예상치 못할 정도로 그녀의 진정한 색깔을 보여주었는가에 대한 짧지만 믿을 수 없을 만큼의 흥미로운 이야기'(A Short but Unbelievably Intriguing Tale of How Destiny Unexpectedly Showed Her True Colors Against the Backdrop of Pure White Snow on a Colorado Mountaintop While All Other Conditions Remained Normal).

31단어로 된 제목의 이 연설은 단번에 모든 청중의 이목을 집중시켰다. 대회 사회자가 '순수한 백설공주'라는 대목을 말하자마자 청중이 배꼽을 잡으며 웃음을 터트렸다. 이런 식의 접근법은 불규칙하게 진행되는 연설에서는 언제든지 훌륭하다. 또한, 연설의 메시지보다 청중에게 충격을 주는 것에 가치를 두는 대회라면 지역 수준을 포함해 세계 대중 연설 대회에서도 우승하기 쉬웠을 것이다. 하지만 무척 수준이 높은 대회의 심사위원이라면 청중의 관심을 한 순간에 사로잡는 장난에는 비판적이 된다. 앤디 둘리가 세상 사람들이 볼 수 있게 자신의 영상물을 올릴 때는 '운명과의 데이트'(My Date with Destiny)라고 연설 제목을 다시 달았다는 점에 주목해야 한다.

물론, 제목은 연설의 한 가지 요소에 불과하다. 아무리 제목이 훌륭해도 연설이 형편없으면 여전히 형편없는 연설이다. 반면, 아무리 제목이 형편없어도 연설이 훌륭하면 여전히 효과적일 수 있다. 하지만 연사에게 유리한 상황을 만들려면 늘 연설 제목을 훌륭하게 만들도록 공을 들여야 한다.

· · · · ·

　지금까지는 연설의 내용에 초점을 맞췄다. 다음 장에서는 연설의 전달 방법에 초점을 맞출 것이다.

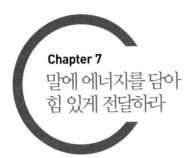

Chapter 7
말에 에너지를 담아
힘 있게 전달하라

조언 Advice 57

자신의 진정한 목소리를 자연스럽게 증폭시켜라.

수십, 수백, 수천 명의 사람들 앞에 서면 발표자는 감정을 유발시키는 말을 자신 있게 발설하지 못한다. 이런 함정에 빠지지 않으려면 자연스럽게 말하는 방식을 회복할 때까지, 연설 내용을 자연스럽게 전달하는 능력을 더 키워야 한다.

작은 방에서 연사가 큰 소리로 말하면 주의가 산만해질 수 있다. 반대로 큰 방에서 작은 소리로 말하면 들리지 않을 수 있다. 어떤 연설 상황에서든 다양한 발성과 음향 반사, 소리의 높이(음조) 등을 완벽하게 조합하는 방법은 없다. 하지만 연사가 연설하는 현장에서, 연설 내용의 논조에 맞게 진심에서 우러나온 목소리로 말한다면 제대로 성공할 수 있다.

연설을 전하는 현장과 연설 메시지의 성격에 맞게 연설하려면,

청중이 연설의 메시지를 더 잘 이해할 수 있도록 연사의 목소리를 조정하는 동시에, 연사의 본 모습을 그대로 표현하는 것이 중요하다. 진정에서 우러나온 목소리를 내려면 분명 노력이 필요하다. 하지만 좋아하는 누군가에게 말할 때도 그 정도의 노력이 필요하다는 점을 명심해야 한다.

만약 여러분이 토스트마스터즈 세계 대중 연설 대회에 참석한다면, 그동안 목소리로만 활동해서 얼굴을 볼 수 없었던 아나운서의 다소 귀에 익은 자메이카 억양을 듣게 될 것이다. 그 목소리의 주인공은 바로 대회 진행자인 **마크 브라운**(Mark Brown, 1995)이다. 그는 라디오 관련 유명인이라면 누구라도 부러워할 정도로 선천적으로 좋은 목소리를 지녔다. 마크는 관용을 강조하는 슬로건을 연설의 주제로 삼아서 우승했다. (음성의 변화는 대괄호 안에다 구분해 놓았다.)

실제연설문 7 ▶▶

두 번째 기회(1995)*

핵심 메시지	관용
시간	6.73분
분당 단어 수	120
분당 웃음 수	1.04

---

* 이 연설문의 원문은 http://www.markbrownspeaks.com에서 인용하였다.
  마크 브라운의 연설에 대한 통찰은 267쪽부터 요약되어 있다.

[기본 목소리] 첫 번째 인상을 만드는 두 번째 기회는 결코 없다는 말이 있습니다. 토스트마스터즈 회원과 친구 여러분, 이 구절은 매우 흔한 말입니다. 우리는 첫인상만 보고 그 사람에 대해 속단하는 경향이 있습니다. 몇 가지 이유로 섣불리 상대방을 판단하는 것이지요. 상대방의 용모나 다른 사람들의 의견, 우리 자신의 선입견, 혹은 단순히 상대방을 모르는 것도 이유가 될 것입니다. 우리는 다른 사람에게 두 번째 기회를 주지 않습니다. 지금부터 그 이유를 설명하겠습니다.

〈1부〉

최근에 저는 아내인 안드레아와 세 아이들과 함께 매우 중요한 영화 한 편을 보았습니다. [높은 목소리] 〈미녀와 야수〉입니다. 오, 여러분도 보셨나요? [기본 목소리] 그렇다면 그 영화가 한 번만 보고 말 수 있는 영화가 아니라는 것쯤은 알고 있겠군요. 아이들이 가만 놔둘 리가 없으니까요. 저는 지난 주 월요일부터 최근까지 그 영화를 13번이나 봤습니다. 그렇다고 저를 오해하지는 마세요. 아이들한테 정말 멋진 영화잖아요. [낮고 온화한 목소리] 음악, 마법, 미스터리 같은 것들이 특히 멋지잖아요. [기본 목소리] 그리고 영화의 메시지만큼은 우리 모두한테 큰 의미가 있습니다.

[느리지만 큰 목소리] 이 부분을 상상해 보세요. 이 영화의 악당은 영향력이 큰 개스톤이라는 인물입니다. 키가 크고 잘생긴 개스톤은 사악합니다. 개스톤은 아름다운 벨을 사랑하지만, 벨은 개스톤을 퇴

짜 놓고 야수와 친구가 됩니다. 질투심이 폭발한 개스톤은 자신의 영향력을 이용해 온 마을 사람들이 벨과 야수에게 등을 돌리게 만듭니다.

마을 사람들은 요술 거울로 야수의 얼굴을 단 한 번 보았을 뿐 그에 대해 아는 것이 전혀 없습니다. [빠르고 조용한 목소리] 그런데 개스톤이 이렇게 미지의 것을 두려워하는 마을 사람들의 마음을 부채질하고 자극해서 광분하게 만듭니다. [빠르고 큰 목소리] 광분한 폭도들은 나무를 베어 넘기고 곤봉을 만듭니다. 이들은 칼과 쇠스랑과 횃불을 휘두르고 숲을 행진하며 노래를 부릅니다. [노래하듯이] "우리는 이해할 수 없는 것이 싫어. 사실 이해할 수 없는 것은 두렵거든. 게다가 이 괴물은 불가사의해. 총을 꺼내고 칼을 꺼내자. 아이들과 아내를 지켜라. 우리 마을과 우리 목숨은 우리가 지켜야지. 우리는 이 괴물을 죽일 거야."

왜 그럴까요?

[기본 목소리] 몇 년 동안 야수는 혼자 살았습니다. 그러나 시간을 내서 말을 거는 사람이 아무도 없었습니다. [빠르고 큰 목소리] "잠깐, 그는 정말 어떤 사람일까요? 이 괴물은 누구일까요?" [느리고 큰 목소리] 오 이런, 그는 두 번째 기회를 얻지 못했습니다. [빠르고 큰 목소리] 그런데 역설적으로 진짜 괴물은 분노한 폭도들의 마음속에 있었습니다. 야수는 진짜 괴물의 희생자였습니다. 편협, 무관심, 무지라는 괴물 말입니다. [느리고 부드러운 목소리] 오 이런, 이건 그냥 영화군요. 상상의 산물이지요. 하지만 편협, 무관심, 무지는 실제 세상에도 있습니다. 우리는 매일 이런 일을 다루어야 합니다. 제가 여러

분에게 사례 하나를 알려드리겠습니다.

〈2부〉

[기본 목소리] 네트워크 뉴스(network news: ABC, CBS, NBC 등 3대 네트워크가 내보내는 뉴스)의 진행을 맡고 있는 아름다운 여성 앵커인 팻 하퍼(Pat Harper)는 몇 년 전 뉴욕시의 노숙자들이 처한 상황을 보도했습니다. 그녀는 노숙자들이 처한 환경을 알아보기 위해 이들처럼 차려입었습니다. [느리고 낮은 목소리] 팻 하퍼는 며칠 동안 이들처럼 걷고 이들처럼 생활했습니다. [기본 목소리] 물론 마이크를 숨기고 생활했죠. 몰래 카메라를 대동한 직원이 그녀의 일거수일투족을 따라다녔습니다.

크리스마스 시즌이었습니다. 사랑과 격려와 선의의 계절이지요. 하지만 카메라가 본 것은 달랐습니다. 저는 결코 이 장면을 잊을 수 없을 것입니다. [빠르고 부드러운 목소리] 눈 내리는 몹시 추운 어느 날, 그녀는 뼈가 시릴 정도로 차가운 바람을 막으려는 듯 어느 집 출입구에 몸을 옹송그리고 앉아 덜덜 떨고 있었습니다. [기본 목소리] 그런데 그녀에게 관심을 보이는 사람은 아무도 없었습니다. 혹시 그녀를 본 사람이 있더라도 바로 서둘러 지나갔습니다. 그녀를 똑바로 쳐다보는 사람도 몇몇 있었지만 바로 지나가 버렸습니다. 다른 사람들은 그녀를 보면서 이렇게 생각하는 것 같았습니다. "집도 없고, 쓸모도 없고, 아무 가치도 없는 사람이야." [빠르고 부드러운 목소리] 그녀를 두 번 쳐다보는 사람은 아무도 없었습니다. 사람들에게 미모의 이 여인은 야수 같은 외모로 보였습니다. 하지만 진짜 괴물은 그녀를 경멸한 사람들의 마음속에 있었습니다. [기본 목소리] 네, 그렇습니다. 편협과 무관심, 무지라는 괴물 말입니다.

이렇게 슬픈 사실은 언제나 일어납니다. 이곳에서 그런 일을 지적하려는 것이 아닙니다. 저도 그랬다는 사실을 인정합니다. 하지만 우리는 직접 그런 일을 대면하기 전까지는 그런 일을 곰곰이 생각하지 않습니다. 여러분도 편협과 무관심과 무지라는 괴물의 희생자일 때가 있었겠죠. 지난 일을 생각해보세요. [느리고 부드러운 목소리] 단지 다른 사람과 다르다는 이유로 편협한 일을 당했을 때 느낀 고통을 기억하십니까? 노숙자로 변한 팻 하퍼와 같은 이유로 아니면 다른 많은 이유 때문에 무관심을 당했을 때를 기억하십니까? [빠르고 큰 목소리] 그건 바로 여러분이 처한 상황으로, 여러분이 처리해야 할 문제입니다. [기본 목소리] 영화 속 마을 사람들이 그랬던 것처럼 무지를 대면했을 때가 기억나십니까? "우리는 이해할 수 없는 것이 싫어. 사실 이해할 수 없는 것은 두렵거든." [느리고 큰 목소리] 그때 얼마나 큰 상처를 받았는지 기억나십니까?

〈결론〉

[느리고 부드러운 목소리] 여러분도 어쩌면 편협하거나 무관심하거나 무지한 행동을 하신 적이 있을 것입니다. [기본 목소리] 혹시라도 그런 괴물을 키운 점에 가책을 느끼십니까? [빠르고 큰 목소리] 여러분의 일터에서, 혹은 이웃 중에 혹은 가족 중에 여러분이 키운 괴물이 으르렁대는 소리를 들은 사람이 있을까요? [느리고 조용한 목소리] 여러분, 그들은 두 번째 기회를 받을 자격이 없을까요?

[기본 목소리] 영화 〈미녀와 야수〉는 야수가 죽는 것으로 결론이 납니다. 여러분이 추측한대로 벨의 사랑 덕분에 죽은 야수 대신에 잘생긴 왕자가 살아납니다. [빠르고 큰 목소리] 벨이 그에게 두 번째 기회를 준 것입니다. 여러분은 이 영화가 마음에 드시나요? [기본 목소리] 우리 아이들은 이 영화를 무척 좋아했습니다. 결말이 완벽한 동화입니다. 하지만 이야기는 상상의 세계일 뿐입니다. 현실은 우리가 아는 것처럼 그렇게 낭만적이지 않습니다. [빠르고 큰 목소리] 그리고 우리가 괴물을 공격하지 않는 한, 진짜 괴물인 편협과 무관심과 무지를 때려 부수지 않는 한, 상상은 결코 현실이 될 수 없습니다. 그렇습니다. 우리 함께 이 괴물을 죽입시다! [느리고 큰 목소리] 사람들은 모두 두 번째 기회를 받을 자격이 있으니까요.

조언 Advice **58**

연설을 전달하는 속도와 성량을 다양하게 바꿔서 음색에 변화를 더하라.

마크는 연설 내내, 연설 내용의 감정적 상황에 따라 목소리를 적절하게 맞추었다. 그 결과 전달 속도와 성량이 자연스럽게 바뀌었다. 인간은 변화를 감지하도록 태어났기에, 연설문을 전달하는 솜씨를 이렇게 다양하게 바꾸면 중요한 대목에서 청중의 흥미와 관심을 끌어낼 수 있다. 우승한 연사들은 대개 속도와 성량을 바꾸는 편이다. 이 두 가지는 바꾸기도 가장 쉽고, 각각의 결합에 따라 특정한 어감이 생기기 때문이다. 마크가 기본 목소리에서 전달 속도(느린 속도에서 빠른 속도로)와 성량(부드러운 목소리에서 큰 목소리로)을 다양하게 바꾼 점을 곰곰이 따져봐야 한다.

마크는 따뜻하거나 경이롭거나 친숙한 느낌으로 청중을 달래고 싶을 때는 온화한 목소리로 느리게 말했다. 그는 노숙인의 상황을 실험적으로 보도한 팻 하퍼를 거론한 대목에서 가장 기억에 남을 만큼 이 기술을 잘 적용했다. 문장이 연속적으로 이어지는 부분에서는 목소리가 점점 낮아지고 느려졌다. 마크는 이런 기술로 청중과 팻 사이에 깊은 감정적 유대감을 세웠다. "그녀는 노숙자들이 처한 환경을 알아보기 위해 이들처럼 차려입었습니다. [느리고 낮은 목소리] 팻 하퍼는 며칠 동안 이들처럼 걷고 이들처럼 생활했습니다." 대부분의 연사는 연설의 진행 과정을 강조하기 위해 느린 속도와 낮은 목소리를 조합한다. 이 사실을 주목해야 한다. 마크도 1부의 끝부분과 결론의 시작 부분에서 이런 기법을 사용했다.

마크는 권한을 지시하고 싶을 때는 큰 목소리로 느리게 말했다. 마지막 문장에서 이런 기법이 가장 극적으로 사용되었다. "사람들은 모두 두 번째 기회를 받을 자격이 있으니까요." 사람들의 주의를 끌고 싶을 때는 어느 때라도 크고 느리게 말할 수 있다. 연설이 끝날 무렵에는 이제 연설이 끝났음을 청중에게 알려주고, 중요한 메시지를 다시 한 번 강조하며 실행에 옮기라고 공표하는, 매우 효과적인 느낌표 역할을 한다.

마크는 자신의 열정을 표출하고 긴박감을 만들어내고 싶을 때는 큰 목소리로 빠르게 말했다. 차별에 격분할 때는 몇 번이고 이렇게 말했다. "그런데 역설적으로 진짜 괴물은 분노한 폭도들의 마음속에 있었습니다. 야수는 진짜 괴물의 희생자였습니다. 편협, 무관심, 무지라는 괴물 말입니다."

또한 마크는 긴장감을 만들고 싶을 때는 부드러운 목소리로 빠르게 말했다. 다음의 인용문을 펫 하퍼가 크리스마스에 노숙자처럼 살았을 때 어떤 느낌이 들었을지 생각하면서, 내면의 목소리에 맞춰 빠르게 읽었다가 느리게 읽어보라. "눈 내리는 몹시 추운 어느 날, 그녀는 뼈가 시릴 정도로 차가운 바람을 막으려는 듯 어느 집 출입구에 몸을 옹송그리고 앉아 덜덜 떨고 있었습니다."

조언 Advice 59
더 미묘한 효과를 낼 수 있도록 음의 고저와 리듬, 음색, 발음을 다양하게 바꿔라.

말의 속도와 성량 다음으로, 음성을 다양하게 바꾸는 데 두 번째로 많이 쓰이는 방법은 음의 고조를 다양하게 하는 것이다. 낮은 소리로 말하는 것은 진지함과 관련이 있다. 반면에 높은 소리로 하는 말은 호기심이나 놀라움을 전하는 데 유용하다. 마크의 목소리가 중저음이라 고음을 내는 것이 어렵기는 하지만, 그는 다음 내용을 전할 때 목소리를 높여 익살스럽게 말했다. "최근에 저는 아내인 안드레아와 세 아이들과 함께 매우 중요한 영화 한 편을 보았습니다. [높은 목소리] 〈미녀와 야수〉입니다."

음성을 좀 더 미묘하고 다양하게 하려면 리듬을 바꾸는 방법이 있다. 또한, 억양이나 멜로디를 단조로운 것에서 극적인 것으로 바꿀 수 있고, 음색도 숨소리가 섞인 거친 소리부터 완벽한 음색까지, 발음도 부드럽고 온화한 것에서 똑똑 떨어지는 분명한 발음에 이르기까지 다양하게 바꾸는 방법이 있다. 어떤 경우든 맨 뒷자리에 앉은 사람들도 들을 수 있도록, 연사는 깊은 호흡을 하면서 말해야 한다.

조언 Advice **60**

쓸데없는 말은 연습으로 없애라.

연설 도중 생각 없이 나오는 쓸데없는 말(filler words)을 없애는 것은 줄줄 새는 파이프를 고치는 과정과 유사하다. 하나를 없애면, 곧 어딘가 다른 곳에서 다른 것이 튀어나오기 마련이다. 하지만 쉼표에서 한 템포 멈추고, 마침표에서 두 템포 멈추는 식으로 지속적으로 고쳐나가면 '음, 아, ~같은데, 아시다시피' 등과 같은 쓸데없는 말이 거의 제거된다.

문장을 처음 말할 때 불필요한 말을 쓰는지 확인하기 위해 자신의 연설 장면이 담긴 영상물을 한 편 보면 어떤 문제가 있는지 확인할 수 있다. 만약 이런 문제가 있다면 기꺼이 내 연설을 관찰해줄 친구를 찾아봐야 한다. 그래서 내가 아무런 관련도 없는 곳에서 '그래서', '그리고', '하지만' 같은 접속사를 쓸 때마다 친구가 소리를 내게 해야 한다. 예를 들어, 펜으로 탁자를 톡톡 두드리거나 손가락을 튕길 수 있다. 이것은 두 세 개의 연설만 교정해도 고칠 수 있는 문제다.

다음으로, 잠시 멈추는 것을 연습해야 한다. 사람들은 긴장감을 가라앉히려고 끊임없이 말을 하면서 쓸데없는 말을 추가한다. 하지만 연사가 모든 순간을 다 설명해 줄 필요는 없다. 게다가 잠시 멈춤을 활용하는 것이 쓸데없는 말을 사용하는 것보다 훨씬 더 프로답다. 잠시 멈춤을 잘 활용하면 연사는 다음에 할 말을 곰곰이 생각할 수 있고, 청중은 연사의 메시지를 완전히 이해할 수 있다.

마지막으로, 말을 더 천천히 해야 한다. 가능한 한 천천히 목소리를 크게 해서 읽는 연습을 해야 한다. 이렇게 하면 좀더 느린 속도로 말하는 것이 익숙해진다. 그리고 어떤 부분에서 주로 쓸데없는 말을 하는지도 알아낼 수 있다.

조언 Advice 61
요점을 강조하기 위해 극적인 잠시 멈춤을 활용하라.

위대한 연사와 기업가 정신이 뛰어난 리더, 연예인들은 침묵이 가장 효과적인 단 하나의 음성 기술이라는 것을 알고 있다. 정치가들도 잘 알고 있는 사실이다. 미국의 코미디언 잭 베니(Jack Benny)는 침묵의 중요성을 이렇게 강조했다. "언제 말할지 아는 것보다 언제 멈출지 아는 것이 훨씬 더 중요합니다." 〈타임〉의 평론가인 랜스 모로우(Lance Morrow)는 침묵의 중요성에 대해 이렇게 말했다. "침묵의 힘을 결코 잊지 마세요. 앞에 있는 사람이 어리둥절할 만큼 잠시 멈춤을 지속적으로 육중하게 활용하면, 마침내 상대방은 긴장으로 인해 횡설수설하다가 자신의 의견을 철회하게 됩니다." 자동차

경주 선수인 세바스티안 베텔(Sebastian Vettel)도 잠시 멈춤의 중요성을 알고 있었다. "모든 것이 충분히 이해가 되려면 때로는 잠시 멈춤 버튼을 누를 필요가 있습니다." 청중에게 자신의 메시지를 온전히 이해시키고 싶다면 잠시 멈춤을 완벽하게 활용해야 한다.

잠시 멈춤을 잘 활용하면 중대한 목적을 이룰 수 있다. 인간은 원래 침묵하는 동안 관심이 커지도록 타고났다. 그래서 노련한 연사는 발전된 청중의 방어기제를 기회로 활용한다. 극적인 잠시 멈춤은 원래 연설의 초반에 자주 사용되지만, 연설 시작 전이나 중간에도 사용될 수 있다. 하지만 가장 중요한 시점에서 주로 사용된다. 전문적인 연사는 주로 쉼표에서 한 박자 멈추고 마침표에서 두 박자 정도 멈춘다. 여기서 박자란 짧은 음표 하나를 소리 내서 말하는 데 걸리는 시간이다. 잠시 멈춤에 익숙해지려면 문장들 사이마다 3초 동안 가만히 침묵하는 것을 연습해야 한다. 처음에는 어색하게 느껴지지만 이렇게 연습하면 1, 2초 정도 잠시 멈추는 것이 기본이 되어, 연사에게 자연스러운 느낌이 들게 하고 청중에게도 영향을 미칠 수 있게 된다.

조언 Advice **62**
본국 태생이 아닌 연사는 자신의 억양을 그대로 받아들이고, 명료성을 확보하도록 노력해야 한다.

대중 연설에서 자기 나라의 언어가 아닌 다른 나라의 말로 연설하는 것은 특히 힘든 일이다. 하지만 프레시얀 바실레브(Presiyan

Vasilev, 2013)는 억양이 남달리 강해도 몇 가지만 간단히 고치면 우승자가 되는 데 아무런 걸림돌이 되지 않는다는 것을 입증한 사례다.

본국 태생이 아닌 연사가 명료함을 획득하기 가장 좋은 방법은 의외로 쉬운 데 있다. 그것은 말을 천천히 하는 것이다. 프레시얀은 분당 110단어를 전달했다. 영어를 모국어로 쓰는 세계 대회 우승자들의 평균 속도보다 15퍼센트 느린 편이었다. 본국 태생이 아닌 또 다른 우승자인 비카스 징그란(2007)은 속도가 더 느렸는데, 그는 분당 98단어를 전달할 정도였다. 말하는 속도를 길게 늘리려면 각각의 단어를 명료하게 발음하고, 단어 사이에 살짝 멈출 뿐만 아니라 문장의 끝부분에서 평균보다 더 길게 멈추면 된다.

본국 태생이 아닌 연사는 단어 선택과 비언어적 관습에 주의해야 한다. 특히 정기적으로 참석하는 곳에서 사용하는 언어의 숙어를 몇 가지 알아두면 유익하다. 문법적으로는 맞지만 부자연스러운 표현을 분명한 말로 교정해줄 수 있는 원어민 연사와 함께 연습하는 것도 좋은 방법이다. 그에 더해 자신이 자란 곳과는 의미가 다른 몸짓 언어 중 가장 흔한 것은 제대로 알려고 노력해야 한다. 예를 들어, 미국에서 고개를 좌우로 흔들면 '어쩌면'이라는 뜻이지만, 인도 남부에서는 '맞다' 혹은 '알아들었다'의 의미가 된다. 만약 문화적 에티켓을 더 깊이 알고 싶다면 리처드 루이스(Richard D. Lewis)의 〈When Cultures Collide: Leading Across Cultures(문화가 서로 충돌할 때: 문화를 선도하는 법)〉를 확인하기 바란다. 이 책은 이 주제에 대해 결정적인 참고서 역할을 하는 책이다.

무엇보다 중요한 것은 자신의 억양을 골칫거리가 아닌 자산으로 받아들여야 한다는 것이다. 연설을 해당 언어로 한 다음, 짧은 구절을 자기 나라 언어로 번역하면 오히려 흥미를 끌지도 모른다. 억양 때문에 오히려 많은 사람들 앞에서 두드러질 수 있고, 청중도 평범하게 원어민 연사의 말을 들을 때보다 더 관심을 기울이는 이점을 누릴 수 있다.

· · · · · ·

연사가 의미 있는 효과를 나타내려면, 말의 내용만큼 전달 방식도 신경을 써야 한다. 마음에서 우러나온 진실 된 목소리로 말하면서, 연설 내용의 감정적 어조에 맞춰 음성을 다양하게 바꾸고 잠시 멈춤을 자연스럽게 활용해야 한다. 연사의 목소리는 말하는 방식의 첫 번째 부분에 불과하다. 다음 장에서는 비언어적 전달의 두 번째 부분에 대해 알아볼 것이다.

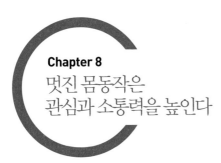

Chapter 8
멋진 몸동작은
관심과 소통력을 높인다

말하기 직전에 자신감 있는 자세(파워 포즈)를 취하라.

사회 과학자이자 하버드 비즈니스 스쿨의 교수인 에이미 커디 (Amy Cuddy)는, 연사가 자신을 제대로 알고 다른 사람들도 연사를 제대로 알게 하려면, 무대에 올라가기 전에 먼저 자세를 점검해야 한다고 조언했다. 에이미 교수와 동료 연구진은 간단한 일 분짜리 '파워 포즈' 두 개가 어떤 영향을 미치는지를 발견했다. "파워 포즈 를 취하면 유리하게 적응할 수 있는 심리적, 생리적 행동의 변화가 일어나서, 힘이 생기고 즉각적으로 더 영향력이 커진다는 사실이었 다." 연구진들은 자신들이 발견한 사실이 대중 연설에 미치는 영향 력에 대해 검토하면서 이렇게 덧붙였다. "단지 자세만 바꾸어도 힘 들고 스트레스가 큰 상황을 견딜 수 있도록 정신과 마음이 준비된 다. 아마도 구직 면접이나 대중 연설을 앞두고 있거나, 상사의 말을 거절해야 하는 상황에서, 혹은 잠재적으로 수익성이 있는 리스크 상황에서 실제로 자신감과 실행능력이 커질 것이다."[1]

연구진은 확장성 자세(공간을 더 넓히는 자세)와 개방성 자세(사지를 벌린 채로 유지하는 자세)를 실험했다. 우리는 이 두 가지 요인을 적용한 것이라면 어떤 자세라도 유사하고 긍정적인 효과가 있을 것이라고 추정했다. 연구에서 이 두 가지 자세는 다음과 같은 결과를 보였다. 첫 번째 파워 포즈에서 참가자들은 모두 의자에 등을 기대고 앉은 채로 몸을 뒤로 젖혔다. 양손을 머리 뒤로 깍지 끼고 다리를 탁자 위에 올려놓았다. 두 번째 파워 포즈에서 참가자들은 손끝을 탁자 위에 올린 채로 앞으로 기대고, 한 쪽 다리를 앞으로 내민 자세로 섰다.

조언 Advice **64**
자신의 목표에 맞게 자신감 있고 활력 있는 모습으로 무대에 올라가라.

2012년 세계 대중 연설 대회 결승전에 오른 라이언 에이버리 (Ryan Avery, 2012, 이 책의 공동 저자)는 긴장한 채로 무대 위에 올랐지만 아무도 눈치 채지 못했다. 그는 고개를 들고 종종걸음으로 빨리 올라가서 진심어린 미소를 살짝 내비쳤다. 긴장하는 것은 전혀 부끄러울 일이 아니다. 특히나 기대에 찬 청중이 1,500명이나 모여서 가장 뛰어난 연사의 연설을 들으려고 기다리고 있는 상황이라면 긴장감은 당연한 것이다. 대중 연설을 앞둔 연사는 어느 누구든지 긴장할 수밖에 없다. (그렇지 않다고 말하는 사람이 있다면 새빨간 거짓말이다.)

우승 타이틀을 놓고 다투는, 경쟁의 강도가 가장 높은 토스트마스터즈 대회에서나 혹은 업무 상 필요한 발표에서도 연사는 긴장감을 자신감으로 바꿔야 한다. 연사는 무대 위로 올라가는 순간부터 내려가는 순간까지 의식적으로 혹은 무의식적으로 심판을 받는다. 일분 일 초가 중요한 것이다.

대회 역사상 가장 나쁜 첫인상을 회복하는 것이 가능했던 사례가 있었다. 에드 헌(2006)은 고개를 살짝 숙인채로 걸어 들어오는 것도 모자라 대회 의장과 악수하는 것도 잊어버렸다. 랜스 밀러(2005)는 아래를 보면서 긴장한 듯 손과 몸통을 대여섯 차례나 흔드는 실수를 범했다.

연사가 자신감에 가득 찬 모습으로 입장하게 되면 연설의 목적은 더 강화될 것이다. 이기기 위해 무대에 나온 사람들은 당당하게 고개를 꼿꼿이 들고 자신감 있게 미소 지으면서 무난한 속도로 걸어야 한다. 직장에서 정보를 전달하거나 직원을 설득하는 발표를 할 때도 마찬가지다. 또한, 무대에 등장할 때 연사가 내뿜는 기운은 청중의 활력에 어울려야 한다. 그리고 연설 내용의 어조에도 맞아야 한다.

가장 활기차게 무대에 등장한 사람은 2009년 세계 챔피언인 마크 헌터다. 그는 30년 전에 스키를 타다가 사고를 당해서 지금은 휠체어를 타고 다니는데, 무대에 등장할 때 그는 정말로 기쁜 표정을 지으면서 휠체어를 타고 입장한 것이다. 눈썹을 위로 올리고 혓바닥까지 잠깐 내밀 정도로 입을 크게 벌린 채로 활짝 웃고 있었다. 그는 연설에 맞게 어조를 조절했고, 기발한 말을 간간히 섞었다. 또한 중요한 것은 사랑이라는 주된 메시지와 신체적 특징을 연관 지으며 연설했다.

말을 하기 진에 마음을 가라앉히고 청중과 소통하라.

라이언은 대회 의장과 악수를 나눈 다음 무대 중앙으로 걸어 들어가서, 발은 어깨 넓이로 벌리고 양팔은 옆으로 편안하게 내려서 이완된 자세를 취하면서 마음을 가라앉혔다. 청중의 박수소리가 가라앉자, 3초 동안 아무 말 없이 왼쪽의 청중과 눈을 맞췄다. 다시 가운데 앉은 청중에게로 주의를 돌린 다음, 심호흡을 하되 너무 눈에 띄지 않게 하면서 연설을 시작했다.

라이언이 연설을 시작하기 전에 마음을 가라앉히고 청중과 소통한 방법은 어떤 대중 연설에서도 통할 수 있는 현명한 방법이다. 간혹 연설을 시작하기 전에 종이나 영사기 혹은 컴퓨터 때문에 난리 법석이었던 것을 피할 수 없는 경우가 있다. 이럴 때는 준비한 자료를 완전히 장악하고 있다는 호의적인 첫인상을 심어줘야 한다. 그러기 위해서는 먼저 시간을 갖고 자신의 마음을 가라앉히고 청중과 눈을 마주치고 심호흡을 해야 한다.

어떤 몸짓도 취하지 않을 때는 양손으로 기본적인 자세를 취하라.

어떤 몸짓도 취하지 않을 때는 손을 어떻게 할지 미리 계획해야 한다. 라이언은 연설을 시작하기 직전에 양팔과 손을 옆으로 편안히 내려놓았다. 연설 중에도 자주 이런 자세로 돌아왔다. 라이언의 '손을 아래로' 놓는 자세는 연사들이 공식 혹은 비공식 무대에서 친근하게 일상 대화를 하는 것처럼 보이고 싶을 때, 주로 선택하는 방법이다.

좀더 권위적으로 보이고 싶을 때는 어깨를 편안히 하고 양손은 배꼽 위치에 올려놓는, 일명 '첨탑' 자세를 기본적인 자세로 선택한다. 대다수의 연사는 첨탑 자세를 가장 자연스럽고 편안한 자세로 여긴다. 그래서 긴장감이 손으로 가면 가능한 양손을 대칭이 되도록 놓아서 손가락을 서로 꼬기 보다는 손가락이 살짝 닿는 자세를 유지하도록 노력한다. 마찬가지로 손가락 마디가 하얗게 되는 것을 피하려면 엄지손가락끼리 서로 꼭 끼고 남은 네 손가락은 다른 손에 얹어 놓는, 이른바 '밀폐용기' 자세는 피해야 한다. 또한 손바닥끼리 마주 대는 자세(기도 자세)는 건방져보일 수 있으므로 피하는 것이 좋다.

어떤 자세를 기본적인 자세로 취하든지, 설사 우리가 추천하지 않은 자세라고 할지라도, 말을 하는 매 순간에 가장 편안하게 느껴지는 자세를 가장 중요한 자세로 삼아야 한다. 그렇기는 하지만, 일상 대화처럼 하는 연설과 권위 있는 연설에 쓸 수 있게 기본적인 자세를 두 가지 정도는 개발하는 것이 좋다.

청중 개개인과 3~5초간 눈을 맞춰라.

눈은 영혼을 비추는 창문과 같다. 그러므로 눈 맞춤은 효과적인 프레젠테이션을 위한 요소 중 가장 중요한 요소에 해당한다. 연사가 청중을 아주 잠깐만 흘깃 본 후 시선을 마주치지 않으면 말을 듣는 사람은 연사에 대한 신뢰를 잃을 수도 있다. 역으로, 연사가 너무 오랫동안 한 사람하고만 눈을 마주치면 다른 사람이 거북해질 수 있다. 성공한 연사는 미리 엄선한 청중과 3~5초간 눈을 맞춘다. 초를 세는 동시에 말을 하기는 어렵기 때문에 시간을 재기 위해 한두 문장을 마음속으로 생각하는 것이 더 낫다. 대규모의 청중 앞에서 연설할 때는 개인 대신 청중 전체와 눈을 맞춰야 한다. 이때는 눈을 맞추는 시간도 한 문단 전체를 읽을 정도로 길어져야 한다.

라이언처럼 경험이 많은 연사는 구석구석에 앉은 사람들까지도 사로잡는다. 그러려면 방 안에 있는 사람들 한 명 한 명과 무작위로 눈을 맞추는 연습을 해야 한다. 대규모의 청중 앞에서 연사가 이런 식으로 눈을 맞추면 그 사람 옆에 있는 사람들도 연사가 자신을 쳐다본다고 느끼게 된다.

연사의 움직임은 연설의 메시지와 현장에 맞춰라.

연사가 몸을 심하게 흔들거나 서성거리면 주위가 산만해진다. 물론 모든 연설에 맞게 분당 움직임을 정한 규칙은 없다. '나에게는 꿈이 있습니다.'를 연설한 마틴 루터 킹 같은 연사들은 몸을 전혀 움직이지 않고도 가장 적절하게 연설했다. 하지만 킹 박사가 링컨 기념관(Lincoln Memorial)의 계단을 위 아래로 걸어 다니거나 좌우로 옮겨 다니면서 연설했다면, 같은 영향을 끼쳤을 것이라고 생각할 수 없을 것이다. 회의실에서 하는 비즈니스 프레젠테이션 같은 연설은 약간의 움직임이 필요하다. 연극처럼 과장된 토스트마스터즈 대회 연설 같은 기조연설에는 안무를 짠 듯한 움직임을 자주 해야 한다.

세계 대중 연설 대회에서 경쟁자들은 거의 모든 무대를 의미 있게 활용한다. 무대 위치를 의미 있게 활용하려면, 다음에 나열한 것 중 한 가지 이상을 무대 위치와 관련지어야 한다. 예를 들어, 건물 속에 방이 하나 있는 것처럼 물리적 위치를 설정한 다음, 연사의 메시지와 관련된 특정 등장인물이나 특정 시점, 핵심 요점이나 핵심 개념을 무대 위치와 관련짓는 것이다.

정교하게 꾸민 극적인 연설이 아니라면 세 가지 무대 위치를 고려하는 것이 좋다. 연설의 시작과 끝은 무대 중앙의 앞에서 한다. 다음 조언에서 더 정교한 방법을 알려주겠지만, 그런 다음 무대 오른쪽(청중의 왼쪽)과 왼쪽(청중의 오른쪽)을 활용해서 의미 있는 움직임을 더한다. 예를 들어, 어린 시절과 청년기, 성인기 초반의 이야기를 하려면 무대 중앙에서 이야기를 시작해 시간 순서대로 걸어 다녀야 한다. 대부분의 청중은 시간이 왼쪽에서 오른쪽으로 흐르는 것으로 느낀다. 그러므로 연사는 어린 시절에 대해 말할 때는 무대 오른쪽에서 이야기를 해야 한다. 청년기는 무대 중앙에서, 성인기 초반은 무대 왼쪽에서 이야기해야 한다. 그리고는 마지막에 무대 중앙으로 돌아와서 결론을 이야기하는 방식이다.

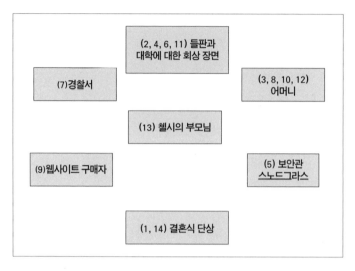

표 8.1 라이언 에이버리의 '신뢰는 필수조건이다.'의 극적인 연출

이와 같은 개념은 지리적인 것에도 적용된다. 연사는 청중이 자신의 머릿속에 그려 넣은 가상지도에 일치할 수 있도록 해 주어야 한다. 서쪽을 가리킬 때는 무대의 오른쪽에, 동쪽을 가리킬 때면 무대의 왼쪽에 일치시켜야 한다.

라이언은 정교하게 만든 연극적인 연설 속 고정된 위치에 모든 등장인물과 장면을 세워놓았다(표 8.1 참조). 배우들은 이 기술을 '블로킹'(blocking: 동선, 배우들의 움직임을 지정한다는 의미)이라고 부른다. 라이언은 14가지의 주요 움직임을 지정하여 이야기의 일부를 되살리고, 등장인물의 신분을 추정하며, 청중을 참여시키는 데 대단한 효과를 보았다.

우리는 라이언의 연설에서 중요한 비언어적 소통에 다음과 같이 주석을 달았다. 표 8.1에 표시된 (1)에서 (14)까지의 장면에 무대 위치를 맞추었다. 대괄호 안에 묶어놓은 설명은 라이언의 움직임과 손짓, 얼굴 표정, 그리고 대부분의 몸짓을 표시한 것이다.

실제연설문 8 ▶▶

신뢰는 필수조건이다(2012)[*]

핵심 메시지	신뢰
시간	6.75분
분당 단어 수	112
분당 웃음 수	2.22

〈서론〉

(1번) [기본적인 팔 자세: 무대 중앙의 맨 앞자리에 발을 놓음] 저는 [아래를 흘긋 봄] 단상 앞에 서 있습니다. [왼손으로 눈썹을 닦고 재킷 옷깃을 움켜잡음] 울 양복을 입어서인지 땀을 뻘뻘 흘리고 있었지요. [아래를 내려다보다가 오른쪽을 쳐다보면서 손바닥을 보임] 하얀 드레스를 입은 그녀에게서 은은한 빛이 났습니다. [기본적인 자세] 제 인생에서 가장 중요한 질문을 해주세요, [왼쪽 팔을 들고, 손바닥을 허리 높이까지

---

[*] 이 연설문의 원문은 http://www.howtobeaspeaker.com에서 인용하였다.

올림] "라이언, 약속해 주실래요?"

〈1부〉

(2번) [양팔을 천천히 돌리면서 뒤로 여섯 걸음 물러남] 약속을 하기 전에 구식 비디오테이프처럼 제 머리를 되감아보겠습니다. (3번) [왼쪽으로 몇 걸음 옮긴 다음 새로운 청중의 주의를 끎] 이제 저는 고등학교 시절로 돌아왔습니다. 저는 파티에 가고 싶다고 엄마를 조르고 있습니다. [무릎을 꿇고 위를 올려다보면서 기도할 때처럼 양손을 모음] "엄마, 제발 가게 해주세요? ['노'라는 의미로 팔꿈치를 90도로 구부리고 양손을 엇갈림] 술은 전혀 없을 거예요. [양손을 가슴에 얹음] 약속드려요."

[기본적인 자세] 잠옷을 입고 토끼 모양 슬리퍼를 신은 엄마가 온화한 미소를 지으며 상냥하게 말씀하셨죠. [오른쪽 무릎은 구부리고 왼손은 허리에 얹음] "알았어. 믿어줄게." [대회 의장에게 손짓을 하고 앞으로 네 걸음 옮긴 다음 청중을 향해 몸을 기울임] 대회 의장님, 토스트마스터즈 회원 여러분, 엄마한테 거짓말을 한 적이 있다면 누구든 좋습니다. (4번) [뒤로 돌아서 무대 중앙으로 감]

[기본적인 자세] 우리는 텍사스 작은 마을의 들판에서 재미있게 놀았습니다. [가상의 맥주를 향해 오른손을 뻗음] 친구인 테일러(Taylor)가 제게 맥주 한 병을 또 건넸죠. 그 순간 [몸을 움츠리고 눈을 번뜩임] 밝은 빛이 보여 우리는 깜짝 놀랐습니다. (5번) [앞으로 몇 걸음 옮긴 다음 왼쪽으로 옮김] 불빛 뒤에 서 있던 남자는 [커다란 배를 가장하려고 양손을 허리 높이에서 크게 펼침] 벨트 버클이 튀어나올 정도로 배가 불룩 나온 [입술을 볼록하게 부풀리고 오른손으로 입을 가리킴] 술고래였

죠. [위를 올려다보고 눈을 감은 다음, 이를 드러내며 배꼽 위치에 놓인 손을 꼭 쥠] 바로 보안관 스노드글라스였습니다! [기본적인 자세를 취했다가 오른 손으로 가상의 컵을 잡음] 우리는 현행범으로 잡혔습니다. [고개를 이리저리 흔들고 가상의 컵을 잡고 있던 왼손을 들어 올림] 우리의 손에는 빨간색 솔로 컵(Solo cup)이 들려 있었습니다.

[양손을 허리띠에 놓고 으스대며 걸어 다님] "얘들아, 오늘 운 좋은 날 인줄 알아. [주머니에서 가상의 가방을 끄집어내기 위해 오른 손으로 재킷을 뒤로 밀어냄] 이 가방 윗부분까지 담배꽁초를 담아라, [가상의 담배를 뱉어냄] 그렇지 않으면 엄마한테 전화할 거야."(6번) [잽싸게 무대 중앙으로 돌아감] 우리는 가방을 잡았습니다. 우리는 남자다운 척 으스대는 십대였죠. [손으로 오른쪽을 가리킴] 테일러, [더 가까운 쪽의 오른쪽을 가리킴] 에릭, [자신을 가리킴] 그리고 음 … 제가 있었습니다. [멀리 있는 오른쪽을 가리켰다가 다시 가까운 쪽의 오른쪽을 가리킴] 남자다운 사내아이 두 명과 [여성스러운 손바닥이 보이게 양손을 들어 살짝 보여줌] 저는 [바닥을 기는 자세를 취함] 반쯤 취한 상태로 바닥을 기면서 [무릎을 꿇고 선 자세로 엄지손가락과 넷째손가락으로 가상의 담배꽁초를 집어 듦] 밤새 질척한 담배꽁초를 주어 담았습니다.

(7번) [바닥에서 일어나 앞으로 갔다가 다른 청중의 주의를 끌기 위해 다시 오른쪽으로 옮김] 다음날 아침, 우리는 담배꽁초를 담은 가방을 경찰서에 갖다 놓았습니다. [아까 엄마가 있었던 왼쪽을 가리킴] 그런데 그곳에 화를 내며 소리치는 남부 여인이 보였습니다. 그 여인은 잠옷과 [기본적인 자세를 취했다가 엄마를 향해 몸을 돌린 다음 당황해서 무릎을 꿇음] 토끼 모양 슬리퍼를 신고 있었습니다. (8번) [엄마가 있던 위

치로 돌아옴] 엄마는 마치 인간 불도저처럼 사람들을 밀치며 들어왔습니다. [오른쪽 무릎을 굽히고 왼손은 허리에 얹음] "아들, 도대체 무슨 일이야?"

[아래를 내려다보며 몸통을 감싸듯 양팔을 모음] "엄마, 혹시라도 제가 담배 피웠을까봐 걱정하세요? [위를 쳐다보며 입술은 오므리고 눈썹을 찌푸림] 절대 안 피웠어요. [오른손을 들어 올려 다섯 손가락을 쭉 폄] 얘들이랑 내가 담배꽁초를 5파운드(약 2.2kg)나 주어 담아야 했거든요."

[오른 무릎을 굽히고 왼손은 허리(골반 부근)에 얹음] "왜 그랬는데? 라이언."

[아래를 내려다보며 몸통을 감싸듯 양팔을 모음] "파티에서 술을 마셨거든요, 엄마."

[오른 무릎을 굽히고 왼손은 허리에 얹음] "아들, 정말 실망했다. [오른손을 허리(골반 부근)에 얹음] 그보다 더 나쁜 건, 이제 더 이상 너를 믿을 수가 없다는 사실이지. [양손을 허리(골반 부근)에 얹음] 신뢰는 필수조건이야. 시대가 변했구나. [오른쪽으로 몇 걸음 종종대며 걸어 다님] 아빠랑 엄마가 네 나이 때는 7파운드(약 3kg)나 주웠는데.

〈2부〉

[기본적인 자세] 제가 다시 엄마의 신뢰를 회복하기까지는 오랜 시간이 걸렸습니다. [엄마가 있던 무대 위치로 손짓을 함] 여름 내 집에서 갇혀 지낸 것입니다. 이제 저는 최고 학년이 되었습니다. 그리고 드디어 [눈썹을 올림] 꿈에 그리던 사업가가 되었습니다. [가상의 양동이를 들어올리기 위해 양손을 뻗음] 이 남자가 제게 웹 사이트를 만들어

달라며 돈을 양동이 채로 주었습니다. [양손을 비빔] 새 자동차도 생겼습니다. 간다.

(9번) [무대 앞의 오른쪽으로 멀리 이동하더니 등을 구부리고 양손으로 컴퓨터 자판을 침] 저는 몇 주 동안 의자에 파묻혀 치토스(Cheetos) 얼룩이 잔뜩 묻은 자판을 치면서 컴퓨터 스크린만 쳐다봤습니다. [왼쪽으로 몇 걸음 보폭을 좁게 걸음] 저는 일을 끝내고 그 남자를 만나, [왼손으로 가상의 물건을 건넴] 파일을 전했습니다. [뒤로 몇 걸음 걸으면서 코트 주머니와 뒷주머니를 만짐] 그 남자는 수표책을 찾는데, 결국 찾지 못했습니다. [기본적인 자세] 그리고는 수표를 곧 보내주겠다고 약속했습니다. [천진난만하게 어깨를 으쓱하더니 다시 기본적인 자세로 돌아옴] "괜찮아요." [오른손을 뻗음] 우리는 악수를 했습니다. "며칠 내로 돈을 드릴게요."

[기본적인 자세] 음, 며칠이 지났습니다. [왼손을 들어 가슴에 올림] 제가 태어난 곳에서 악수는 큰 의미가 있습니다. [왼손을 귀에 대고 전화를 받는 시늉을 함] 저는 그 남자에게 전화를 했습니다. [혼란스러운 표정을 지음] 전화가 연결되지 않았습니다. [오른쪽으로 살짝 이동했다가 무대 앞의 중앙으로 감, 타이프를 치는 것처럼 양손을 뻗음] 저는 그 사람에 대해 검색해 봤습니다. 그런데 그가 알려준 이름은 가짜였습니다. [놀라고 화가 나서 몸을 활처럼 구부림] "뭐야 이거?" (10번) [엄마가 있던 무대 중앙의 왼쪽으로 달려감] 저는 이 상황에 대해 엄마에게 투덜댔습니다. 그런데 엄마가 뭐라고 그러신 줄 아세요? [오른 무릎을 구부리고 왼손을 허리에 얹음] "신뢰는 필수조건이야, 그렇지 않니, 아들?"

[앞쪽으로 이동해서 기본적인 자세를 취함] 부모님이 맞는 말씀을 하

시면 정말 싫지 않나요? 짜증나는 호텔 자명종 같잖아요. 엄마의 말을 들으니 정신이 번쩍 들었습니다. [오른쪽으로 오른손을 뻗음] 그 남자가 약속을 지킬지 제가 어떻게 알 수 있었겠어요? [왼손으로 뒤를 가리킴] 엄마와 한 약속도 지키지 못하면서요. [기본적인 자세] 저는, 약속은 상대방이 약속을 지킬 때만 좋은 것이라는 사실을 배웠습니다.

〈3부〉

(11번) [오른쪽으로 이동] 그 후 저는 텍사스의 그 작은 마을을 떠나, 콜로라도에 있는 대학에 들어갔습니다. 저는 거기에서 한 여자를 만났습니다. [앞으로 몇 걸음 나왔다가 오른손을 들어 올려 높은 곳을 가리킴] 큰 키에 [양손을 머리 높이에 놓고 동그라미를 그림] 곱슬머리에다가, 문신도 한두 개 있었지요. [입모양으로 '4'를 말하면서 오른손 네 손가락을 보임]

그녀는 아름다웠지만 [오른손으로 자신의 얼굴을 가리킴] 제 얼굴은 이제 막 여드름 몇 개가 올라와 엉망이었습니다. 몇 시간씩 웃고 난 후, 저는 엄마 생각을 하게 됐습니다. [기본적인 자세] 데이트를 몇 번 한 후, 저는 솔직하게 털어놓았습니다. [오른쪽을 가리키며 바라봄] "첼시, 나는 단순한 여자 친구를 찾는 게 아니에요. 아내감을 찾고 있지요. 이곳을 떠나면 7개월 동안 돌아오지 않을 거예요. 저는 아이들도 갖고 싶어요. [다리를 벌리면서 가슴을 내밀고 양손을 허리에 얹음] 놀라지 마세요. 저는 태어날 때 무려 12파운드(5.4킬로그램)나 나갔어요." 엄마 미안해요.

[양손을 배꼽 근처에서 이리저리 흔들며 '노'(No)라는 표시를 함] 어떻

게 설득해서 그 여자를 제 여자 친구로 만들었는지 저도 모르겠습니다. 하지만 어쨌든 제 여자 친구가 되었지요. [양손을 배꼽 근처에서 들어 밖으로 뻗음] 우리는 서로 3,000마일 떨어진 곳에서 믿음의 초석을 닦기 시작했습니다. [기본적인 자세] 저는 떨어져 있는 동안 매일 그녀에게 손으로 쓴 편지를 보냈습니다. [투명 펜으로 왼손 바닥에 글을 씀] 우리의 아이들이 어떻게 생겼을지 상상하며 글을 끼적거렸습니다. [왼손을 뻗음] 여전히 그녀를 안고 있는 상상을 했습니다. (12번) [엄마가 있던 무대 왼쪽으로 이동해서 '노'라는 손짓을 반복함] 이제 더 이상 토끼 모양 슬리퍼는 안 된다고 결심했습니다.

(13번) [무대 중앙으로 다시 돌아가서 기본적인 자세를 취함] 저는 집으로 돌아와 첼시의 부모님을 만나서 [오른손으로 살짝 주먹을 쥠] 승낙을 받아냈습니다. [깊은 숨을 들이쉬고 진지한 표정을 지음] 저는 첼시의 부모님께 다짐했습니다. "사업 경험을 더 쌓을 것입니다. 12파운드짜리 아기들도 최선을 다해 키울 생각이고요. [오른손으로 가리킴] 첼시를 사랑할 것입니다. [자신의 얼굴 앞에서 양손으로 동그라미를 그림] 첼시의 곱슬머리가 흰머리가 되어도 사랑할 것입니다.

〈결론〉

[기본적인 자세를 취한 다음, 엄마가 있던 무대 위치를 짧게 바라봄] 결혼식 전에 엄마는 이 결혼이 영원하길 바란다면 신뢰는 필수 조건이라는 말을 하셨습니다.

(14번) [무대 중앙의 앞으로 이동한 다음 재킷의 옷깃을 움켜쥠] 저는 울 소재의 양복을 입어서 더운 나머지 땀을 뻘뻘 흘리며 단상 앞에

섰습니다. [손짓으로 첼시를 가리킨 다음 바로 첼시를 쳐다봄] 하얀 드레스를 입은 첼시는 은은하게 빛이 났습니다. "첼시, 약속할게요." [한 걸음 뒤로 물러난 다음 대회 의장을 가리키며 잠시 동안 멈춤. 그리고 바로 청중에게 손을 흔들면서 종종걸음으로 무대를 벗어남]

조언 Advice 69
연설의 시작과 끝은 무대 중앙의 앞에서 하라.

아주 드물게 의도적으로 예외를 만들 수는 있지만, 라이언처럼 무대 중앙의 앞부분에서 연설을 시작하는 것이 가장 좋은 방법이다. 이런 기준을 관례처럼 따르라고 하는 데는 심리적으로 확실한 이유가 있기 때문이다. 무대 중앙을 중심으로 정하면 대다수의 청중이 연사를 바라볼 때 가장 수고가 덜 든다. 더욱이 연사가 무대 앞쪽 가까운 곳에 서면 청중과 연사의 거리가 최소한으로 좁혀진다. 대회장이 아무리 크더라도 청중 쪽으로 몇 걸음 다가가면 친밀감이 생긴다. 이런 이유로 라이언은 청중에게 바로 할 말이 있는 장면에서 잠시 앞으로 다가갔다. 연극에서는 이것을 두고 '제4의 벽을 허문 것'이라고 부른다.

연설의 끝은 연설을 시작한 곳에서 마쳐야 한다. 라이언은 단상 앞에서 연설을 시작하고 그곳에서 끝맺었다. 연설을 시작한 곳으로 돌아오는 것은, 청중에게 이제 연설을 끝낼 것이라는 신호를 보내주는 것이다. 이런 이유로 연설 중반에 연설을 시작한 곳으로 돌아오

는 것은 피해야 한다. 그렇지 않으면 청중은 연사가 연설을 질질 끈
다는 느낌을 받을 수 있다.

이야기 속 각각의 등장인물마다 분명한 개성을 부여하라.

연사가 무대에서 이야기를 되살릴 때는 각각의 등장인물마다 개
성을 부여해야 한다. 청중이 눈으로 그려볼 수 있게 등장인물의 존
재를 나타내고, 목소리도 다르게 해야 한다. 라이언이 등장인물에
생명력을 불어넣은 방법에 주의를 기울여보라.

- **엄마** 잠옷 차림에 토끼 모양 슬리퍼를 신고서, 오른쪽 무릎을 구
  부리고 왼손은 허리 부근에 얹고 있다. 엄마는 남부 억양이 살짝
  섞인 부드러운 목소리로 자신 있게 말한다.
- **보안관 스노드그라스** 텍사스 주 작은 마을의 보안관으로, 사람들
  이 일반적으로 보안관을 예상할 때 드는 생각과 정확히 일치한다.
  예를 들어, 가슴은 쭉 펴고 남부 특유의 심하게 느릿느릿한 말투를
  구사하며, 과장될 정도로 으스대며 걸어 다니는 특징이 있다. 이렇
  게 전형적인 모습을 따라한 덕분에 등장인물의 특징을 가장 잘 표
  현할 수 있었다. 그리고 몇 마디 말을 덧붙여서 줄거리를 전개시
  켜, 고정된 서술을 줄일 수 있었다.
- **첼시** 비록 라이언이 무대에서 아내라는 등장인물과 대화를 나누
  지는 않았지만, 첼시는 늘 라이언 오른쪽에 서 있었다. 그리고 라

이언은 첼시를 언급할 때마다 손동작을 이용해 첼시의 곱슬머리에 대해 말했다.

마지막으로, 라이언이 등장인물이 있던 특정 위치에서 각각의 등장인물을 연기한 점에 주목해야 한다. 또한, 다른 장면에서 등장인물을 언급할 때는, 모든 등장인물의 위치를 일관되게 쳐다보며 가리켰다.

조언 Advice 71
있는 그대로의 모습을 보여줘라.

어느 정도 움직여야 적당한지를 알려주는 정확한 규칙은 없다. 물론 몸짓의 종류와 양을 지시하는 최적의 규칙도 없다. 매우 연극적인 연설에서 라이언은 눈썹의 땀을 닦고, 회상할 때는 양팔을 돌리고, 투명 펜으로 손바닥에 글을 쓰는 식으로 말 그대로 많은 몸짓을 취했다. 이런 몸짓이 자연스럽게 느껴지고, 자신의 메시지와 연설 장소에 적합하다는 생각이 들면 취하면 된다. 그러나 연사가 보기에 믿을 만하고 청중과 소통이 될 만한 것을 취해야 한다.

조언 Advice 72
박수갈채는 조용히 서서 우아하게 받으라.

세계 대중 연설 대회에서 참가자들은 무대를 떠나기 전에 머뭇

거리는 시간이 1, 2초 동안만 허용된다. 다른 무대라면 더 오래 머무는 것이 좋다. 비즈니스 현장에서 프레젠테이션이 끝날 때 가만히 서 있으면, 자신의 연설 내용에 자신이 있고 질문을 받아들일 준비가 되어 있다는 신호가 된다.

기조연설에서 연설이 끝날 때 가만히 서 있는 동작은 기립 박수를 받을 수 있는 주된 요소 중의 하나이다. 박수 소리가 커질 때 연설 내용이 무척 마음에 든 사람들 중 한두 명이 일어설 용기를 낼 수 있기 때문이다. 그렇게 되면 다른 사람들도 똑같이 따라할 수 있다. 박수 갈채는 바이러스처럼 전염성이 있다. 연사가 박수 소리가 끝나기를 기다릴 때는 미소 지으며 겸손하게 고개를 숙이되, 발은 움직이지 말아야 한다.

조언 Advice 73
무대를 떠날 때는 침착함을 유지하라.

무대를 떠날 때는 자신감은 적절한 수준으로 유지하고, 몸가짐을 침착하게 하되 청중과의 유대감은 계속 유지해야 한다. 아무리 대회라도 이기는 것보다 청중에게 감동을 주는 것이 더 중요한 임무다. 위에서 기술한 설명은 역대 모든 챔피언들에게 적용된 것이다. 그런데 눈에 띄는 예외가 두 명 있었다.

1999년 참가자인 크레이그 발렌타인은 왼손을 주먹 쥐었고, 2001년 참가자인 대런 라크루와는 두 주먹을 불끈 쥐었다. 두 명의 연사는 세계 대중 연설 대회에서 가장 강렬한 연설로 무대를 장식했지만, 자기만의 생각에 빠져서 '그래, 내가 해냈어.' 하는 신호를 보낸 것이다. 그들은 이렇게 주먹을 쥔 동작으로 심사위원의 호감을 잃고 승리를 놓칠 수도 있었다. 그런 것은 무대를 떠난 후 개인적으로 축하받을 시간을 가질 때까지 아껴두는 것이 최선이다.

조언 Advice 74
적절한 복장을 갖추어라.

연사는 청중이나 동료와 같은 스타일로 입거나 한 단계 더 차려 입도록 노력해야 한다. 세계 대중 연설 대회의 결승전에 오른 사람들은 대부분 비즈니스 캐주얼을 입는다. 남자들은 정장 바지와 버튼 다운 셔츠를 입는데, 타이를 매지 않고 재킷만 입거나 타이를 매고 재킷을 입지 않는다. 여자들은 원피스를 입거나 정장 바지와 블라우스를 입는다. 라이언은 한 단계 더 차려입기 위해 타이를 매고 투피스 정장을 입었다.

청중은 너무 지나치게 차려입거나 너무 간소하게 입은 연사에게 잘 공감하지 않는다. 라이언보다 앞서 연설한 한 참가자는 무려 아홉 가지나 차려 입었다. 이 사람은 대부분의 남성 참가자들이 입는 일반적인 양복을 입지 않았을 뿐만 아니라, 연회색 헤링본 양복에 조끼까지 갖춰 입었다. 게다가 고상한 자홍색 실크 포켓 스퀘어 (pocket square: 양복 주머니에 장식용으로 꽂는 손수건)가 쓰리버튼 재킷 밖으로 슬쩍 보였다. 액세서리로는, 회색과 흰색이 섞인 물방울무늬 타이를 매고, 다림질한 하얀 맞춤 셔츠에 금으로 된 커프스 단추를

달았으며, 라펠 핀(lapel pin: 옷깃에 꼽는 핀)을 달고, 금으로 된 사각 시계를 차고, 왼손 새끼손가락과 오른손 검지에는 반지까지 끼고 있었다. 결정적으로, 1920년대에 엄청나게 유행한, 날개 모양의 구두 코가 달린 흑백 스펙테이터 슈즈를 신는 것으로 완벽한 조화를 이루었다. 하지만 연사의 개성이 과도하게 발휘된 복장으로 격식과 품위를 지나치게 차리는 바람에 청중과 연사 사이에 벽이 만들어졌다. 복장으로 깊은 인상을 주려고 하는 것은 금물이다. 연사가 적절하게 입어야 청중도 연사와 소통하고 연사가 전해주는 이야기에 어울릴 수 있게 되는 것이다.

· · · · ● ·

비언어적 소통은 메시지를 전하는 연사의 능력에 영향을 미치는 주된 요인이다. 청중과 눈을 맞추고, 목적에 맞게 움직이고, 자연스러운 몸짓을 취하면 청중과 진정으로 소통하는 능력이 강화된다. 적절한 복장을 입거나 청중보다 한 단계 더 차려입으면, 연사가 소통을 소중하게 여기는 전문가라는 메시지가 전달되고 청중을 존중하는 마음도 표현된다.

지금까지 연설의 내용과 전달에 관한 주된 방향을 다루었다. 다음 장에서는 마음을 끄는 연설을 만들기 위해, 시각디자인을 사용하는 방법에 대해 논할 것이다.

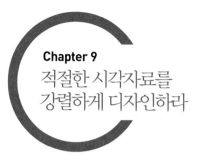

Chapter 9
적절한 시각자료를
강렬하게 디자인하라

적절한 소도구를 드물게 사용하라. 사용하지 않을 때는 숨겨라.

'시각 보조 교재'라는 단어를 읽으면, 맨 먼저 슬라이드가 생각 날 것이다. 슬라이드는 프레젠테이션 소프트웨어를 활용해서 만든 글과 이미지가 들어 있는 소도구다. 컴퓨터를 기반으로 만든 도구는 토스트마스터즈 경험상 중요한 일부에 속하는 것이라 곧 다시 살펴 볼 것이다. 비록 금지된 것은 아니지만, 세계 대중 연설 대회의 경쟁 자들은 슬라이드를 적극적으로 사용하지 않거나 전혀 사용하지 않 는 편이다. 그래서 9장에서 필자들은 참가자들이 잘 의존하지 않는 구식 시각 보조 교재에 대해 최소한으로만 다룰 것이다.

대부분의 경우 필자들은 다음과 같은 두 가지 이유로 연사들에 게 '소도구를 치우라'고 조언한다. 첫째, 소도구를 이용하면 청중의 주의가 분산된다. 둘째, 더욱 중요한 이유로, 소도구를 이용하면 청중의 상상이 중단된다. 청중의 상상력은 연사의 메시지를 청중과 결부시키고 청중에게 제대로 전달하기 위해 연사가 무척 힘들게 노력해서 사로잡은 청중의 지적 능력이다. 그러나 두 가지 예외 사항이 있다. 소도구가 강렬한 감정을 촉발시키거나, 청중이 전혀 모르는 것이어서 연설 내용을 설명하는 데 천 마디 말을 아낄 수 있는 경우에는 소도구를 활용하는 것이 더 좋다.

　토스트마스터즈 세계 대중 연설 대회에서 소도구를 사용하는 경우는 상대적으로 많지 않은 편이다. 그런데 에드 테이트(2000)가 과속 딱지를 떼는 경찰을 흉내 내기 위해 작은 메모장을 사용했다. 그러자 그 해부터 2011년까지 우승자 열두 명 가운데 일곱 명이 소도구를 사용했다. 에드의 경우 문자 그대로 정확히 소도구를 활용한 것이었다. 또한 데이비드 핸더슨(David Henderson, 2010)은 조종사 모자와 항공 재킷, 고글, 스카프까지 완벽하게 갖춰 입은 조종사 복장으로 소도구를 활용했다. 두 사람 모두 다음과 같이 가장 좋은 두 가지 관례를 따라했다. 첫째, 이들이 사용한 소도구는 이야기의 감정적인 영향과 직접적인 연관이 있었다. 둘째, 이들은 소도구를 사용하지 않을 때는 숨겨두었다. 우리는 데이비드가 우승 연설에서 소도구를 사용한 모습을 다음과 같이 대괄호로 묶어 표시했다. (다른 '무대'에 대한 설명은 괄호로 묶어 모두 대문자로 표기했다.)

조종사들(2010)[*]

핵심 메시지(들)	사랑
시간	7.17분
분당 단어 수	128
분당 웃음 수	1.67

〈서론〉

[조종사 모자와 고글을 쓰고 항공 재킷에 스카프를 두른 채로 입장]
1983년, 텍사스에 최고 조종사 두 명이 레드 바론(Red Baron)과 싸
우려고 한 팀이 되었습니다. [이마에 쓴 고글을 눈까지 내림] 우리는 스
스로를 조종사라고 불렀습니다. [비행기가 나는 소리]

"스누피 원이 스누피 투에게 말한다. 그가 보인다. 오른쪽으로 급
히 돌려라. [비행기가 나는 소리] 기관총에 총알 장전해. 내가 곧 쏠게.
[기관총 쏘는 소리] 우-후!"

대회 의장님, 그리고 토스트마스터즈 동료 여러분, 이는 실제로
일어난 일이었습니다. 우리는 무수히 많은 전투임무를 수행했지만
부상자는 단 한 명도 없었습니다. 우리는 천하무적이었습니다. [눈
에 쓴 고글을 이마까지 올림] 사실 우리는 너무나 어려서 곧 추락하리
라는 사실을 몰랐습니다. 정말 나쁜 소식이었죠. 하지만 아무리 심
하게 추락해도 사랑만 있으면 다시 회복할 수 있다는 좋은 소식도

---

* 데이비드 핸더슨에게 저작권이 있고, 허가를 받고 재인용하였다.
  데이비드 핸더슨의 연설에 대한 통찰은 294쪽부터 요약되어 있다.

있습니다.

<1부>

저는 유치원에서 첫사랑을 만났습니다. 휴식 시간이면 모든 아이들이 경찰과 강도, 카우보이와 인디언, 바비 인형과 남자 친구 켄 같은 역할을 맡았습니다. 똑같은 역을 맡은 아이는 아무도 없었습니다. 해마다 할로윈이 되면 직업과 관련된 무대의상을 차려입었습니다. 제 가방 속에는 변장 대회에서 입을 복장이 들어 있었습니다. 그런데 제 옷과 똑같은 스누피 조종사 복장을 입은 재키 파커(Jackie Parker)가 보였습니다. 런웨이 모델처럼 걷는 모습만 저랑 달랐을 뿐입니다. [가볍게 춤을 추면서 스카프를 들어 올림] 저는 음악소리가 들리는 줄 알았습니다. 그런데 알고 보니 음악소리는 제 마음속에서 울린 리듬이었습니다.

그녀를 쳐다보자 저는 눈알이 튀어나왔습니다. 그녀도 저를 쳐다보았지요, 하지만 그것은 마치 우리 아빠가 기념일을 잊어버렸을 때, 엄마가 아빠를 쳐다보던 눈빛 같았습니다. 토스트마스터즈 동료 여러분, 그날 저만 스누피 복장을 입은 것이 아니었습니다. 저는 재키의 미움을 사고 말았습니다.

재키는 저에게로 걸어오더니 이렇게 말했습니다. "오, 이런, 안 돼!"

"내가 너랑 똑같은 옷을 입어서 기분 나쁘니?"

"아니… 그래… 글쎄."

저는 그날 중요한 사실을 하나 배웠습니다. 여자아이들은 다른 사람이 자신과 똑같은 옷을 입는다고 기분 나빠하는 것이 아니더군요. [비행 재킷의 옷깃을 움켜잡음] 똑같은 옷을 입은 사람이 자기보다 더 어울릴 때만 신경을 쓰는 것입니다. 여러분은 제가 [각각의 물건을 차례로 만짐] 헬멧과 고글, 비행 재킷 말고도 천연 실크로 된 스카프를 두른 것을 보셨지요. 저는 그날 천연 실크 스카프가 있었지만, 재키는 없었습니다. 그때 왜 그랬는지 지금도 이유를 모르겠습니다. 제가 그날 제 스카프를 재키에게 준 이유를요. 재키는 그날 대회에서 우승을 차지했습니다. 하지만 저는 그녀의 마음을 사로잡았습니다.

〈2부〉

[이마에 쓴 고글을 눈까지 내림] 조종사가 된 이후 [비행기가 나는 소리] 우리는 천하무적이 되었습니다.

[기관총 쏘는 소리] 그러나 곧 [고글을 이마까지 올려 씀] 우리는 모두 추락했습니다.

재키가 넘어져 팔꿈치를 다쳤을 때, 처음에는 그렇게 큰일은 아니라고 생각했습니다. 회복하는 데 오랜 시간이 걸렸지만 별로 큰일이 아닌 줄 알았습니다. 그런데 재키의 팔은 쉽게 낫지 않았습니다. 그래도 별일 아닌 줄 알았지요. 그러던 어느 날 의사 선생님이 재키의 뼈에 염증이 생겼다고 했습니다. 이건 큰일이었지요. 왜냐하면 재키는 '겸상적혈구빈혈'(sickle-cell anemia)이라는 병에 걸렸기 때문입니다. [모자와 고글을 벗어 뒤에 놓은 스카프 옆에 놓음] 이제 우리의 비행은 끝난 것이지요.

여러분도 저처럼 그 병이 무엇인지 궁금하실 것입니다. 겸상적혈구빈혈이 대체 뭘까요? 그것은 유전적인 혈액 장애입니다. 사람들은 이 병이 아프리카계 미국인만 걸리는 병이라고 생각합니다. 하지만 이 병은 중동에서 아시아, 남아메리카까지 세상 사람들 거의 모두가 걸리는 병입니다.

겸상적혈구빈혈에 걸린 사람들은 우리 몸의 혈관을 따라 산소를 운반하는 적혈구 세포가 변형됩니다. 정상적인 적혈구 세포의 모양은 디스크처럼 원형이어서 혈관을 자유롭게 통과하지만, 겸상적혈구빈혈에 걸린 사람의 세포 모양은 낫처럼 생겼습니다. 그래서 교통 체증을 유발하는 것처럼 서로 막히게 되어 여러 가지 큰 질병의 원인이 됩니다. 이 병에 걸린 사람은 처음에는 괜찮지만 곧 염증이 생깁니다. 그러다 다시 좋아지고, 또 다시 아프게 됩니다. 다시 좋아지지만, 결국 사망에 이릅니다. 이 병은 알려진 치료약이 없습니다.

지금 이런 말씀을 드리기는 부끄럽지만 저는 그때, 사랑하는 사람이 죽는다는 것을 알면서 그 사람을 사랑하는 것이 무슨 의미가 있냐고 엄마에게 물었습니다. 제 말은 정말로 사랑하는 사람에 대해 물은 것이었습니다.

토스트마스터즈 동료 여러분, 저는 엄마가 제 어깨에 손을 올리시고 제 눈을 쳐다보면서 하신 말씀을 결코 잊지 못할 것입니다.

"애야, 사람을 사랑하면 잃기도 하는 거야. 네가 바꿀 수 있는 문제가 아니야. 단지 네 시간을 그 아이와 함께 보내기로 선택할 수 있을 뿐이지. 지금 그 어린 여자아이는 네가 자기 옆에 있어주길 바라고 있어. 어렵더라도 함께 있어줘야 해. 그렇지 않으면 평생 후회하게 될 거야. 엄마 말을 믿어. 후회하는 것이 사랑하는 것보다 훨씬 더 힘들단다. 그러니 견뎌야 해. 엄마는 네가 자랑스럽구나."

〈3부〉

재키는 7살 때 겸상적혈구빈혈이라는 진단을 받았습니다. 그리고 14살 때 이 세상을 떠났습니다. 그 시절 내내 엄마의 충고를 따를만한 힘이 제게 있다는 것을 알았습니다. 저는 무슨 일이 있어도 재키 옆에 붙어 있었습니다. [모자를 들어 먼지를 턴 다음 다시 씀] 결국 저는 우리가 처음 만났을 때 인사를 나누었던 바로 그대로 작별을 고하기로 마음먹었습니다. 저는 헬멧의 먼지를 턴 다음 머리에 쓰고, 재키가 입원한 병원에 갔습니다. "우리가 처음 만났을 때 기억나?" 제가 이렇게 물었을 때 재키가 어떤 표정을 지었는지 여러분이 보셨으면 좋았을 텐데, 아쉽네요.

재키는 대답했습니다. "아니, 그래, 글쎄." 그리고 재키의 다음 행동 때문에, 저는 사랑하는 사람이 죽는다는 것을 알면서 그 사람을 사랑하는 것이 무슨 의미가 있냐고 생각했던 제 자신이 부끄러워졌습니다. [스카프를 들어 올림] 재키는 침대 옆 탁자로 손을 뻗어 그 스카프를 꺼냈습니다.

제가 그 스카프를 보고 물었습니다. "지금까지 그걸 갖고 있었던 거야?"

"이건 스카프가 아니야, 데이비드. 추억이야. 고통이 찾아와 견딜 수 없을 때 네가 이것을 내게 주었던 순간을 떠올렸어. 그러면 그 추억으로 견딜 수 있었어. 너의 사랑, 그것 때문에 나는 견딜 수 있었어. [청중을 향해 스카프를 펼침] 이것을 네게 돌려줄게. 그리고 너도 나와 똑같은 사랑을 받기를 바라."

〈결론〉

[모자를 벗어 스카프를 쥔 왼손으로 잡음] 조만간 우리는 모두 추락
합니다. 저는 그 때 이후로 여러 번 실패했습니다. 하지만 재키를
기억하고 늘 다시 일어났습니다. 토스트마스터즈 동료 여러분, 사
람을 사랑하면 잃기도 합니다. 하지만 그 때 그 사람의 힘이 되어준
다면 그 사람은 결코 여러분을 떠나지 않을 것입니다. 죽은 뒤에도
여러분 곁에 있어줄 것입니다. 대회 의장님. [무대를 떠나면서 고글을
집어 듦]

조언 Advice 76
소도구에 많은 의미를 채워 넣으라.

과거 우승자들은 소도구에 많은 의미를 채워 넣는 똑똑한 방법
을 알아냈다. 비카스 징그란(2007)은 대학원 입학을 결정짓는 편지
가 들어 있는 봉투를 들고서 이렇게 말했다. "해답은 이 안에 들어
있습니다." 물론 삶의 커다란 질문에 대한 해답은 우리 자신 속에 있
다는 것을 비유하기 위해 편지를 활용한 것이다. 랜스 밀러(2005)도
다른 사람들을 적극적으로 인정해야 한다는 사실을 상기시키기 위
해 주차증이라는 도구를 사용했다. 비카스 징그란과 유사한 방법을
쓴 것이다.

토스트마스터즈 회원이 아닌 사람에게는 너무 과장되고 유치해 보이겠지만, 세계 대회 우승자인 짐 케이(2003)와 랜디 하비(2004), 라션다 런들스(2008) 등 3명은 의자를 소도구로 활용했다. 이 셋 중에 랜디의 활용이 가장 뛰어났다. 그는 의자를 이용해 여러 가지 의미를 전했다. 연설 초반에 의자는 아버지의 새 자동차인 1960년 형 포드 페어레인(Ford Fairlane)을 대신했다. 그는 자신을 에워싼 사냥개 무리를 피하기 위해 차 지붕에 올라갔던 어린 시절의 경험을 되살리기 위해 의자 위에 올라섰다.

의자 자동차는 그의 새 차인 1963년 형 폭스바겐 비틀로 다시 바뀌었다. 그는 이 차를 타고 이웃집 울타리와 분수를 들이받았다. 같은 배경에서 그는 의자를 다시 분수 옆에 있던 바위로 바꾸어, 아버지가 자신을 위로할 때 자신이 앉았던 곳으로 활용했다. 그는 아버지를 묘사하기 위해 의자 옆에 무릎을 꿇고서 팔을 의자 위에 올리고 이렇게 말했다. "헛, 울타리는 고치면 돼. 분수도 새로 사고. 낡은 저 차도 다른 차로 바꿀 수 있어. 저것들은 그냥 물건일 뿐이야. 하지만 너를 대신할 수 있는 것은 아무것도 없어."

끝으로 연설 종반에서 의자는 부모님의 소파로 바뀌었다. 그는 의자의 윗부분을 어루만지면서 이렇게 말했다. "두 분의 손은 늘 서로를 찾는 것처럼 보였습니다." 소파는 다시 엄마로 바뀌었다. 그는 팔로 의자를 사랑스럽게 감싸면서 이야기를 이어갔다.

엄마가 TV를 보고 있을 때면 뚱보 아빠는 엄마의 등 뒤로 다가와서 억센 팔로 엄마를 감싸 안으셨죠. 엄마의 어깨에 자신의 턱을 받치고 뺨에 키스를 하셨어요.

연설을 진행하는 동안 랜디는 의자를 자동차 두 대와 바위, 자신, 소파, 엄마로 바꾸었다. 랜디와 동료 우승자들은 연설 대회에서 소도구를 활용하는 것이 합당하다는 사실을 입증했다. 단, 연설에 더 깊은 의미를 담기 위해서만 소도구를 활용해야 한다.

조언 Advice 77
슬라이드는 연설의 수준을 높일 때만 사용하라.

연설 대회에 사용되는 유일한 시각 보조 교재는 소도구뿐이지만, 토스트마스터즈 회원들은 프레젠테이션 소프트웨어를 활용해서 청중의 주의를 끌만한 슬라이드 만드는 방법을 경험을 통해 배우고 있다. 예를 들어, 마이크로소프트 파워포인트와 애플 키노트, 프레지(Prezi) 등 다양한 프로그램을 활용하는 것이다.

프레젠테이션을 진행할 때 슬라이드를 활용하는 것은 이미 기준이 되었다. 하지만 이것이 언제나 최고의 방법인지는 의심해봐야 한다. 대부분의 질문이 그러하듯 슬라이드 활용에 대해서도 극단적인 입장을 표명하는 진영이 두 군데 있다. 인터넷 경제의 총아인 링크드인(LinkedIn)과 아마존(Amazon)이 바로 소프트웨어를 활용한 프레젠테이션을 반대하는 진영이다.

링크드인의 최고경영자(CEO)인 제프 와이너(Jeff Weiner)는 이렇게 반대 의견을 밝혔다. "링크드인에서는 본질적으로 프레젠테이션을 없애버렸습니다. 대신에 미팅에 제공될 내용을 해당 미팅 참가자들이 숙지할 수 있도록 24시간 전에 미리 보내줍니다. 또한, 미리 자료를 제공했다고 사람들이 그것을 읽었을지는 모르기 때문에, 미팅을 시작하기 전 대략 5~10분 정도 시간을 줍니다. 사람들이 내용을 다 읽고 나면 토론이 시작됩니다. 우리 회사에서 프레젠테이션은 없습니다."[1]

아마존의 최고경영자인 제프 베조스(Jeff Bezos)는 더 명확하게 선을 그었다. 그를 회의장으로 부르려면 먼저 여섯 페이지짜리 메모를 프린트해서 준비해야 한다. (베조스는 항목별로 만든 것이 아닌, 완벽한 단락 몇 개로 이루어진 메모여야 한다고 사원들에게 지시했다.) 그리고 미팅 참가자들은 미팅 전에 미리 30분 동안 준비된 메모를 조용히 읽고 숙지한 다음 질문을 준비해둬야 한다. 이들의 미팅은 가장 짧고 가장 성공적인 단 한마디 말이 나와야 끝이 난다. 그것은 바로 '예스'(yes)라는 말이다.[2]

기본적으로 프레젠테이션 소프트웨어를 반대하는 진영은, 디자인에 허비하는 노력을 아이디어를 살리는 데 써야 한다는 입장이다. 2012년 5월 미날드 텔치(Meinald Thielsch)와 이사벨 페라보(Isabel Perabo)은 응답자 1,014명을 대상으로 연구한 결과 다음과 같은 사실을 알아냈다. "주로 컴퓨터를 기반으로 한 프레젠테이션을 준비하는 동안, 사용자들은 내용을 준비하는 데 59퍼센트, 디자인에 28퍼센트, 동영상 제작에 9퍼센트, 그 밖의 다른 활동에 5퍼센트 정도의 시간을 할애했다." 프레젠테이션 소프트웨어 제작에 반대하는 진영은, 디자인과 동영상 제작에 준비 시간의 37퍼센트를 할애하는 것

은 비생산적인 활동이라고 결론지었다.[3]

반면, 프레젠테이션 소프트웨어를 찬성하는 진영도 반대 측과 같은 정도의 압도적인 주장을 펼쳤다. 이들의 주장에는 파워포인트가 일석이조의 효과를 내는 수단이라는 공통된 근거가 깔려 있다. 프레젠테이션 소프트웨어를 통해 발표자가 하고 싶은 말을 충분히 생각하게 해주고 또 강화시켜 준다는 것이다.

제프 와이너가 '프레젠테이션 내용이 기본적으로 제공될 것'이라는 단서를 달아놓은 것은 프레젠테이션 소프트웨어를 생각의 도구로서 활용하겠다는 가능성을 열어놓은 것이다. 논의할 가치가 있는 아이디어에 초점을 맞추기만 한다면, 직원들이 업무를 어떻게 합성하든 관계없다는 열린 사고를 갖고 있는 것이다. 프레젠테이션 디자인의 천재인 낸시 두아르떼(Nancy Duarte)는 이 같은 동의에 찬성했다. "생각의 도구 중 최고의 것은 … 기다려보세요 … 파워포인트네요. 이 세상에서 가장 멋진 생각은 파워포인트로 분명히 표현됩니다. 사용자들은 보고서, 전략, 실행 기획을 만들 때, 파워포인트를 이용해서 어휘와 그림을 쉽게 연관 지을 수 있습니다. 그러니 문서나 시각적인 업무 지침서, 혹은 복잡한 내용을 만드는 데 파워포인트를 활용하는 것을 두려워하지 마세요. 그것은 이 모든 작업에 딱 맞는 멋진 도구입니다.[4]

프레젠테이션은 발표자의 생각을 조직하는 데 유익할 뿐만 아니라 구어(口語)의 수준을 높이는 데도 유익한 도구다. 사람들은 자신이 들은 것은 10퍼센트, 본 것은 35퍼센트, 듣고 본 것은 65퍼센트를 유지한다는 연구가 있다.[5] 또한 이 연구결과를 사용한 자료들도 많이 있다. 그런데 이들 자료들은 다음과 같은 문구를 이용하여 이 통계를 인용한다. "몇몇 연구에 따르면 …고 합니다." 하지만 우리는 직접적인 출처가 없는 이런 말을 들으면 긴장하게 된다. 반면, 다음 글처럼 명백한 위험 신호와 함께 그 출처의 인용자를 재인용한 자료도 있었다. "출처: 제롬 브루너(Jerome Bruner), 시각 소통의 구문이론(Syntactic Theory of Visual)에서 폴 마틴 레스터(Paul Martin Lester)가 인용함."[6] 그런데 실제 폴 마틴 레스터가 쓴 다음 글을 읽으면 더 애매한 점을 찾아볼 수 있다. "뉴욕대학교의 교육 심리학자인 제롬 브루너는 사람들이 자신이 들은 것의 10퍼센트만 기억하고, 읽은 것은 30퍼센트, 보고 따라한 것은 80퍼센트를 기억한다는 여러 연구를 인용했습니다."[7] 필자들은 제롬 브루너를 추적해 이같은 답변을 들었다. "사실이 아닐지도 모르는 그 같은 진술이 대체 어디에서 나왔는지 전혀 모르겠습니다." 다른 자료는 텍사스대학교가 실시했다는 근거 없는 연구를 인용했다. 결국 시스코(Cisco)의 찰스 페넬과 메테리 그룹(Meteri Group)의 셰릴 렘케(Cheryl Lemke)가 이에 대한 잘못을 밝혀냈다. "자주 인용되고 있지만 이 통계는 모두 근거 없는 것입니다. 교육자들이 이 비율을 꼼꼼히 따져보기만 한다면 이 인용문에 대해 심각한 의문을 갖게 될 것입니다. 비율을 10의 배수로 반올림한 것에 대해서도 의심해 볼 수 있습니다. 또한, 무엇을 배우든 학습 방법에 상관없이 90퍼센트를 기억할 가능성은 거의 없다는 것도 알게 될 것입니다."[8]

정보 습득에 대한 가장 인기 있는 '도시 전설'(urban legend)을 공유하고 해체하는 것이 어떻게 프레젠테이션 소프트웨어를 찬성하는 진영에 도움이 될까? 이 같은 도시 전설은 완전히 신화일 뿐이다. 하지만 그 속에는 눈과 귀를 통해 정보를 흡수하는 것이, 한 가지 감각으로만 정보를 흡수하는 것보다 유익하다고 여기는 상식적인 개념이 들어 있다. 2001년 9월, 〈터키의 과학 교육 저널, Journal of Turkish Science Education〉에 나키 에르데미르(Naki Erdemir) 박사의 글이 실렸다. '파워포인트를 활용한 강의와 기존 강의법이 물리학 수업을 듣는 학생들의 학업 성취도에 영향을 미치는 효과'라는 기사에서 에르데미르 박사는 물리학 입문 과목을 수강한 학생 90명을 대상으로 사전 시험과 사후 시험을 실시한 결과를 발표했다. 그는 사전 시험에서 평균 61점부터 100점을 맞은 학생들을 두 그룹으로 나누었다. 그리고 한 그룹은 파워포인트로 수업했고, 다른 한 그룹은 파워포인트 없이 수업을 진행했다. 이 밖의 다른 조건은 가능한 모두 같게 했다. 교수, 수업일, 수업 교재, 수업 주제가 모두 같았다. 결과는 어땠을까? 칠판과 교수의 강의가 접목된 기존의 수업을 받은 학생들은 사전 시험에 비해 사후 시험에서 고작 6퍼센트 높은 점수를 받은 반면, 파워포인트로 수업을 받은 학생들은 사후시험에서 19퍼센트나 높은 점수를 받았다. 기존 스타일의 수업을 받은 학생들보다 무려 세 배 이상 높은 점수를 받은 것이었다. 이 연구가 구술로만 진행하는 수업, 시각 자료만을 이용한 수업, 정보를 병합한 수업을 모두 완벽하게 실험한 것은 아니지만, 프레젠테이션 소프트웨어를 찬성하는 진영이 설득력 있는 주장을 펼치는 데에는 큰 힘이 되었다.

지금 두 견해 사이에는 논쟁이 한창이다. 한 견해는 발표자가 말하고 싶은 것을 기억하는 데에 프레젠테이션 소프트웨어가 유익하다고 보고, 다른 한 견해는 파워포인트 슬라이드 덱을 목발(crutch: 지나치게 의존하는 물건을 지칭하는 말)이라고 부를 정도로 부정적으로 본다. 만약 발표 내용을 기억하는 것이 단지 합리적인 준비 시간 때문이라면, 특히 활용한 슬라이드가 청중에게 어떤 추가적 이득도 없다면, 프레젠테이션 소프트웨어를 기억 도구로 활용하는 것은 실제로 연사의 게으름에 불과할 것이다. 현재 연사로 활약 중인 이 책의 저자로서 우리는 거의 한 세대가 차이 난다. 현재 25세인 라이언은 시간만 적당히 주어진다면 대부분의 정보를 보유할 수 있는 능력이 있다. 반면, 40세인 제러미는 그런 기회를 이미 놓쳐버렸다. 그러니 설사 전문 교육을 철저히 받는다 해도 라이언과 같은 것을 요구할 수는 없는 입장이다. 제러미는 기조연설을 하는 동안 슬라이드가 없어도 토론을 진행할 수 있고, 여러 스토리를 전해줄 수 있다. 오히려 슬라이드를 사용하라고 요구받는다면 가장 개성 없는 정보 전달만 하는 꼴이 될 것이다. 그럼에도 불구하고 제러미는 청중들을 위해 슬라이드를 활용하려고 노력한다. 그래서 연설 원고 대신 각각의 슬라이드를 연설 자료로 활용한다. 하지만 '기술하고 상세 설명하는 프레젠테이션', 즉 한 항목을 읽고 자세히 설명하고, 또 다음 항목을 읽고 자세히 설명하는 프레젠테이션 방식은 분명히 피하고 있다. 이런 방식은 짜증나는 것보다 더 나쁜 것이다. 사악한 방법이다.

결국 연설 내용을 전달하는 소프트웨어의 활용 및 선택은 청중과 연설 목적, 그리고 연사 자신에게 달려 있다. 연사가 청중에게 감동을 주고 싶다면 프레젠테이션 소프트웨어는 피해야 한다. 연사의 말을 직접 기록한 이미지(영상)가 있다면, 원문을 항목별로 정리한 슬라이드나 상투적인 이미지(영상)대신 진짜 사진을 사용해야 한다. 반면, 연사가 지식이나 정보를 알려주거나 청중을 설득할 생각이라면 슬라이드 텍을 활용하는 것이 더 유익하다. 잘 설계된 도표는 한 번만 흘깃 봐도 천 마디 말로 소통하는 것만큼 청중에게 내용을 제대로 전달한다. 그러므로 슬라이드가 프레젠테이션의 수준을 높일지 여부는 상식에 맡겨야 한다.

조언 A d v i c e **78**
초고는 종이에 스토리보드 형식으로 기록하라.

효율성과 명료성을 어기지 않으려면 연설의 초고는 포스트잇(Post-it) 메모장에 스토리보드(storyboard: 보는 사람이 스토리의 내용을 쉽게 이해할 수 있도록 주요 장면을 그림으로 정리한 계획표) 형식으로 그려 보는 것이 좋다. 그 정도 크기면 연사가 메모할 수 있는 분량에도 적절히 맞기 때문이다. 또한 포스트잇을 활용하면 연설문 내용을 세로로 배열할 수 있다. 크기가 적절한 책상이 있다면 색인 카드를 적절하게 활용할 수도 있다.

어림짐작으로 따졌을 때, 각각의 슬라이드를 전달하는 데 2, 3분 정도 할애하는 것이 적당하다. 그러므로 제목과 안건이 들어 있는 슬라이드를 빼고 총 12장의 슬라이드를 만들면, 보통 30분짜리 프레젠테이션이 만들어진다.

그런데 간혹 순서가 전혀 맞지 않는 종이를 발견할 것이다. 왜냐하면 우리 뇌는 직선형으로 움직이는 기계가 아니기 때문이다. 그러므로 양파를 벗기는 것과 같은 방식으로 슬라이드의 순서를 고려해야 한다. 먼저 정보를 최대한 요약한 것부터 시작해서, 미묘하게 다른 각각의 세부항목을 찾아내야 한다. 첫 번째 슬라이드나 두 번째 슬라이드에는 무조건 논쟁의 여지가 없는 정보가 들어 있어야 한다. 청중이 이미 알고 있을 것이라고 예상되는 정보여야 한다. 그리고 각각의 슬라이드에는 이전 슬라이드에서 제기된 질문, 예를 들어 '어떻게', '왜', 혹은 '그래서 어쩌라는 거야'와 같은 질문에 대한 해답을 확실히 달아야 한다. 그래야 연사는 흐름이 매끄러운 이야기를 자연스럽게 만들어낼 수 있다.

조언 Advice 79
디자인에 단순함을 실행하라.

프레젠테이션의 스토리보드가 완성되면, 이제 디지털 슬라이드를 만들어야 한다. 만약 발표자가 디자인의 단순함을 실행하라는 충고만 잘 적용해도 이 세상 다른 어떤 발표자보다 몇 광년은 앞서게 될 것이다. 이런 과정을 눈에 보이는 작업으로 만들기 위해, 비즈니스 프레젠테이션에 다음과 같은 서론을 동반하는 슬라이드를 만들어 보았다.

기억을 떠올리면 아시겠지만 18개월 전, 우리는 치리오스(Cheerios)의 대안으로 콜베르티오스(Colbertios) 시리얼을 출시했습니다. 이것은 옥수수를 뺀 통귀리로 만든 시리얼로, 건강에 관심이 많은 부모들을 대상으로 만든 제품입니다. 우리는 가격 경쟁력과 높은 수익률을 모두 유지할 수 있었습니다. 귀리 가격은 안정된 반면, 치리오스의 제작 회사인 제너럴 밀스(General Mills)가 에탄올을 만드는 데 이용되는 옥수수의 수요 증가로 인해 옥수수 가격 인상에 직면했기 때문입니다.

우리는 처음 수요를 자극하기 위해 광고에 3백만 달러를 투자한 후, 매달 사내 표준 수익률 5퍼센트를 마케팅에 투자하고 있습니다. 사내 표준 수익률 5퍼센트 중 50퍼센트는 광고에, 10퍼센트는 쿠폰제작에, 40퍼센트는 식료품점의 가격 할인에 할애했습니다. 우리의 마케팅 믹스 전략과 잘 어울린 방식이었습니다. 지난 달, 우리는 콜베르티오스를 5천만 달러나 판매했습니다. 아침식사용 시리얼 시장의 3퍼센트를 차지한 것입니다.

콜베르티오스는 식품 첨가제인 옥수수의 과도한 사용에 반대하는 대상 고객의 의견을 제대로 반영한 것입니다. 이 제품을 출시한 첫 달부터 5개월 동안 매달 수익률이 두 자리씩 증가하는 성과를 올렸습니다. 하지만 지난달 수익은 예상치 않게 5퍼센트나 하락했습니다. 이유가 무엇일까요?

표 9.1에 나타난 정보는 세계 최악의 슬라이드 디자이너가 만든 것으로 보인다. 네 개의 그래프가 모두 다 튄다. 이들 그래프를 정상적인 것으로 만들려면 대규모 재건 수술이 필요할 정도다.

슬라이드에 실제로 무엇이 존재해야만 하는지를 파악하기 위해

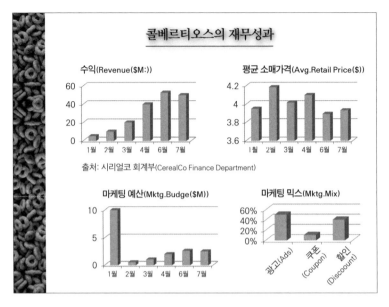

표 9.1 정말 끔찍하게 잘못 만든 슬라이드 사례

모든 슬라이드의 표제는 '어떤 것'(what)이 아닌 '그래서 어쩌라고' (so-what)가 돼야 한다. '콜베르티오스의 재무성과'(Colbertios financial performance)라는 표제는, 그 표제를 보는 사람이 어떤 문제점이 있는지를 파악해야 하는 단점이 있다. 프레젠테이션을 설계한 발표자의 임무는 청중을 위해 일하는 것이다. 콜베르티오스 이야기에서 가장 큰 문제는 수익이 갑작스럽게 하락한 데 있다. '그래서 어쩌라고'는 문장의 형식을 띄는 것이다. 그러므로 이 경우에는 '콜베르티오스의 수익이 지난달에 5퍼센트 하락했다'로 표제를 정하는 것이 더 낫다. 비즈니스에서 발표자는 좋은 소식이나 나쁜 소식을 전달하기 마련이다. 그러므로 해당 소식을 직접적으로 전달하는 것이 가장 좋다. 프레젠테이션을 공들여 잘 만들었다면 청중은 표제만 읽고도 스토리 전체를 파악할 수 있다. 지금은 단지 한 가지 슬라이드에만 공을 들이고 있지만, 새로운 표제만으로도 당연한 질문이 촉발될 수 있다. 왜 수익이 감소했을까? 다음 슬라이드는 이 질문에 해답을 내놓는 것이어야 한다.

표 9.1의 표제에는 내용상의 문제만 있는 것이 아니라 디자인에도 몇 가지 문제가 있다. 개선한 새 버전은 표 9.2에 표시되어 있다. 개선된 슬라이드의 몇 가지 변화는 다음과 같다. 첫째, 표제의 서체를 세리프 서체에서 산-세리프 서체로 바꾸었다. 타임즈 뉴 로만(Times New Roman) 서체처럼 보기에 좋은 세리프 서체는 텍스트 블록이 큰 원문에 잘 어울린다. 반대로, 헬베티카(Helvetica)나 에어리얼(Arial) 서체와 비슷한 산-세리프 서체는 한눈에 사람의 주의를 사로잡는다.

이것이 바로 헬베티카 서체가 대다수의 대리점 간판이나 기업의 로고로 사용되는 이유다. 둘째, 밑줄과 원문의 그림자 효과를 없애버리고 굵은 글씨체만 남겨두었다. 단 한 개만 대조할 때 효과가 훨씬 크기 때문이다. 셋째, 제목에만 쓰는 방식을 표제에 적용했다. 표제의 모든 단어를 대문자로 처리한 것이다. 단 관사(a, an, the)와 짧은 접속사(and, but, for, nor, or, so, yet)와 짧은 전치사(at, into, for, with 등)는 제외했다. 끝으로, 표제와 슬라이드의 본문을 구분하기 위해 표제 밑에 가로 선을 넣었다.

하지만 표 9.2 슬라이드에는 몇 가지 문제점이 아직 남아 있다. 가장 큰 문제는 슬라이드의 많은 정보가 표제와는 아무런 상관이

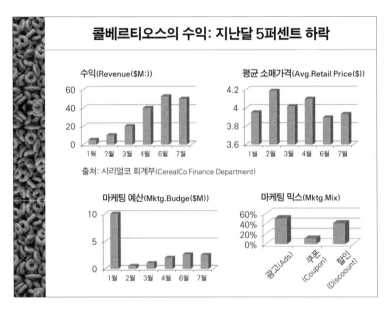

표 9.2 표제는 비록 눈에 띄게 잘 만들었지만 여전히 잘못 만든 슬라이드

없다는 점이다. 그래서 프레젠테이션의 본문 속 다른 슬라이드나 부록으로 옮겨야 한다. 만약, 하나의 슬라이드에 많은 데이터를 보여줄 필요가 있는 상황이라면 다른 방법을 고려해야 한다. 다른 유형의 데이터를 흰색으로만 맞추어 컬러 코딩(color-coding: 인터페이스 디자인의 사용 편이성을 위하여 색을 기능적으로 일관성 있게 사용하는 것) 작업을 하는 것이다. 지금처럼 무지개 색으로 하면 산만해질 수 있다.

슬라이드를 아주 작게 만들어야 할 정도로 좁은 공간에 텍스트를 맞춰 넣어야 한다면 약자나 두문자어도 피해야 한다(서체 크기 18 포인트 미만). 마케팅 전문가인 가이 가와사키(Guy Kawasaki)가 고안한 '10-20-30 법칙'은 매우 기억하기 쉬운 방법이다. 즉 10장 이내의 슬라이드를 20분 이내에 전달해야 하고, 글자 크기는 30포인트 이상이어야 한다는 것이다. 우리는 발표장 맨 뒤에서도 볼 수 있을 정도의 글자 크기를 추천한다. 끝으로, 시각적으로 흥미로운 슬라이드를 만들기 위해서는 모든 요소를 배분하고 조정해야 한다.

효과적인 슬라이드를 만들려면 부족한 것이 과한 것보다 낫다. 즉, 남 앞에 내놓을만한 슬라이드를 만들려면 표 9.2 중 몇 가지를 더 바꿔야 한다는 말이다. 그리고 왼쪽 그래픽은 보기에는 좋지만 아무런 가치가 없으므로 없애야 한다. 또한, 출처의 글씨가 어차피 너무 작아서 보이지 않으므로 맨 밑으로 이동시켰다. 이런 유형의 각주는 '최소한의 서체 크기 법칙'이나 '슬라이드에는 오직 표제를 뒷받침하는 요소만 들어가야 한다.'는 법칙에 적합하지 않다.

주석은 출처를 알려주거나, 방법론을 상세히 기록하거나, 참석자 중 누구라도 물어볼 수 있는 특정 세부사항을 알려준다. 즉, 확인은 됐지만 특이한 이상치를 설명해 준다는 의미다. 또한, 슬라이드의 그래프를 2차원 그래프로 바꾸었다. 기술이 특별히 뛰어난 전문 디자이너가 아니라면 3차원 그래프는 피하는 것이 좋다. 마지막으로, 표 9.3에 드러난 것처럼, 표제를 가장 많이 뒷받침하는 한 가지 요소만 의도적으로 대조하기 위해서 막대는 하나만 남겨두었다. 콜베르티오스의 7월 수익을 보여준 슬라이드와 그 안에 있는 막대는 형편없었다. 그래서 7월의 막대만 눈에 띄는 청색을 반면, 다른 막대는 모두 회색을 썼다.

도표의 색에는 심리적인 연상 작용이 있다. 빨강은 부정적이고

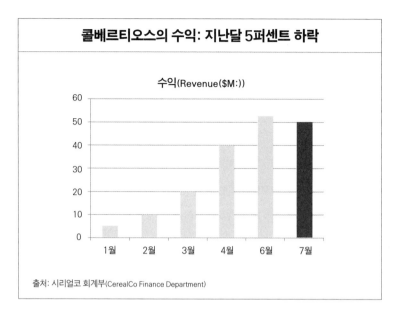

표 9.3 간단하게 잘 만든 슬라이드

초록은 긍정적인 색이다. 파랑과 회색은 거의 대부분 중립적이다. 주황은 가치 판단은 암시하지 않으면서 주의를 끄는 색이다. 결과적으로 적절한 수준의 정보만 갖고서, 단 하나의 '그래서 어쩌라고'(so what)를 전해줄 수 있는 단순하게 잘 만든 슬라이드가 탄생했다. 슬라이드는 발표자가 무슨 일이 일어났는지를 검토하고, 토론에 청중을 끌어들일 수 있는 간단한 발사대와 같다. 무엇보다도, 누구라도 만들 수 있다는 것이 가장 좋은 점이다.

다수의 슬라이드를 모아서 완전한 프레젠테이션을 만들 때는 '최소주의 미학'을 받아들여야 한다. 배경색은 흰색이나 단색을 취해서 청중의 주의를 분산시키지 말아야 한다. 폰트와 색, 도표, 배치

등은 일관성 있게 사용해야 한다. 애니메이션은 아주 드물게 사용하거나 피하는 것이 좋다.

조언 A d v i c e **80**
원문은 중요 항목으로 구분하되, 숫자는 최소한으로 사용하라.

슬라이드에 단순성의 원칙을 적용하려면 본문의 중요 항목을 활용해야 한다. 다음은 몇 가지 좋은 실습 방법이다.

- 병렬 구조를 고수하되 각각의 항목은 행위 동사로 시작하라.
- 중요 항목을 하위 항목으로 다시 구분하는 것은 금물이다.
- 중요 항목은 3~7개까지만 포함하라.
- 중요 항목은 큰 서체로 하되 한 줄을 넘지 말아야 한다.
- 중요 항목으로 만든 슬라이드에 장식용 이미지로 멋을 내고 싶은 유혹을 뿌리치라.
- 중요 항목은 모두 슬라이드의 표제를 보강하는 것이어야 한다.

도표나 이미지가 보이는 슬라이드와 마찬가지로 중요 항목이 들어 있는 슬라이드도 정보를 제공하고 토론을 촉진할 수 있는 발사대 역할을 해야 한다. 슬라이드의 중요 항목을 순서대로 읽거나 덧붙이는 식으로 그냥 진술하거나 자세히 설명하는 방식은 지루하고 미숙해 보인다. 연사는 스토리나 다른 중요한 세부 사항을 청중에게 전하는 데 시간을 써야 한다.

분류별 정보에 맞게 막대 그래프를 이용하라.

　　대부분의 비즈니스에 데이터가 많은 경우, 프레젠테이션을 뒷받침하는 본문은 슬라이드 안에서 비중이 적게 되고 도표만 주를 이룰 가능성이 커진다. 그러므로 이제는 비즈니스 중심의 도표 중 가장 보편적인 유형을 언제 어떻게 이용할지 뽑아낼 차례다. 이 주제에 대해 더 깊이 알고 싶다면 진 젤라즈니(Gene Zelazny)의 〈매킨지 발표의 기술: 시각적인 소통을 위한 주요 안내서, Say It with Charts: The Executive's Guide to Visual Communication〉나 에드워드 트푸테(Edward Tufte)의 명저인 〈양적 정보의 시각적 표시, The Visual Display of Quantitative〉를 살펴보기 바란다.

　　데이터를 분류별로 표시하기 위해 하나의 축에 각각의 항목을 적을 때, 우리들은 개인적으로 표 9.3의 막대 도표와 같은 막대 그래프를 선호하는 편이다. 흔히 범주에는 지역이나 산

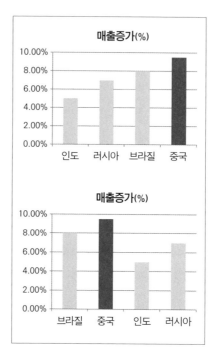

표 9.4 알파벳 순서대로 x축을 배열한 그래프(하)보다는 y축의 값에 따라 x축에 항목을 배열한 그래프(상)가 더 좋다. 물론 무작위로 배열한 그래프보다는 아래 그래프가 더 낫다.

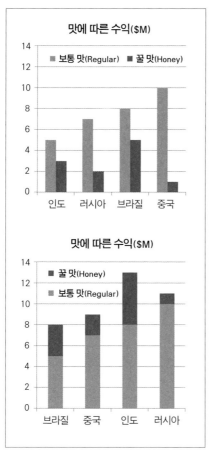

표 9.5 막대를 쌓아 올린 그래프(하)보다는 막대 끼리 옆으로 붙혀 놓은 그래프(상)가 청중의 동향파악을 쉽게 한다.

업, 시간 간격 등이 포함된다. 각각의 범주에 어떤 순서대로 항목을 배열할지는 세심하게 생각해야 한다. 만약 항목이 시간 간격이라면 왼쪽에서 오른쪽으로 배열해야 한다. 그러나 항목이 다른 종류의 데이터라면 다른 식으로 배열할 수도 있다. 가치나 알파벳 순서대로 배열하기도 한다. 우리는 값이 낮은 쪽에서 높은 순서대로, 늘 왼쪽에서 오른쪽으로 배열하라고 권하는 편이다. 그렇게 하지 않으면 청중이 머릿속으로 곰곰이 생각해야 하기 때문이다(표 9.4 참조).

이런 이유로, 막대를 두 개 이상 쌓아 올린 그래프보다 막대끼리 붙어 있는 그래프를 이용하는 것이 더 좋은 방법이다. 단, 막대의 총 높이가 아주 중요한 문제가 아니어야 한다(표 9.5 참조). 막대를 쌓아 올린 도표를 제공할 때는, 기호를 설명하는 범례 항목도 반드시 쌓는 식으로 배열해야 한다. 물론, 막대끼리 서로 옆으로 붙은 그래프를 제공할 때는 범례 항목도 옆으로 나란히 배열해야 한다. 표 9.5는 최상의 방법으로, x축에 놓인 항목의 양을 동일하게 측정할 수 있도록, 동일한 y축을 따라 항목(막대)을 나란히 배열해 놓았다.

끝으로, x축에 항목의 이름을 붙이고 세로 막대를 다는 방법은 연대순 범주에 가장 적합한 방법이다. 하지만 y축에 항목의 이름을 붙이고 가로 막대를 다는 방법은 다른 유형의 정보를 쉽게 읽을 수 있다. 프레젠테이션 소프트웨어를 활용하면 도표의 방향을 쉽게 바꿀 수 있다. 그러므로 시각적으로 가장 잘 끌리고 읽기도 쉬운 것이 무엇인지 실험해야 한다.

조언 A d v i c e **82**
전체에 비해 한 가지 자료의 중요성을 강조할 때는 원그래프를 활용하라.

원그래프(pie chart)는 비즈니스 프레젠테이션에서 두 번째로 많이 사용하는 그래프다. 원그래프는 시장 점유율 같은 것을 보여줄 때처럼, 여러 항목의 중요성을 비교할 필요가 있을 때 선택하는 것이 좋다. 원그래프 속의 여러 항목이 차지하는 비율은 모두 합해서 100퍼센트가 딱 맞아야 한다. 그러나 원그래프의 가장 큰 약점은 하나의 문제에 대해 한 가지 정보만 보여준다는 것이다. 원래 한 가지 정보만 보여주는 것보다는 동향을 알려주는 것이 더 중요하기 때문이다. 예를 들어, 시장 점유율이 8퍼센트일 때 이것이 좋은 것인지 혹은 나쁜 것인지는 지난달의 시장 점유율에 달려 있다. 물론, 하나의

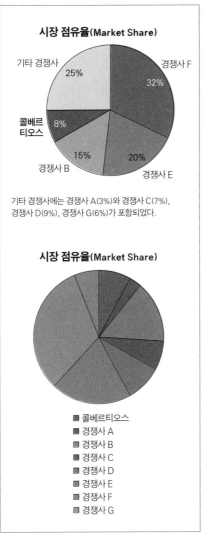

시장 점유율(Market Share)

기타 경쟁사
25%

경쟁사 F
32%

콜베르
티오스
8%

경쟁사 B
15%

경쟁사 E
20%

기타 경쟁사에는 경쟁사 A(3%)와 경쟁사 C(7%),
경쟁사 D(9%), 경쟁사 G(6%)가 포함되었다.

시장 점유율(Market Share)

■ 콜베르티오스
■ 경쟁사 A
■ 경쟁사 B
■ 경쟁사 C
■ 경쟁사 D
■ 경쟁사 E
■ 경쟁사 F
■ 경쟁사 G

표 9.6 원그래프(상)는 청중이 중요한 것을 쉽게 이해할 수
있다.

슬라이드에 기간이 각기 다른 원그래프 두 개를 나란히 놓으면 이런 문제가 해결될 수 있다. 하지만 그렇게 되면 청중이 정신을 더 집중해야 한다. 그러니 시장 점유율에 대한 동향을 알려줄 때는 다른 유형의 그래프를 추가하는 것이 더 좋은 방법이다.

표 9.6의 원그래프(상)처럼 설명이 잘된 훌륭한 원그래프를 만들려면 수준 높은 연습이 필요하다. 대부분은 프레젠테이션 소프트웨어를 활용할 때 아래 원그래프처럼 잘못된 결과를 낳게 된다. 이것은 마이크로소프트 파워포인트로 만든 것이다. 개선된 원그래프는 조각(slice)의 수가 기타 조각을 포함해 최대 5개를 넘지 못하게 제한했다. 기타 조각은 주석으로

뜻을 보충했다. 다음으로는 항목을 크기에 따라 시계 방향으로 배열했다. 사람의 눈은 원래 시계 방향으로 진행되기 때문이다. 또한, 항목의 이름과 값을 그래프에 통합해서 보여주는 것이 바닥의 범례 항목으로 보여주는 것보다 더 낫다. 끝으로, 아래 원그래프의 각 조각은 원래 무지개 색으로 구분되어 있었다. 그 중에 덜 중요한 조각은 같은 무채색 계열로 구분하되 농도만 다르게 하고, 청중의 관심을 끌고 싶은 가장 중요한 조각에만 강조 색(accent color)을 넣었다. 이렇게 모두 바꾼 것은 청중의 부담을 최소한으로 해야 한다는 가장 중요한 원칙에 따른 것이다.

조언 Advice **83**

**많은 양의 데이터 속에 들어있는 패턴이나 동향을 시각적으로
보여주기 위해서는 산포도를 활용하라.**

막대그래프나 원그래프에 데이터가 너무 많아 이름을 붙이기가 어렵다면 산포도(Scatterplot)를 활용해야 한다. 산포도 그래프의 공통 변수는 시계열이다. x축에 시간을 놓고, y축에는 양을 놓는 것이다. 산포도그래프는 대개 도트(점)를 연결해야 한다. 데이터의 폭이 상대적으로 매끄럽다면 각각의 점을 연결한 재기드 라인(jagged line: 선이 매끄럽지 않고 들쭉날쭉하게 뾰족한 선)이 효과적이다. 만약, 데이터의 폭이 너무 크다면 추세선이 알맞다.

가벼운 그래프에서 극단적인 것까지, 어떤 슬라이드의 어떤 요점이든 청중에게 효과적으로 증명할 수 있는 그래프 유형은 매우

다양하다. 폭포 그래프, 영역 그래프, 프로세스 그래프, 계층 그래프, 버블 그래프까지 다양한 그래프를 탐색하는 것이 좋다. 어떤 유형의 그래프를 이용하든 그래프의 기본적인 구성 요소(예를 들어, x축 y축)와 크게 삭제된 것을 모두 설명할 시간이 있어야 한다.

전자 장비와 관련된 프레젠테이션에서 테이블(table: 목록 혹은 표. 보통, 내용 및 숫자 등을 순서대로 가로세로로 나열한 것)은 피하는 것이 좋다. 테이블을 활용하면 청중이 그 내용을 해석하기 위해 다른 유형의 그래프를 볼 때보다 머리를 더 써야 하기 때문이다. 하지만 질적인 정보를 표현하거나, 상하 2단으로 된 2×2 그리드 혹은 상하 3단으로 된 3×3 그리드처럼 데이터를 조금만 표시할 때는 테이블이 효과적이다.

조언 Advice **84**
프레젠테이션을 더 매력 있게 만들려면 이미지를 활용하라.

지금은 큰 회의장에서 하는 기조연설에 오직 생기 넘치는 이미지만 잔뜩 들어있는 것이 연설의 기준이 되어버렸다. 하지만 그런 슬라이드는 비즈니스 회의실에서는 거의 사용되지 않는다. 연사가 중역실에서 테드 스타일(TED-style)의 강연을 하는 것을 회사가 받아들일 준비가 되어 있지 않다면, 프레젠테이션에 이미지가 풍부한 슬라이드 한두 개 정도만 넣어도 더 매력적인 연설이 될 수 있다. 그것은 고객의 반응을 중요 항목으로 요약해 놓은 것을 잔뜩 집어넣는 것보다 훨씬 낫다. 특히, 조사 결과를 짧은 스토리처럼 전할 때,

발표자가 직접 반응을 보인 실제 사진을 활용하면 큰 이득을 얻게 될 것이다.

　사진은 이미지의 연관성이 클수록 더 좋다. 발표자가 검토 중인 체험을 입증할 만한 사진이 있다면 그것을 이용하는 것이 가장 좋다. 만약, 대중적인 사진을 사용해야 한다면 아이스톡포토(iStock-Photo: 이미지 및 사신을 제공하는 곳)처럼 질 좋은 서비스를 제공하는 곳의 사진을 허가받고 써야 한다. 인터넷이나 클립아트(clip art: 문서 등에 삽화로 복사해 쓸 수 있게 프로그램이나 웹사이트에 저장되어 있는 그림이나 기호들)에서 이미지를 복사하는 방법은 둘 다 금물이다. 인터넷을 이용하면 저작권법을 위반하는 것이고, 클립아트를 쓰면 조잡해 보이기 때문이다. 프레젠테이션에 고객이나 다른 외부 고객이 동석한다면 특히 중요한 문제가 된다. 또한 이미지를 사용할 때는 슬라이드 전체를 채울 수 있게 경계선을 없애고 크기를 조절해야 한다.

● ● ● ● ●

　연설 대회에서 경쟁하든 비즈니스 미팅에서 프레젠테이션을 발표하든, 소도구는 부족한 듯이 사용해야 한다. 슬라이드는 메시지를 보강할 때 효과적이 된다. 그러므로 모든 유형의 시각 보조 교재에 대해 디자인의 단순성을 연습하라고 권하고 싶다. 하나의 슬라이드에는 하나의 주안점만 두어야 한다. 그리고 앞의 슬라이드는 질문이 되고, 다음 슬라이드는 답이 될 수 있게, 질문과 답을 유발하도록 만들어야 한다.

지금까지 다양한 연설 상황에서 적용할 수 있도록, 가장 중요한 연설의 내용, 연설의 전달, 토스트마스터즈 경험자들의 최고의 디자인 실습에 대해 다루었다. 다음 장에서는 공들여 만든 멋진 프레젠테이션을 제대로 발표할 수 있도록, 두려움을 극복하는 유용한 조언들을 다룰 것이다.

Chapter 10

자신의 내면에 있는
두려움과 근심을 장악하라

조언 Advice **85**

두려움을 받아들여라.

대중 연설에서 두려움은 결코 제거할 수 없다. 사실, 그 두려움은 제거하면 안 되는 것이다! 그렇다, 그것은 확실하다. 스트레스에 대한 자연스러운 반응인 불안감이 생기면 우리 몸에서 아드레날린이 분비되는데, 아드레날린이 분비되면 신체적, 정신적 수행 능력이 더 좋아진다. 그러니 두려움을 두려워하지 말고, 더 효과적인 연설을 할 수 있도록 두려움을 친구로 받아들여야 한다.

"정말 긴장돼요." 연사들이 토스트마스터즈 미팅에서 즉흥 연설이나 준비된 연설을 시작할 때 무심결에 자주 하는 말이다. 그때 불안해하는 연사들은 주로 이렇게 건설적인 피드백을 받는다. "글쎄요, 그렇게 긴장돼 보이지 않는데요? 그런 말하지 마세요." 그런데 이런 말은 그럴싸한 거짓말이 아니다. 사람들이 정확하게 본 것이다. 그들은 본인이 느끼는 것처럼 그렇게 긴장돼 보이지 않는 것이다.

무엇보다 연사가 살짝 긴장돼 보이면 청중과 진심으로 소통할 수 있다는 사실을 기억해야 한다. 백 년 전의 청중은 고도로 연습하고 웅변 능력을 극적으로 갈고 닦은 연사를 보고 싶어 했다. 하지만 오늘날의 청중은 인간미를 느낄 수 있는 연사와 대화를 나누고 싶어 한다.

우리는 연사의 두려움이 어디서 오는지를 알면 불안감을 잠재울 수 있다. 먼저, 무대에 서면 동물이 무리에서 벗어났을 때 느끼는 것과 같은 정도의 스트레스 반응이 우리 몸에서 생긴다. 과거를 이성적으로 생각할 수 있는 연사들에게도 두려움은 가장 큰 적이다. 과거의 실패에 대한 기억 때문에 두려움이 생길 수도 있다. 혹은, 연설을 마치고 거머쥘 미래의 성공에 대한 기대감 때문에 두려움이 생길 수도 있다. 여기에 대한 치료법은 '현재에만 주의를 집중하는 것'으로, 기대치를 내리는 것이다. 연사는 매 순간마다 다른 무엇도 아닌 '청중에게 메시지를 나누는 것'만을 성공으로 정해야 한다. 연사가 본인의 연설을 듣는 사람들의 삶과 그들의 주변 사람들의 삶까지 개선되는 것을 성공으로 여기기 때문에, 청중의 눈빛에 부담을 느낀다는 것을 알아야 한다.

연설 내용에 자신감을 키우기 위해 피드백이 풍부한 환경에서 연습하라.

사람들이 대중 연설을 할 때 처음으로 두려움을 직면하는 시간은 일반적으로 후반 10여 분 혹은 초반 20여 분에서이다. 대체로 고등학교나 대학교의 커뮤니케이션 수업에서 그런 경험을 한다. 라션다 런들스(LaShunda Rundles, 2008)는 매우 어린 나이에 호된 시련을 겪었다. 연설 전문가인 앤드류 들러겐(Andrew Dlugen)은 한 인터뷰에서 라션다의 경험을 이야기했다. 다음은 그가 밝힌 라션다의 경험이다. "우리 엄마는 영어를 전공하신 학교 선생님이었어요. 엄마는 시를 무척 좋아하셔서 우리 형제들에게 잘못한 일이 있으면 시를 암송하라는 벌을 내리시곤 했어요. 우리는 여러 시를 외우고 그 의미를 효과적으로 해석하는 법을 배우고 엄마의 마음에 들도록 시를 낭송해야만 벌을 면할 수 있었지요."[1]

라션다는 어린 나이에 피드백이 풍부한 환경에서 연습할 수 있는 혜택을 누렸다. 비록 라션다의 엄마 같은 분이 없더라도 기호에 따라 피드백을 받을 수 있는 두 가지 좋은 방법이 있다. 첫째, 자기 모습을 비디오로 녹화해서 연설 장면을 검토하는 것이다. 연설하는 동안에는 어떤 문제가 있는지 탐지하기 힘들지만 녹화된 장면을 보면 언어적, 비언어적 소통 방법에 어떤 문제가 있는지 효과적으로 평가할 수 있다. 필자들은 이런 방법을 활용해서 라이언이 쓸데없는 말을 하는 문제가 있다는 것을 발견했다. 또한, 제러미는 왼팔로는 아무런 몸짓을 취하지 않는 문제점이 있다는 것도 발견했다. 둘째, 다른 사람들로부터 피드백을 받을 수 있다. 이때 본인이 존경할 만한 전문지식이나 기술 및 표현법을 갖고 있는 사람들로부터 피드백을 받는 것이 중요하다. 전문적인 코치의 평가를 받는 경우가 아니라면 의견과 사실을 구분할 필요가 있다. 비전문가의 피드백은 고려할 가치가 있는 의견쯤으로 생각해야 한다. 만약, 비전문가의 의견이 사실이라는 생각이 들면 그때 행동에 옮기면 된다. 그렇지 않을 때는 다른 사람들의 의견도 그의 의견과 같을 때만 행동에 옮겨야 한다. 무엇보다 연설 내용에 편안해지려면 연습, 연습, 연습만이 가장 중요한 열쇠다.

라션다는 자신의 두려움과 엄마가 주신 '시련'을 대중 연설 대회에서 우승자가 되기 위한 대중 연설 훈련 과정이라고 언급했다. 2008년 8월에 발행된 〈토스트마스터즈 매거진, Toastmasters Magazine〉에서 그녀는 우승을 거머쥔 후 이렇게 말했다. "사람들이 제 연설을 듣고 난 후, 자신의 삶이 좋아졌다는 말을 합니다. 이런 말을 듣는 것보다 더 보람된 일은 없어요. 대부분의 사람들은 돈을 쫓지만, 누군가의 영혼에 투자하는 것이 가장 값진 일이죠." 2012년 8월 21일, 루푸스(Lupus: 낭창)를 앓고 있던 라션다는 기나긴 투병 끝에 결국 사망했다. 자매인 소니아 런들스(Sonia Rundles)가 라션다의 연설을 다시 인용하는 것을 넓은 마음으로 허락해주었다. 다른 사람들을 감동시킨 그녀의 목소리가 계속 울릴 수 있게 되었다.

말하라(2008)*

핵심 메시지	자기 표현
시간	7.22분
분당 단어 수	114
분당 웃음 수	2.35

〈도입〉

제가 무대 위로 올라갈 때 저와 함께 무대 한쪽에 서 계시는 엄마는 이렇게 말씀하시곤 했습니다. "라선다, 얼른 해. 네가 돌아올 때까지 엄만 바로 여기 있을게." 그러면 저는 무대 중앙으로 가면서 속으로 이렇게 생각합니다. "만약 신이 없다면 이런 노래를 부르겠지. '어느 기쁜 아침, 이 생명이 끝난다면 나는 날아갈 거야.'" 저는 퍼덕거리지만 날개가 없습니다. 엄마는 제게 약속하신대로 그 자리에 계셨습니다. 저는 엄마와 함께 가야 했습니다. 왜냐하면 저는 나쁜 아이였고, 저를 데리고 그 교회를 떠날 사람은 아무도 없었기 때문이죠.

대회 의장님, 토스트마스터즈 동료 여러분, 그리고 논리를 중요하게 생각하는 모든 분들, 안녕하세요? 저는 이 노래가 끝날 때마다 인사를 한 다음 엄마에게로 달려가곤 했습니다. 그러면 엄마는 저를 구하기라도 한 것처럼 와락 안으셨습니다. 그런데 만약 어떤 사

---

* 라선다 런들스에게 저작권이 있고, 허가를 받고 재인용하였다.

람이 수영을 못하는 사람을 깊은 물속에 집어 던진 후, 물속에 빠진 그 사람을 구하기 위해 물에 들어왔다면 그것은 구조일까요? 저는 그런 일이 살인미수처럼 느껴졌습니다. 하지만 엄마는 깊은 물속 같은 곳에 저를 다시 또 다시 이렇게 계속 집어넣으셨지요.

〈1부〉

제 신경을 가장 건드린 일에 대해 들려드리겠습니다. 저는 우리 마을에 있는 고등학교의 체육 대회 만찬에서 연설을 해야만 했습니다. 제가 살던 곳처럼 작은 마을에서 여덟 살짜리 아이에게 고등학교 체육 대회 만찬은 정말 큰 행사였습니다. 제가 그곳에서 행사를 준비하는데 머릿속에 작은 목소리가 들렸습니다. 시속 10,000마일 (약 16,000km)로 달릴 정도로 빨리 들리던 목소리가 어느 정도 속도를 늦추자 이렇게 들렸습니다. "넌 아직 준비가 안 됐어." 저는 바로 그 순간 엄마가 제 어깨에 손을 올렸다는 것을 느낄 수 있었습니다. 엄마는 물으셨죠. "애야, 준비됐니?" 바로 그 때, 제 혀가 정말 어리석은 짓을 저질렀습니다. 엄마에게 이렇게 소리 질렀답니다. "나 안 할래" 세상이 그 자리에 멈추었고 엄마도 그 자리에 가만히 우뚝 섰습니다.

아무리 노력해야 제 키는 그 때 164cm에 불과했지만, 엄마는 180cm가 넘는 장신이었습니다.

만약 엄마가 화를 엄청 내시면서 키를 높이셨다면, 아마 가발을 쓴 샤킬 오닐(Shaquille O'Neal: 미국 NBA의 유명한 농구 선수)이 서 있는 줄 알았을 겁니다. 그런데 엄마는 이렇게 저를 달래셨습니다. "애야, 너한테는 두 가지 선택권이 있어. 첫째, 그냥 무대에 올라가서 연설을 하는 거야. 둘째, 무대를 그냥 내려와서 바보처럼 보이는 거야." 여러분도 눈치 채셨겠지만, 이것은 선택할 수 있는 일이 아니었습니다. 어쨌든 저는 그날 두려움을 극복하고 목적에 맞게 행동하는 것이 얼마나 중요한지 알았습니다.

〈2부〉

몇 년 동안, 저는 수많은 연설을 하러 다니느라 엄마와 함께 비행기를 타고 이리저리 돌아 다녔습니다. 저는 무대 앞쪽이나 옆쪽으로 가는 것을 정할 때도 엄마의 지시를 따랐습니다. 제가 무언가 잘한 일이 있으면 엄마는 짧게 잘했다는 평가를 해주셨죠. 그런 대로 괜찮았습니다. 하지만 제가 잘못한 것이 있으면, 엄마는 해리포터 소설 속 마녀가 빗자루를 들고 저를 나무라는 것처럼 보였습니다. 어느 날 저는 엄마에게 따졌습니다. "엄마, 정말 왜 이러시는데요?" 그러자 엄마가 몇 분 동안이나 저를 빤히 쳐다보신 것 같습니다. 엄마는 이렇게 말하셨습니다. "라션다, 네가 흑인이라는 말을 엄마가 한 적 있니?"

"글쎄, 없어요."

"이 세상은 네가 흑인이라는 이유로 누가 봐도 확실한 것들을 너에게 가르치려고 들 거야. 하지만 사랑이 있어야 진정 중요한 것이 무엇인지를 네게 가르쳐 줄 수 있단다. 사랑 때문에 엄마가 할 말을 해야 한다는 것도 알아야 해."

<3부>

그런데 어느 날, 우리 가족에게 바위같이 튼튼한, 활력이 넘치는 엄마에 대한 말을 들었을 때, 충격으로 일그러진 제 얼굴을 그려볼 수 있으세요? 가발을 쓴 샤킬 오닐 같은 우리 엄마는 치료가 불가능한 암에 걸렸습니다. 그런데 우리 엄마가 무슨 말을 하셨는지 아세요? 엄마는 아무 말도 하지 않으셨습니다. 저는 그 때 침묵이 정말 무섭다는 것을 알았습니다. 저는 제가 앓고 있는 질병인 루푸스에 대해 말합니다. 전염병이 아니니까 괜찮거든요, 저는 큰 목소리로 말합니다. 왜냐하면 제 목숨을 구할 수는 없을지 몰라도, 언젠가 다른 사람은 구할 수 있다는 것을 알기 때문입니다. 저는 아무도 저를 기억해주는 사람이 없는 것이 죽는 것보다 더 두렵다고 생각합니다. 언젠가 넉 달 동안 병원에서 보낸 적이 있습니다. 몸이 아파 말을 할 수가 없었습니다. 말을 대신하기 위해 펜으로 글을 썼습니다. 언제가 우리는 말할 수 없는 날이 올 것입니다. 결국 우리는 삶의 다른 쪽 문으로 슬며시 들어가게 될 것입니다. 하지만 우리의 말은 씨앗과 같습니다. 이쪽 세상에 씨앗을 심으면, 우리의 생은 불멸이 될 수도 있습니다.

<결론>

여러분은 자신의 목소리를 불멸의 씨앗으로 삼아 말을 하시나요? 두려움을 넘어 말하시나요? 목표를 향해 돌진하시나요? 두려움에 떨며 서 계신가요, 아니면 세상 사람들에게 가장 중요한 것이 무엇인지를 알려줄 수 있도록 여러분 마음속에 있는 사랑을 허락했나

요? 제가 어린 아이였을 때 저를 그토록 두렵게 했던 말들이 이제는 위안이 되었습니다. 그만큼 이해했기 때문이지요. "어느 기쁜 아침, 내 인생이 끝나면." 우리 엄마는 오늘 저를 지켜줄 수 없습니다. 하지만 여러분이 엄마를 대신해 저를 지켜주신다면 엄마는 기쁘실 것이라고 말하셨습니다. 스미스 의장님.

피드백이 풍부한 환경 속에서 연설 소재에 대한 자신감을 키우면, 대중 연설에서 두려움을 관리하는 데 크게 유용할 것이다. 아무리 연설 내용을 완벽하게 숙지하고 전달 방법을 갈고 닦아도 불안감은 끈질기게 남아 있다. 그래서 이 장의 남은 조언은 이런 불안감을 줄이는 데 필요한 간단하고도 효과적인 실천 방법에 초점을 맞추었다.

조언 Advice 87

논리적으로 불확실한 부분은 연설하기 몇 주 혹은 며칠 전에 제거하라.

대중 연설에는 연사가 통제할 수 없는 청중의 반응이 있게 마련이다. 하지만 다음의 연습법을 활용하면 불확실성의 원천을 대부분 제거할 수 있다.

● 연설할 장소를 미리 찾아가서 가는 길과 소요 시간을 알아둔다.
● 연설할 장소의 무대를 확인한다.

● 연설할 때 활용하게 될 기술을 미리 시험해보고, 그 기술이 잘못
될 경우에 대비해 대안을 준비한다.

● 청중의 예상 규모와 실태적인 인구 통계, 관심사 등 청중에 대해
가능한 한 많이 알아본다.

라이언은 실제로 이 조언을 모두 행동으로 옮겼다. 준결승전이
열리기 전에 대회가 열리는 현장 주변에 방을 빌려놓고, 어디에 앉
아 있다가 무대에 어떻게 올라가고 내려올지를 철저히 파악하기 위
해 연설과 관련된 모든 측면을 실습했다.

조언 Advice 88

연설을 시작하기 몇 시간 전부터 스트레스를 줄여라.

아무리 연설을 시작하기 며칠 혹은 몇 달 전에 논리적으로 불확
실한 부분을 없애서 불안감을 조절했다고 해도, 연설을 시작하기 몇
시간 전에 갑자기 불안감이 일어날 수가 있다. 그럴 때는 다음에 나
열한 여러 가지 방법 중에 한 가지 이상을 적용해서 스트레스를 줄
여야 한다.

● 연설 전날 숙면을 취하려면 밤늦은 간식이나 술은 피해야 한다.

● 카페인이 없는 따뜻한 음료수를 마시고 음식은 가볍게 먹는다.

● 음악을 듣는다.

● 호흡훈련이나 명상, 요가로 심신을 이완하라.

- 눈에 보이는 힘을 얻기 위해, 마치 이미 연설을 성공적으로 마친 것 같은 말을 자기 자신이나 친구에게 하라.
- 가족이나 친구에게는 응급 상황일 때만 연락하라고 알려준다.
- 연설 현장에 맞게 깨끗하고 편안한 옷을 미리 두 벌 정도 준비해 두었다가, 옷이 잘못될 경우를 대비해서 하나는 입고 가고, 다른 하나는 가지고 간다.
- 청중과 미리 접촉해 본다(단, 자신의 목소리를 아끼기 위해 말하기보다는 듣는 데 주력한다).
- 성공에 대한 생각을 바꿔라.

조언 Advice 89
연설 속도를 늦춰라.

전미 음성 및 연설 연구소(National Center for Voice and Speech)에 따르면 미국인이 대화하는 속도인 분당 말하는 단어 수는 평균 150개라고 한다.[2] 프레젠테이션을 하는 동안에는 이보다 속도를 늦춰야 한다. 하지만 긴장되면 자기도 모르게 말하는 속도가 빨라진다. 참고로 세계 대회 우승자들은 분당 평균 125단어를 말한다고 한다. 라션다 런들스의 분당 평균 단어 수는 114개였는데, 다른 사람들보다 살짝 느린 편이었다.

스트레스를 받으면 자연스럽게 말이 빨라지는 경향이 있다. 이런 성향을 고치는 방법은 무척 많다. 첫째, 거의 모든 문장이 끝날 때마다 폐에 공기를 가득 채울 시간을 갖는다. 이렇게 하면 음성이 더 풍부해지는 이점도 얻을 수 있다. 둘째, 쉼표에서 한 박자 쉬고, 마침표에서는 두 박자 쉬는 것이다. 이렇게 하면 청중의 이해력을 높일 수 있다. 셋째, 모든 단어를 명확하게 발음한다. 단, 꾸미지 않은 자연스러운 소리를 내야 한다.

만약, 수영장에 갈 기회가 있다면 빠른 말을 고쳤던 라이언의 색다른 방법을 시도해볼 수 있다. 라이언은 세계 대회를 준비하는 동안, 물 속에서 연설 연습을 했다. 물 속에서는 첫째, 입을 벌리기가 어렵고, 둘째, 공기 때문에 어쩔 수 없이 잠깐씩 멈춰야 한다.

· · · · ● ·

연설에 대한 두려움을 연설의 실행 능력을 높이는 것으로 여겨라. 그렇게 하는 것이 없애야 할 것으로 여기는 것보다 훨씬 좋기 때문이다. 물론, 연설을 시작하기 몇 달, 몇 주, 며칠, 몇 시간, 몇 분 전에, 심한 경우 연설하는 중간에도 생기는 두려움을 극복하는 좋은 실천 방법은 여전히 많이 있다. 먼저, 두려움을 길들이는 데 필요한 가장 중요한 첫걸음으로, 두려움이 왜 생기는지 그 이유를 알아야한다. 그리고 자신이 조절할 수 있는 것은 스스로 조절해야 한다. 또한, 자신이 직접 조절할 수 없는 불안감을 가라앉히려면 스트레스를줄이는 방법을 활용해야 한다.

일단, 자신의 두려움을 관리하는 방법을 배웠다면, 이제는 세계대회나 개인 생활 중 연설할 자리에 입장할 준비가 된 것이다. 다음장이자 마지막 장인 11장은 이 점에 초점을 맞추었다.

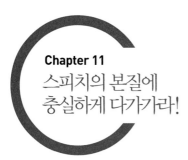

Chapter 11
스피치의 본질에
충실하게 다가가라!

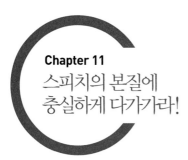조언 Advice **90**

연설하는 순서는 중요하지 않다. 가장 중요한 것은 연설의 수준이다.

자신의 바로 앞에서 연설을 마친 사람이 정말 뛰어난 연설을 선보이면, 긴장한 채로 무대에 입장하면서 이렇게 생각하는 사람들이 있다. "바로 다음에 내가 걸리다니 정말 힘들겠는걸." 하지만 과연 이렇게 두려워하는 것이 맞는 일일까? 자, 세계 대중 연설 대회를 잘 들여다보자.

연설 대회를 두고 흔히 전해지는 통설 중에 이런 말이 있다. 그것은 "아무리 효과적인 연설을 하더라도 우승할 가능성은 거의 없다."는 말이다. 특히, 첫 번째 순서로 나와 연설을 하는 것은 '죽음의 입맞춤'(the kiss of death)으로 간주된다. 어떤 면에서 보면 맞는 말이기도 하다. 결국, 심사위원들은 누가 잘했는지 아직 측정하지 못했고, 순서가 나중인 참가자들은 연설 솜씨를 조절하여, 앞선 참가자들을 간신히 이길 수도 있다.

과거에 세계 대회 우승자들은 연설 순서를 알기 위해 심사위원진을 곁눈질하며 엄청난 에너지를 썼다. 하지만 그런 행동은 불필요한 불안감을 일으키기 때문에, 굳이 할 필요가 없다.

1987년부터 2012년까지 우승자의 평균 연설 순서는 5.6번이었다. 해마다 평균 9.2명이 결선에 진출하기 때문에, 연설 순서상의 편차가 없다면, 우승자의 평균 순서가 4.6번이 될 것이라고 예상하기도 한다. 그러나 단 26년간의 자료만으로 나온 4.6번이 통계상으로 5.6번과 얼마나 다른 의미가 있겠는가? 그래서 우리는 대학 시절에 봤던 통계학 교과서를 다시 들추는 독자들의 수고를 덜어줄 생각이다. 통계학적으로 충고하는데, 연설 순서가 1번인 것은 전혀 걱정할 일이 아니라는 말이다. 우승자의 평균 순서가 5.6번이라는 것은 특별한 범위에서는 맞는 말이지만, 여전히 평범하게 해석될만한 말이다.

26년 동안의 우승 순서라는 편견이 없다면, 첫 번째 연사가 우승을 거머쥔 횟수는 두세 번 정도가 되어야 할 것이다. 그런데 정말 딱 그 정도 수치가 맞아떨어졌다. 1991년과 1992년에 순서가 첫 번째였던 데이비드 로스와 다나 라몬이 우승한 것이다. 반면, 지난 26년 동안 네 번째 연사가 우승한 사례는 아직 없었다. 사실, 세계 대중 연설 대회에서 연사의 연설 순서가 중요하다는 통계학적인 증거는 전혀 없다.

그러니 마음을 비우라. 연사에게는 연설 순서를 결정할 수 있는 권한도 없거니와, 그것은 중요한 일도 아니기 때문이다. 언제나 최고의 연설이 우승하는 법이다.

사실, 어떤 경쟁에서든 최고의 적은 바로 나 자신이다. 내가 첫 번째건 네 번째건 마지막이건, 순서는 전혀 중요하지 않다. 단지, 유추만으로 같이 일하는 동료를, 승진을 가로막는 적수로 보지 말아야 한다. 또한, 새로운 계약에서 이기기 위해 같이 경쟁하는 사람을 적수로 보는 것도 금물이다. 연설 대회와 마찬가지로 비즈니스 프레젠테이션에서도, 청중을 참여시키고 설득하고 감동을 줄 수 있는 연설 메시지를 편안하게 전달하는 것에 초점을 맞추고 연습해야 한다. 자신을 믿을 때, 자신의 메시지를 믿을 때 결코 지지 않을 수 있다. 잠재적 고객에게 최종 프레젠테이션을 해야 할 계획이 있다면, 또 그 고객이 이미 다른 사람 10명으로부터 프레젠테이션을 받은 상황이라면, 최고의 가치를 제공하는 사람에게 영업이 돌아간다는 사실을 믿어야 한다.

조언 Advice **91**

규칙이 없는 것이 바로 규칙이다.

비카스 징그란(2007)은 우리와 대화를 나눌 때 이런 말을 했다. "세계 대중 연설 대회에서 이기고 싶다고 말하면, 사람들은 '꼭 지켜야 할 10가지' 같은 온갖 종류의 조언을 해줍니다. 하지만 저는 그런 말을 정말 멀리합니다. 연설 대회에서 우승하기 위해 꼭 해야 할 일 같은 것은 없다고 생각해요. 독창적인 것이 좋지요. 자신에게 맞는 것이 무엇인지 생각해보고, 그대로 따르는 것입니다."

비카스의 말은 우리의 철학과 같았다. 어떤 상황이라도 우승 연설을 전달하기 위해 반드시 해야 할 일 같은 것은 없다는 생각 말이다. 하지만 사실, 연사 입장에서 아무것도 하지 않는다는 것은 정말 힘든 일이다. 아무것도 하지 않으려면 우선 자신을 잊어버려야 한다. 그리고 청중에게 전해줄 메시지를 진실한 대화처럼 정서적으로 울림이 있는 목소리로 전하는 데 초점을 맞춰야 한다. 연사가 '아무것도 하지 않을 때' 언어적 소통과 비언어적 소통이 완벽한 조화를 이룰 수 있다.

크레이그 발렌타인(Craig Valentine, 1999)은 우승 연설을 할 때, 여러 가지 규칙을 내버렸다. 먼저, 분당 단어수가 198개일 정도로 말하는 속도가 너무 빨랐다. 또한 연설 속에 자살을 언급했는데, 이는 우승하기에는 너무 어두운 것이었다. 인용문으로 연설을 시작한 것도 진부한 방식이었다. 그리고 12초나 멈춘 다음에 연설을 마쳤는데, 이것은 너무 오랫동안 시간을 끈 것이었다. 하지만 이 모든 것이 효과를 보았고, 그 연설은 역사상 가장 존경받는, 잊지 못할 우승 연설 가운데 하나가 되었다.

실제연설문 11 ▶▶

성취의 열쇠(1999)[*]

핵심 메시지	마음 챙김

* 이 연설문의 원문은 http://www.craigvalentine.com에서 인용하였다.
  크레이그 발렌타인의 연설에 대한 통찰은 262쪽부터 요약되어 있다.

시간	6.48분
분당 단어 수	198
분당 웃음 수	2.16

〈서론〉

대회 의장님, 토스트마스터즈 동료 여러분, 그리고 반가운 손님과 심사위원님, 몇 년 전 저는 저 자신과 대화를 나누었습니다. 제 인생을 곰곰이 돌아보니 불행하게도 죽음이 떠올랐습니다.

아시다시피 레스 브라운은 이런 말을 했습니다. "나는 아팠고, 아픈 것에 정말 질려버렸다." 저는 그 때 직업과 인간관계, 그리고 삶까지 모두 막다른 길에 몰렸습니다. 신사 숙녀 여러분, 저는 도움이 필요했습니다.

〈1부〉

제가 캘리포니아 벤투라(Ventura)에 위치한 호텔 14층에 묵고 있던 어느 날, 일몰을 볼 수 있는 객실(Sunset Room)에서 처음으로 태평양 너머로 지는 태양을 바라보았습니다. 그때 저는 처음으로 죽음에 대해 곰곰이 생각하고 있었습니다. 그 순간, 우유 잔에 쿠키를 적실 때처럼 해가 태평양에 떨어지더니 얼마 후 사라져버렸습니다.

저는 제 옆에 놓인 거울을 바라보았습니다. 그런데 그때 마침 거울 속에서 제 모습이 튀어나와 제 옆으로 걸어오더니 저와 눈을 마주치고는 제 얼굴을 빤히 바라보는 것 같았습니다. 저는 자신과 대화를 나누는 일이 많습니다. 태양이 있던 곳을 되돌아보며 이렇게 말했습니다. "와, 정말 멋진걸. 지금까지 본 것 중에 가장 아름다운 일몰 장면이야." 저는 태양이 그렇게 빨리 질 줄은 몰랐습니다.

그때 거울 속 제 모습이 저를 보고 세 마디 말을 던졌습니다. 이런 말을 들을 줄은 정말 몰랐습니다. 저를 빤히 보더니 이렇게 말하더군요.

"넌 참 바보야."

"뭐라고?"

"들었잖아. 너 바보라고."

제가 물었습니다. "내가 왜 바본데?"

그가 이렇게 대답했지요. "크레이그, 태양이 돈다고 생각하는 사람은 누구든 바보잖아."

"이런, 태양이 돌지 않는다는 것은 나도 알아. 도는 것은 지구지. 하지만 누가 상관하겠어? 그게 무슨 차이가 있냐고?"

"차이가 엄청 많지."

"뭐가 그렇게 다르냐고?"

"크레이그, 태양은 네 영혼을 나타내고, 지구는 너를 나타내. 지구는 태양의 주위를 돌다가 태양에 등을 돌리지. 그러면 이 세상의 일부가 어두워져. 그러니 네가 네 영혼에 등을 돌릴 때, 너의 일부가 어두워지는 거야. 그런데 태양이 움직인다고 생각하는 너 같은 사람들은 영혼이 움직인다고 생각하지. 너도 그런 사람들이 하는 얘기는 들어봤을 거야. '오늘 기분(영혼)이 가라앉았네. 오늘은 기운(영혼)이 없네. 아무래도 상점에 가서 와인이랑 다른 술도 좀 사와야겠어.' 하지만 실상을 들여다보면 네 영혼은 늘 좋아. 태양이 늘 반짝이면서 사람들의 길을 안내할 준비가 돼 있는 것처럼, 네 영혼도 신호등 같은 역할을 할 준비가 돼 있는 거지. 하지만 네가 네 영혼에 등을 돌리면서 여러 가지 생각을 하는 거야. 위와 아래, 좋은 일과 나쁜 일, 앞과 뒤, 안과 밖을 살피는 거야. 하지만 결국 네 영혼에 등을 돌린 건 바로 너야. 그래서 발을 헛딛고 넘어지는 거지."

저는 거울 속 제 모습을 바라보고 여러분이 지금 저에게 물어볼 것 같은 질문을 했습니다. "그게 무슨 말이야?"

그러자 거울 속 제 모습은 저를 위해 다시 한번 천천히 설명했습니다. 오늘 저도 여러분을 위해 그렇게 말하고 싶네요. "태양은 네 영혼을 나타내. 늘 반짝반짝 빛을 내면서 네가 가야할 곳을 알려주고, 네가 일을 성취할 수 있도록 도와줄 준비가 돼 있어. 지구는 너를 나타내. 지구가 태양에 등을 돌리면 세상의 일부가 어두워지는 것처럼, 네가 네 영혼에 등을 돌리면 네 일부가 어두워지지."

그리고 이런 말을 덧붙였습니다. "사람들은 모두 자기 영혼에 같은 짓을 하지. 우리는 영혼의 말에 귀를 기울이지 않아. 그러면 그런 사람들의 세상은 무너지는 거야."

〈2부〉

저는 거울 속 제 모습의 말을 이해했습니다. 그래서 분명한 질문을 던졌습니다. 저는 그를 쳐다보며 이렇게 말했습니다. "반영(Reflection)." 제가 거울 속 제 모습을 부르는 이름입니다. "그럼 어떻게 하면 내 자신이 내 영혼에 등을 돌리는 짓을 멈출 수 있지?" 그는 제 물음에 답을 하지 않았습니다. 그래서 다시 물었습니다. "반영, 조금 전만 해도 그렇게 말이 많았잖아. 어떻게 하면 내 자신이 내 영혼에 등을 돌리는 짓을 멈출 수 있냐고? 어떻게 하면 늘 내 영혼의 안내를 받을 수 있냐고?" 하지만 그는 여전히 아무런 말도 하지 않았습니다. 아니면 그가 답을 한 것일까요?

저는 가만히 서서 생각에 잠겼습니다. 저는 원래 이렇게 서서 생각에 잘 잠깁니다. "침묵, 그래 바로 이거야. 침묵이 답이라고. 네가 나한테 하려고 했던 말이지. 나는 단지 침묵하면서 가만히 내 영혼에 귀를 기울일 시간을 갖지 않았던 거야. 그저 온갖 사람들한테 맞는 사람이 되도록 노력하느라 너무 바쁜 나머지 침묵할 시간을 갖지 못했어. 침묵이 바로 답이지. 그렇지?"

그는 긍정적인 의미로 '응'이라고만 대답했습니다.

저는 다시 물었습니다. "그럼 이제 나는 어떻게 해야 해?"

그는 소리쳤습니다. "입 좀 닥쳐!"

신사 숙녀 여러분. 저는 단지 매일 적어도 5분간은 철저히 침묵하며 가만히 있었습니다. 그런데 제 인생이 헤아릴 수 없을 정도로 바뀌었습니다. 하지만 세상은 침묵이 부족한 곳입니다. 여러분이 만약 저와 같은 상황이라면 아침마다 귓속에 울리는 자명종 소리에 눈을 뜨실 겁니다. 삶이 시작됐다는 첫 번째 신호입니다. 이곳에는 침묵이 없습니다. 그리고 바로 샤워기 속으로 뛰어들 것입니다. 등줄기에 내리는 샤워기 물속에서 노래를 부르겠지요. "난 내 방식대로 살았어"(I did it my way: 프랭크 시나트라의 인기곡 'My Way'의 일부). 하지만 그렇다고 여러분이 노래를 그렇게 잘한다는 뜻은 결코 아닙니다. 이제 여러분은 샤워기를 빠져나와 자동차를 탑니다. 차에 타자마자 라디오의 아침 토론 프로그램을 틉니다. 이곳에도 침묵은 없습니다. 이제 여러분은 직장에 갑니다. 부하직원이나 상사들에게 말을 걸지요. 직장일이 끝나면 다시 차에 오릅니다. 이번에도 라디오를 켭니다. 이번에는 집에 가장 빨리 가는 길을 알기 위해 교통 방송을 틉니다. 이제 당신은 집에 들어서자마자 텔레비전 앞에 털썩 주저앉습니다. 그리고 앨리 맥빌이나 펠리시티, 도슨의 청춘 일기 등, 그날 밤 방영되는 프로그램이면 무엇이라도 시청합니다. 여러분은 간단히 저녁을 먹고 잠자리에 듭니다. 이제 다시 모든 과정이 그대로 반복됩니다.

신사 숙녀 여러분, 버거킹 광고에서 클라라 할머니는 이렇게 물었습니다. "소고기가 어디 있는 거야?" 저도 이렇게 묻고 싶네요. "침묵은 어디 있나요? 도대체 어디 있냐고요?"

⟨3부⟩

다음 날 저는 친구 존이 스케이트보드를 타고 가는 것을 보았습니다. 저는 그를 따라 달려가며 말했습니다. "존, 너 지금 막다른 골목으로 스케이트를 타고 가는 걸." 하지만 그는 계속 그 길로 갔습니다. 그래서 다시 이렇게 말했습니다. "존, 너 막다른 골목으로 가고 있다고." 하지만 그는 계속 스케이트를 타고 갔습니다. "존."하고 다시 불렀습니다. 오, 이런. 그는 제 말을 들을 수가 없었습니다. 헤드폰을 끼고 있었거든요.

제가 아무리 존에게 이야기를 전하려 해도 존은 듣지 않았습니다. 마찬가지로 우리의 영혼도 우리에게 다가와 우리가 원하는 것에 대해 모두 알려주려 합니다. 하지만 우리도 존처럼 다른 것에만 주의를 기울입니다.

〈결론〉

신사 숙녀 여러분, 제가 지금 무슨 말을 하려는 것일까요? 제가 하려는 말은 바로 이것입니다. 매일 5분만 침묵할 시간을 가지라는 것입니다. 그러면 남은 23시간 55분이 평온과 평정, 평화로 꽉 찰 것이라고 장담할 수 있습니다. 전에는 있는지도 미처 몰랐던 것들이지요. 5분간의 침묵으로 우리 몸 구석구석에서 자신감이 흘러나올 것입니다. 단, 5분간의 침묵으로 여러분은 성취감을 느끼게 될 것입니다. 제가 그걸 어떻게 아냐고요? 제가 이 자리에 있으니까요. 저는 이제 더 이상 제 삶을 의식하지 않습니다. 두려워하지도 않고요. 이 모든 것은 제가 제 영혼에 귀를 기울인 덕분이지요.

신사 숙녀 여러분, 저는 오늘 여러분이 한 가지라도 얻어 가시기를 바랍니다. 이것은 연사로서 제가 지금까지 했던 그 어떤 말보다 더 막강한 것입니다. 토스트마스터즈로서 지금까지 할 수 있었던 그 어떤 말보다 더 의미 있는 것이지요. 여러분이 이것[12초간 침묵함]을 가져가시길 바랍니다. 감사합니다.

한 번에 한 가지 기술에만 공을 들이면서 연습하라.

우리는 지금까지 가장 단순하고 가장 좋은 조언을 아껴두었다. 대중 연설에 대해 독자 여러분이 읽고 싶은 만큼(우리 저자들이 쓰고 싶은 만큼), 여러분은 피드백이 풍부한 환경에서 정기적인 연습을 통해 기술과 자신감을 더욱 빨리 얻게 될 것이다. 연사는 연설을 연습할 때, 한 번에 한 가지 기술에만 초점을 맞춰서 능숙한 수준에 이를 때까지 노력해야 한다. 통달이라는 말 대신 능숙하다는 표현을 쓴 데는 이유가 있다. 언어적·비언어적 소통 기술만을 완벽하게 숙달하려고 끊임없이 추구하다가는, 메시지를 효과적으로 전달할 때 가장 중요한 것이 무엇인지를 쉽게 놓칠 수 있기 때문이다.

그러면 실력이 아무리 개선되고 다른 사람들이 연사에게 훌륭한 프레젠테이션을 발표했다고 칭찬해도 별로 좋은 일이 아니다. 게다가 다른 기술에 공을 들이는 사이 원래 기술이 살짝 퇴보한다고 놀라지 말아야 한다. 그것이 정상이다. 연설을 할 때는 잘된 것은 즐기고, 그렇지 못한 것이 있으면 그것을 통해 무언가를 배우면 된다. 무엇보다 자신의 생각과 경험을 통해 세상을 좀더 나은 곳으로 만들 수 있는 재능을 청중들에게 나눠준다는 사실을 즐겨야 한다.

· · · · ·

대중적인 의견과는 반대로 연사가 받을 수 있는 가장 큰 칭찬은 기립 박수가 아니라, 동료나 회의 참석자들의 기대 섞인 말이다. "다

음 번 프레젠테이션이 정말 기대됩니다." 세상 사람들이 손가락 끝
으로 디지털 기기에만 정신이 팔려있을 때, 연사에게 이런 말은 '정
말 소중한 내용을 진실하고 일관되게 전달하는 사람'이라는 명성의
표시가 된다. 연사가 본인의 연설 내용과 전달 방법, 연설 계획에 매
달리고 청중에게 기댈 때, 청중도 연사의 말에 귀를 기울일 것이다.

SPEAKER LEADER CHAMPION

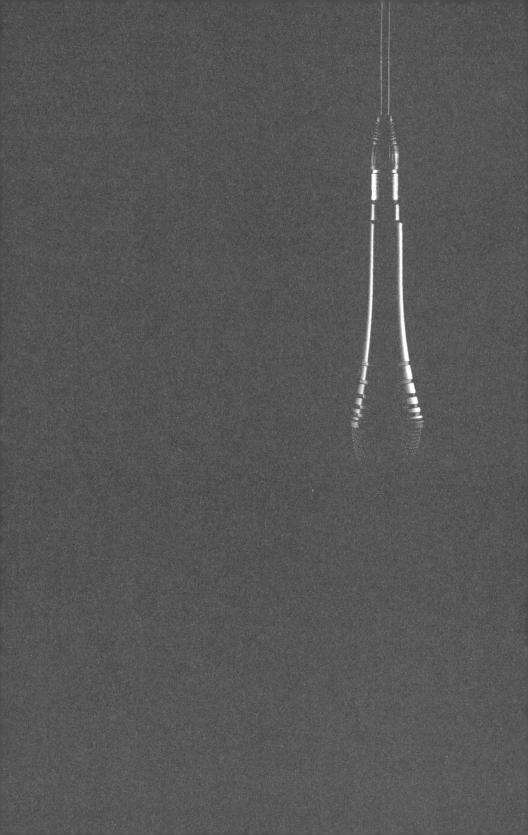

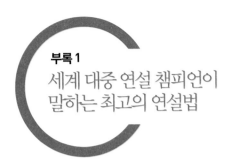

부록 1
세계 대중 연설 챔피언이
말하는 최고의 연설법

이 책의 목적은 토스트마스터즈 세계 대중 연설 대회의 연설을 낱낱이 분석해서, 이들이 가진 가장 좋은 방법을 독자 여러분이 생활에 적용하고, 직장과 개인의 생활 속에서 쓸 수 있는 말의 위력을 습득하는 데 있다. 그러므로 혹시 여러분이 토스트마스터즈에 가입한다면 서로 경쟁하는 대중 연설 대회를 염두에 두지 않아도 된다. 하지만 혹시 경쟁할 생각이 있다면 필자들은 많은 우승자들의 정확한 통찰력으로 여러분을 응원할 생각이다.

끝으로 우리 필자들은 세계 대회 우승자 몇 명에게 한 가지 질문을 던졌다. "토스트마스터즈 세계 대중 연설 대회에서 우승하는 방법에 대해 최고의 조언을 하나씩만 해준다면 어떻게 조언하고 싶나요?" 이들이 내놓은 대답은 꽤 중복되고 한결같았다. 다음은 이들이 말한 요지를 마음가짐, 내용, 전달 등의 범주로 나누어 요약해 놓은 것이다.

마음가짐

● 오직 두 가지 이유만을 놓고 경쟁하라. 첫째, 세상을 좀 더 나은 곳으로 만들겠다는 메시지를 이야기하겠다고 생각하라. 둘째, 연설 전달과 피드백, 수정 및 검토를 통해 연설을 완벽하게 만드는 경험을 하겠다는 생각을 가지라. 특히 이 두 가지 이유는 우승과는 전혀 상관이 없다는 사실에 주목해야 한다.

● 연설할 때는 연사 자신이 아닌 청중에만 초점을 맞추라.

● 청중을 연사 자신과 동등한 사람으로 여기고 대화하듯 이야기하라.

● 본인이 염원하는 대회의 수준에 맞는 코치와 일하라.

● 대회의 판정 기준을 빠르고 분명하게 만족시키라.

내용

● 본인이 매우 감동했던 이야기로 시작하라.

● 주된 스토리 하나를 단지 이야기하듯 하지 말고, 실제 체험 하듯이 표현하라. 그 이야기로 요지 한 가지를 만들라.

● 메시지를 전달하지 못하는 내용은 모두 과감히 없애라.

● 연설의 말미에 그 이야기의 교훈을 명백히 밝히라.

● 본인의 취약함을 드러내서 청중과 유대감을 형성하라.

● 각계각층의 다양한 청중이 모두 본인의 이야기에 마음이 통할 것이라고 확신하라.

전달

● 대회의 수준에 따라 청중의 규모가 커질수록 계속해서 이야기를
더 자세히 설명하라.

● 연설 내용을 암기하지 말고 내면화하라. 그래야 감정의 흐름과 진
실성을 유지할 수 있다.

● 말로 하는 소통과 몸짓 및 표정으로 하는 소통은 자연스럽고 편안
하게 하라.

● 남보다 두드러져 보이려면 한 가지 독특한 것을 보여주어야 한다
(단, 다방면에 걸친 연습으로 위험 요소를 없애야 한다).

데이비드 브룩스(1990)

통찰력 1

프레젠테이션의 수준은 발표 순간의 청중에 맞춰라.

1986년 오스틴(Austin: 미국 텍사스 주의 주도)에서 저는 매우 재능
있는 연사인 데이비드 아벨(David Abel)로부터 많은 것을 배웠습니
다. 그가 우리 클럽을 방문했을 때, 저는 속으로 이렇게 생각했습니
다. "와, 정말 웅변을 잘하네." 저도 그처럼 깜짝 놀랄 만큼 멋진 연사
가 되고 싶었습니다. 그는 제 마음속에 연사로 자라고 싶다는 희망
의 씨앗을 심어주었습니다.

4, 5년 동안 데이비드와 저는 친구로 지냈습니다. 언젠가 그가
제게 이런 말을 한 적이 있습니다. "나는 세계 대중 연설 대회에서

우승할 수 있는 연설을 쓰고 있어. 이제 내가 속해 있는 클럽에서 벗어날 수 있는 연설을 찾는 일만 남았지."

여러 단계의 연설을 하다보면 각각의 단계별로 성장해야 합니다. 다시 말해, 클럽에서 하는 연설로는 세계 선수권 무대에 설 수 없다는 뜻이지요. 거꾸로 국제 대회 결승전에 오를 수는 없어도 클럽에서는 이길 수 있다는 뜻이 됩니다.

대회마다 성격과 도전이 다 다릅니다. 청중과 대회장 무대도 다릅니다. 특히 이 부분이 중요한데, 심사위원의 경험과 원숙함, 전문성이 다 다르다는 것입니다. 물론 이 부분이 결정적이라는 뜻은 아닙니다. 하지만 위대한 우승자들 가운데 클럽 대회에서는 이기지 못한 사람들이 많습니다. 단지 심사위원들이 방금 들은 연설의 진가를 알아볼 만한 경험이 없다는 것이 이유였습니다. 예를 들어, 크레이그 발레타인의 1999년도 우승 연설은 정말 멋지지만 특히 까다로웠습니다. 그는 말을 몹시 빨리 했습니다. 하지만 곧 주된 메시지는 천천히 반복해서 말했습니다. 만약 그가 클럽에서 이렇게 연설했다면 우승할 수 있었을지 의문이 듭니다.

또 다른 사례가 있습니다. 몇 년 전, 오스틴의 또 다른 클럽에서 매우 재능 있는 연사인 마이클 홀먼(Michael Holman)의 연설 장면을 봤습니다. 저는 원래 지역 대회에 나가기 전에 경쟁 상대를 자세히 살피기 위해 다른 지역에도 가보는 편입니다. 그의 지역 대회는 매우 작은 방에서 열렸습니다. 한 50평방피트(약 4제곱미터)정도 되는 크기의 방에 30명이 모였습니다. 그는 정말 강렬한 연설을 펼쳤습니다. 문제는 그가 연설 현장을 지나치게 압도한 데 있습니다. 그의 연설 솜씨는 연설 현장과 청중이 감당하기에는 지나치게 강렬했습니다. 몇 년 후, 그는 200명 정도를 수용할 수 있는 큰 방에서 바로 그 연설을 펼쳤습니다. 저는 그때 연설 솜씨는 현장과 조화를 이뤄야 한다는 사실을 배웠습니다.

훌륭한 연설을 쓰려면 예술적인 편집이 아닌, 실제적인 편집이 필요하다.

훌륭한 글쓰기는 어휘 선택과 이야기 구조를 잘 조합하는 데 달려 있습니다. 예를 들어, 1998년 릭 브런튼(Rick Brunton)은 완벽하게 매끄러운 한 편의 파노라마 같은 연설을 7분 동안 펼쳤습니다. 각 장이 다음 장으로 넘어갈 때는, 합당한 이유가 있었습니다. 단어나 생각을 잘못 배치한 부분은 한 군데도 없었지요. 주된 생각과 메시지가 강렬했고, 편집은 더없이 강렬했습니다. 하지만 그는 우승하지 못했습니다. 아니 3위 안에 들지도 못했습니다. 이유가 무엇일까요? 통찰력 1의 내용을 다시 찾아보면 이런 말이 있습니다. "방금 들은 연설의 진가를 알아볼 만한 경험이 없는 심사위원들이 있다." 저는 이 연설이야말로 그런 심사위원들이 제대로 진가를 알아주지 못했던 보석 같은 연설이라고 주장하고 싶습니다. 그의 연설을 세 번혹은 네 번 정도 주의 깊게 들어보세요. 그러면 그 연설의 예술성을 알아볼 수 있을 것입니다.

쟉 엘리어트가 우승했던 대회에 참석하지 못한 것이 저에게는 가장 후회스러운 일 중 하나입니다. 쟉과 저는 1990년부터 서로를 상대로 경쟁하면서 친구가 되었습니다. 그는 아이디어와 어휘를 가다듬는 데 최고의 실력을 갖춘, 그야말로 예술가와 같은 존재입니다. 메시지의 순도를 제대로 감상할 수 있는 능력을 갖춘 것도 대단한 장점이지요. 그의 연설에서 불필요한 동작이나 움직임은 전혀 찾을 수 없을 것입니다. 그가 우승을 거머쥐었을 때 저는 전율했습니다. 때로는 글 솜씨가 좋은 사람이 우승할 때도 있다는 사실을 보여주는 것이니까요.

통찰력 3
완벽한 연설의 경험을 쌓기 위해 대회에서 경쟁해보라.

제가 반드시 언급해야 할 또 다른 의견은 마음가짐에 관한 것입니다. 세계 챔피언이 되기 위해 토스트마스터즈 대회에 나가는 것은 최악의 이유라고 말하고 싶습니다. 만약 무언가를 이기고 싶다면 차라리 복권을 사는 것이 낫습니다. 이길 확률은 거의 같지만 수고는 훨씬 덜 드니까요.

그 대신 보다 나은 연사가 되기 위해 경쟁을 활용하는 것을 목표로 잡아야 합니다. 연설 대회는 연설 실력을 가장 많이 개선할 수 있는 가장 빠른 지름길입니다. 대회를 통해 여러분은 클럽에서 연설할 때보다 더 훌륭한 경쟁을 치르게 됩니다.

토스트마스터즈 국제 대회의 매뉴얼은 참가자에게 다양한 음성과 손짓 같은 특정 연설 기술을 개발하라고 권유하는 장점이 있습니다. 하지만 토스트마스터즈 프로그램에는 반드시 충족시켜야 하는 매뉴얼도 있습니다. 매뉴얼에 따라 참가자는 처음의 연설로 돌아가서 수정해야 합니다. 그리고 다시 수정하고, 또 수정하고, 또 다시 수정해야 합니다. 네다섯 번 정도 수정하고 나면 좋은 결과를 볼 수도 있습니다. 이 점이 바로 토스트마스터즈 대회에 참가하는 이득입니다. 계속 앞으로 나가기 위해, 참가자는 연설을 하나만 가져가서 그것을 수정하고, 재수정하고, 재-재수정해야 합니다. 좋은 연설을 하게 될 때까지 해야 합니다. 첫 시도에 훌륭한 연설이 탄생하는 경우는 극히 드뭅니다.

마크 브라운(1995)

통찰력 1

보편적으로 누구에게나 통할 수 있는 알찬 메시지를 갖춰라.

유머가 있고 재미있고 매력적인 연설이라도 메시지가 없다면 청중은 그 내용을 기억할 수 없습니다. 연설의 메시지는 먼저 청중을 위한 가치로 해석해야 합니다. 그래야만 비로소 심사위원들의 표를 받을 수 있습니다.

대회 참가자들이 제게 이런 질문을 자주 던집니다. "완벽한 주제는 어떤 것이죠?" 완벽한 주제란 없습니다. 그저 진정을 다해 연설할 뿐입니다. 심사위원이 아닌 청중과 소통하는 데 초점을 맞춰야 합니다. 하지만 청중을 감동시키려고 하지 마세요. 연사가 말한 것의 가치를 청중이 명심하게 만드세요. 청중의 인생을 바꾸세요.

강렬한 메시지를 갖는 것 이상으로, 독특한 방법으로 연설하는 기술 외에 반드시 명심해야 할 것이 있습니다. 그것은 거의 모든 청중이 연설의 메시지에 공감하게 해야 한다는 것입니다. 준결승전과 결승전에 모인 청중의 국적은 정말 다양합니다. 즉 문화와 관습, 인생관이 다른 사람들의 관심을 끌어야 한다는 의미입니다.

통찰력 2
자연스럽게 행동하라.

저는 이전 우승자들을 흠모한 나머지 그들이 했던 수많은 것을 흉내 내느라 정작 자기 자신을 잃어버린 사람들을 가끔 만날 때가 있습니다. 하지만 자신의 본 모습을 끌어내야 합니다. 자신의 경험과 목소리, 인생, 메시지를 중심에 두어야 합니다. 청중에게 가치 있는 것을 남겨두려고 노력해야 합니다. 그러면 나머지는 그대로 따라오기 마련입니다.

과거 우승자들의 DVD 세트를 구입해 모든 연설을 낱낱이 파헤치는 사람들이 있습니다. 이들은 우승자들이 한 마디를 꺼내기 전에 몇 걸음을 떼었는지까지 계산합니다. 만약 6번이나 3번으로 연설을 하게 된다면 어떤 색의 정장을 입어야 하는지 그런 것도 계산합니다. 저는 이런 짓은 하나도 하지 않았습니다. 연설을 지나치게 갈고 닦는 것은 위험합니다. 갈고 닦는 정도가 도를 넘게 되면 솔직하고 진실한 마음을 잃게 됩니다.

세계 대중 연설 대회의 최상위 수준에서 성공하려면 반드시 독특해야 합니다. 다른 모든 사람들과 구별되려면 어떻게 해야 할까요? 2012년 우승자인 라이언 에이버리는 연설에서 엄마와 경찰관, 술에 취한 사람 등 여러 명의 등장인물이 되었습니다. 청중은 라이언이 무대에서 이러한 등장인물로 바뀐 것을 실제로 볼 수 있었습니다. 최근에 이런 스타일은 무척 중요하게 되었습니다.

2010년을 돌아보면 데이비드 핸더슨은 전투기 조종사가 되기 위해 비행 재킷과 고글, 스카프로 치장했습니다. 자신의 어린 시절을 재현해서 사랑에 대한 무척 강렬한 메시지를 끌어냈습니다. 그는 분장과 연설 스타일에서 남보다 두드러졌습니다. 정말이지 무척 강렬한 메시지로 남보다 두드러졌습니다.

과거 몇 년 동안 사람들은 서로 다른 요소들을 자신의 연설에 통합해서 완성했습니다. 1994년에는 모건 맥아더(Morgan McArthur)가 나무로 만든 실물 크기의 접이식 말을 활용하면서 소도구가 도입되었습니다. 이제 나무 말은 의자나 사다리 같은 창의적인 소도구로 발전했습니다. 1996년 우승자인 데이비드 노타지와 1997년 우승자인 윌리 존스(Willie Jones)의 연설에서는 유머가 돋보였습니다.

대부분의 연설에는 서론과 3부로 된 본론과 결론이 들어 있습니다. 제 연설은 독특하게도, 서론은 있지만 본론은 2부만 있고 '행동 개시'(call to action)로 이어집니다. '첫인상을 만드는 두 번째 기회는 없습니다.'는 말로 서론에서 편협에 대한 개념을 소개한 후, 1부는 만화 영화 〈미녀와 야수〉의 환상의 세계로 시작했습니다. 2부에서 저는 청중을 환상의 세계에서 실제 세상으로 다시 옮기고 싶었습니다. '어떻게 하면 청중이 편협을 실제로 느낄 수 있을까?' 저는 속으로 생각했습니다. 그래서 텔레비전 기자인 팻 하퍼를 제 연설에 등장시켰습니다. (팻은 뉴욕 거리에서 노숙자로 위장해 생활한 것을 취재해서 에미상을 받았다.)

저는 며칠 동안 3부를 구상하느라 애를 먹었습니다. '3의 힘'(power of threes)이라고 들어보셨을 것입니다. 원래 이 연설문의 3부는 성경에서 읽은 대목을 기반으로 만들었습니다. 하지만 모든 사람들이 성경을 편안하게 여기지는 않더군요. 이슬람교, 불교, 힌두교 등을 믿는 사람도 있습니다. 제각각 종교가 달랐습니다. 무교도 있습니다. 그래서 제가 보기에 성경을 참고한 부분이 최선의 방법은 아닌 것 같았습니다. 그때 불현듯 좋은 생각이 떠올랐습니다. 3부가 정말로 필요한 것일까? 그런 법칙은 처음부터 결정된 것이 아니었습니다. 그래서 저는 청중을 나의 특정한 행동으로 끌어드렸습니다. 제가 보기에 세 번째 이야기를 추가하는 것보다 훨씬 강렬한 방법이었습니다.

디즈니 만화영화의 노래 한 구절을 부른다고 나 자신은 물론 독특하게 보이려는 것에도 문제가 될것 같지는 않았습니다. 저는 지금도 중학교에서 연설할 때는 매번 그 노래를 부르는데, 아이들이 참 좋아합니다.

통찰력 3
눈에 보이는 말을 사용하라.

연사는 2차원적 개념을 3차원(입체)적 상황으로 이끌도록 애쓰야만 합니다. 저는 연설에서 편협에 대해 추상적으로 말할 수도 있었습니다. 하지만 그 대신 디즈니 영화 〈미녀와 야수〉의 괴물을 활용해서, 편협의 개념을 의인화하는 방법을 통해 메시지를 구체적으로 표현했습니다.

저는 연설에서 팻 하퍼에 대해 이렇게 표현했습니다. "그녀는 뼈가 시릴 정도로 차가운 바람을 막으려는 듯 어느 집 출입구에 몸을 옹송그리고 앉아 덜덜 떨고 있었습니다." 저는 "그녀는 체온을 올리려고 애썼습니다."라고 표현할 수도 있었습니다. 하지만 이 말은 청중에게 시각적으로 와 닿는 표현이 아니었습니다. '뼈가 시릴 정도'는 추위의 정도를 묘사하기에 딱 맞는 환상적인 표현이었습니다. 만약 제 연설을 보신다면, 이 말을 할 때 몸을 부르르 떨었던 제 모습을 보게 될 것입니다. 이는 모두 의도적인 행동이었습니다. 말과 행동으로 청중에게 시각적인 표현을 한 것입니다. 연설 대회에서 단어 선택은 매우 중요합니다.

특정한 효과를 노린다면 반드시 특정한 말을 선택하는 것이 현명합니다. 청중에게 감정을 일으키고 싶으신가요? 청중이 연사의 말을 듣는 동시에 느끼게 해주고 싶으신가요? 그러면 스스로에게 이렇게 물어봐야 합니다. "지나치게 가식적으로 들리지 않으면서 가장 큰 영향을 줄 수 있는 말은 어떤 것이 있을까?" 이 점을 곰곰이 생각해보고 연설에 적용해야 합니다.

크레이그 발렌타인(1990)

통찰력 1

스토리를 전하면서 요점을 만들라.

저는 연설 대회에서 5~7분 이내에 요지를 세 가지나 만들려고 애쓰는 연사들을 무척 많이 보았습니다. 그런데 그런 식으로는 효과적인 연설을 할 수 없습니다. 저는 연설 대회를 목표로 하는 사람들에게 늘 하는 말이 있습니다. "주요 스토리는 하나만 말하고 요지도 한 가지만 만드세요." 연사가 자신의 지식이나 정보를 억지로 쑤셔 넣으면 청중은 밖으로 튀어나온다는 오래된 금언이 있습니다. 5~7분짜리 연설에 요지를 세 가지나 전달하려고 노력한다면 45분짜리 기조연설을 5~7분 안에 끝내려고 노력하는 것이나 마찬가지입니다. 그럴 수도 없으며, 그래서도 안 되는 것입니다.

에드 테이트, 대런 라크루와, 랜스 밀러를 보세요. 이들에게는 모두 기본적으로 하나의 스토리와 한 개의 요지가 있습니다. 요사이 에드는 자신의 스토리 속에 여러 개의 본론(part)을 만들고 있지만, 기본적으로는 여전히 하나의 주된 스토리에 요지도 하나만 딸려 있습니다.

대부분의 사람들은 자신의 이야기를 단순히 다시 말하는 실수를 저지릅니다. 이들은 그저 많은 이야기를 서사적으로 진행하는 것입니다. 예를 들어, "글쎄, 저한테 이런 일이 일어났습니다. 그래서 제가 아들에게 이야기를 했습니다. 그러자 아들은 제게 이 일을 잘못한 것이라고 했습니다." 아시다시피 이런 방식은 그냥 서술에 불과

합니다. 스토리텔링의 열쇠, 연설의 열쇠는 제가 보기에 루 헤클러(Lou Heckler)의 말이 옳다고 생각됩니다. "결코 상황을 다시 말하지 말고, 그 상황을 되살리라." 그의 말은 이야기를 반복하지 말고 다시 살리는 데 중점을 둔 것입니다. 저는 이 말을 이렇게 확장해보았습니다. "결코 상황을 다시 말하지 말고, 그 상황을 되살리라. 그리고 연사가 이야기를 다시 살리는 곳으로 청중을 초대하라." 이 말의 의미는 이야기가 일어났던 장면 속으로 청중을 초대해야 한다는 말입니다. 그래야 청중은 연사가 그 상황을 들은 대로 듣고, 연사가 본 대로 보고, 연사가 느낀 대로 느낄 수 있습니다.

이제 다시 또 다른 사례를 신속히 살펴보겠습니다. 혹시 지난해에 열렸던 올림픽 경기를 모두 보셨나요? 올림픽 경기에 출전한 선수 가운데 최고령 선수가 누구인지 아십니까? 그는 일본 출신의 승마선수로 74세였습니다. 일흔 네 살 된 승마선수라니! 저는 일곱 살 된 아들과 함께 TV로 올림픽 경기를 시청하고 있었습니다. 해설자들은 그에게 온통 이런 말만 계속했습니다. "그는 74세랍니다. 네 74세랍니다. 그는 올해 74세 된 승마선수입니다. 74세랍니다." 마침내 일곱 살 된 제 아들이 저를 올려다보며 이렇게 물었습니다. "근데 저 말은 몇 살이에요?"

저는 일주일 동안 우리 아들의 머릿속에서 나온 생각을 이해하지 못했습니다. 그러다 일본 출신의 74세 된 승마선수의 인터뷰 장면을 보고, 아이의 생각을 이해할 수 있었습니다. 진행자들이 이렇게 묻더군요. "언제까지 경기를 계속하실 건가요?" 그는 이렇게 답했습니다. "저는 영원히 계속할 수 있습니다. 그런데 제 말이 열다섯 살이라..." 와, 제 아들 녀석의 질문에는 제가 생각했던 것보다 훨씬 더 타당한 의미가 있었습니다.

이제 이 이야기를 다시 한 번 살펴보겠습니다. 이 이야기는 자기 개발이라는 주된 개념을 예시해 놓았습니다. 즉 결코 질문을 멈추지 말라는 말입니다. 이것은 제 아들과 저에 대한 짧은 이야기에 불과하지만, 우리 둘의 대화를 통해 여러분은 마치 그 자리에 있었던 느낌이 들었을 것입니다. 그 대화로 인해 여러분은 그 장면에 직접 가서 우리 아들이 했던 질문을 들으셨을 것입니다. "근데 저 말은 몇 살이에요?"

통찰력 2
핵심 문구가 연설의 방향을 잡는다.

연설에서 무엇을 집어넣고 무엇을 뺄지 알아내기 위한 비결이 있습니다. 이것은 세계 대회에서 우승하기 위해 꼭 필요한 부분입니다. 바로 핵심 문구가 연설의 방향을 결정한다는 것입니다.

요점은 10초를 넘기지 말아야 합니다. 그래야 쉽게 반복할 수 있고 외우기도 좋습니다. 저는 이것을 핵심 문구라고 부릅니다. 이 이야기의 핵심 문구는 단 네 마디 단어입니다. 또한 핵심 문구는 리듬이 있어야 합니다. "결코 질문을 멈추지 마세요."(Never stop asking questions). 이 핵심 문구는 말하기도 쉽습니다. 즉 발음하기도 쉽습니다.

이 승마 선수 이야기에는 더 많은 이야기가 들어 있습니다. 그날 저는 제 아내와 함께 있었습니다. 딸과 아들도 함께 있었습니다. 우리는 휴스턴에 있었습니다. 또 우리 아이들은 전국 선수권 대회로 진로를 잡았습니다. 하지만 이것들은 연설과는 전혀 상관이 없는 사실입니다. 제 핵심 문구를 뒷받침하는 부분이 없으니까요. 저는 핵심 문구를 뒷받침하는 것만 연설 내용으로 유지합니다. 만약 핵심 문구를 뒷받침하지 않으면 빼버립니다. 제 핵심 문구에 필요한 것은 제 아들과 방송 진행자, 그리고 아들이 승마 선수의 말에 대해 했던 말뿐입니다.

여러분도 실제로 자신의 핵심 문구를 만들어낼 수 있습니다. "당신의 꿈은 판매용이 아닙니다." 이 말은 제가 전했던 이야기 속의 핵심 문구입니다. 이 말은 이제 브랜드가 되었습니다. 어디를 가나 저를 만난 사람들이 이 말을 반복합니다. 저와 연락이 닿은 사람들은 이렇게 말합니다. "실은 제가 꿈을 버리려고 했어요. 그런데 '당신의 꿈은 판매용이 아닙니다.'라고 한 당신의 말이 기억났어요."

통찰력 3
톡톡 두드리고, 애를 태우고, 이동시켜라.

[올림픽 승마 선수 이야기에서 증명되었듯이 크레이그는 소수만 이해하거나 직관에 어긋나는 대답이 나올만한 질문으로 대부분의 이야기를 시작했다. 그래서 필자는 크레이그에게 왜 이런 방법을 쓰는지, 그리고 얼마나 자주 쓰는지 물었다.]

거의 모든 순간, 거의 모든 이야기마다 그렇습니다. 저는 이를 두고 "톡톡 두드리고, 애를 태우고, 이동시켜라."라고 부릅니다. 이 말은 교육적인 감각으로 볼 때, '선행지식의 활성화'라고 불리게 될 것입니다.

연사들은 대개 이야기를 시작하면 청중이 바로 연설에 참여할 것이라고 예상합니다. 하지만 그건 오산입니다. 먼저 청중이 속한 세상을 톡톡 두드리며 건드려야 합니다. 적어도 그들의 머릿속을 톡톡 두드려야 합니다. 연사가 청중을 자신의 이야기 속으로 이동시키기 전에 해야 합니다. 그래야만 청중은 연사와 함께 질문에 대한 답을 찾는 여정에 따라가고 싶어지기 때문입니다.

저는 이런 질문으로 이야기를 시작했습니다. "작년에 올림픽 경기를 모두 보셨나요?" 저는 청중에게 올림픽 경기와 관련된 경험을 떠올리게 했습니다. 그런 식으로 청중이 속한 세상을 톡톡 두드렸습니다. 바로 이 점이 중요합니다. 그런 다음 저는 다음 질문으로 청중의 세상을 또 한 번 건드렸습니다. "혹시 올림픽에 출전한 선수 중에 최고령 선수가 누구인지 아십니까?"

이런 식으로 청중을 연사의 연설에 관련시키는 것입니다. 이제 청중은 수동적으로 편안히 앉아서 바라보는 관객이 아니라 연설에 활발히 참여하게 됩니다. 연설의 일부가 되는 것이지요.

일단 제가 청중이 속한 세상을 톡톡 두드리면 청중은 자신에 대해 곰곰이 생각하게 됩니다. 그렇게 한 후에, 청중을 이야기 속으로 이동시켜 답을 얻게 합니다. 하지만 청중이 반드시 정답을 알 필요는 없습니다. 그래야 긴장감이 생깁니다. 저는 청중이 어떤 대답을 내놓든 청중에게 답을 알려주기 전에 애를 태우라고 연사들에게 말합니다.

예를 들어, 저는 특징적인 이야기 중 하나를 이렇게 시작합니다. "꿈만 꾸고 사는 사람들의 가장 두드러진 특징이 무엇이라고 생각하나요?" 그러면 사람들은 온갖 종류의 대답으로 소리칩니다. 저는 이렇게 청중을 톡톡 두드립니다. 이들이 속한 세상을 두드립니다. 청중은 누구를 생각할까요? 바로 자기 자신에 대해 곰곰이 생각하는 것입니다.

청중이 온갖 대답으로 소리칩니다. 두려움, 꾸물거리는 버릇 등 온갖 대답이 나옵니다. 결국 제가 이렇게 말합니다. "여러분의 대답은 전부 틀렸습니다! 첫 번째 이유는 여러분의 생각과 다릅니다." 청중의 생각을 두드리기만 한 것이 아니라, '톡톡 두드리고, 애를 태우고, 이동시켜라'를 실천한 것입니다. 저는 하나의 질문으로 청중이 속한 세상을 톡톡 두드리고, 이들이 답을 더 알고 싶은 마음이 들도록 애를 태운 것입니다. 그런 후에만 저는 이들을 제 이야기 속으로 이동시킵니다. 저는 일부러 의도적으로 이렇게 하는 것입니다. 그리고 연사들에게도 이렇게 하라고 권합니다. 그렇지 않으면 청중들이 연사와 함께 연설에 참여하고 싶은 이유가 없으니까요.

통찰력 4

메시지를 단지 알려주지만 말고 판매하라.

세계 대회에서 우승하고 싶은 사람들은 자신들의 연설을 청중에게 판매하기 위해 나왔다는 사실을 깨달아야 합니다. 깨달아야 합니다. 세계 대회에서 우승했을 때, 저는 이제 막 시작한 신참이라 연설에 대해 아는 것이 별로 없었습니다. 하지만 세계 대회에서 성공할 수 있었던 단 한 가지 이유는 제가 바로 메시지를 팔았다는 것입니다. "만약 매일 살면서 하루 5분씩만 침묵하는 시간을 가지면, 여러분은 전에는 결코 느끼지 못했던 평화, 평정, 평온을 발견하게 될 것입니다." 저는 그 메시지를 열심히 팔고 있었습니다.

그렇다면 메시지를 판다는 것은 어떤 의미일까요? 결코 제품을 팔면 안됩니다. 제작 과정을 팔아서도 안됩니다. 늘 결과(혜택)를 팔아야만 합니다.

또 다른 사례를 살펴보겠습니다. 저는 생애 처음으로 자동차를 사기 위해 대리점에 갔습니다. 판매 직원이 제게 다가와 이렇게 말했습니다. "저 차를 찾고 계신가요?" "네." "좋습니다. 이 차에 대해 말씀드리죠. 우선 이 차에는 이런 종류의 브레이크와 이런 엔진과 이런 창문이 있습니다." 그런데 저는 의문이 들었습니다. 그 직원은 도대체 무엇을 팔려고 한 것일까요? 실제로 그 직원은 제게 그 자동차를 팔려고 했습니다. 하지만 제가 지금 말하는 것은, "결코 제품을 팔지 말고 결과를 팔아라."라는 것입니다. 그래서 저는 그때 이렇게 말했습니다. "고맙지만 흥미가 생기지 않네요." 그때는 왜 제가 그 차에 흥미가 생기지 않았는지도 몰랐습니다. 그냥 관심이 가지 않았습니다.

저는 그날 바로 다른 대리점으로 갔습니다. 이번에도 차는 같았지만 판매 직원은 물론 달랐습니다. 이 사람은 그 당시 제가 감성적으로 어떤 상태인지를 예측하고 있는 것이 분명했습니다. 즉 독신 남성으로서 누군가를 사귀고 싶어 한다는 것을 알고 있었던 것이죠. [웃음소리] 그는 제게로 다가와 이렇게 물었습니다. "지금 저 차를 보고 계시죠?" "네." "와우, 이 차를 타고 나가시면 정말 멋지게 보일 걸요. 도로를 날아가게 될 겁니다. 바람이 머리카락을 흩날리면 여성들이, 그러니까 제 말은 여성들이 도처에서 몰려들 것이라는 말이지요." 제가 어떻게 했을 것 같나요. 저는 바로 이렇게 말했습니다. "어디다 사인하면 되죠?" [웃음소리]

그 영업직원은 제게 자동차를 팔았기 때문이 아니라 결과(혜택)를 팔아서 판매를 완성한 것입니다. 그런데 그 직원의 말은 거짓말이었습니다. [웃음소리] 저는 그 차를 타고 있지만 아직도 혼자입니다. 정말입니다. 이제 저와 자동차 할부금만 남았거든요. 그게 전부랍니다.

제가 세계 대회에서 5분간의 침묵에 대해 이야기할 때, 제가 진짜로 팔려고 했던 것은 성취와 평온과 평정이었습니다. 자신이 진짜로 팔고 싶은 결과를 파악한 다음 그것을 청중에게 납득시켜야 합니다. 제 연설의 제목은 '성취의 비결'(A Key to Fulfillment)이었습니다. 제목 속에 결과가 들어간 것입니다. 그에 따라 호기심도 들어갔습니다.

통찰력 5

완벽이 아닌 유대감에 초점을 맞춰라.

세계 대회는 결점이 없는 것을 중요하게 여기지 않습니다. 우리는 가끔 세계 선수권 무대에서 아무런 흠 없이 연설하는 연사들을 볼 수 있습니다. 하지만 이런 경우 아무에게도 유대감을 주지 않는 것입니다. 이들은 자신들이 말하려는 내용과 연설행동에서 결점 없이 하겠다는 생각에만 너무 집중한 나머지 청중과는 전혀 유대관계를 쌓지 않는 것입니다. 무대에 올라간 순간 자신이 무슨 말을 할지, 어떻게 행동해야 할지는 이제 생각하지 마세요. 모든 생각을 청중에게만 맞춰야 합니다.

저는 무대에 올라가기 직전 속으로 이렇게 말합니다. "이 순간 나 자신을 잊어버리고 연설을 명심하면서 청중에게 가까이 다가갈 수 있기를." 이제 연설은 더 이상 나 자신에 대한 것이 아니기 때문입니다. 무대에 올라갈 때 이런 마음가짐을 갖고 있다면 다른 참가자들보다 청중과 더 깊이 소통할 것입니다.

세계 대회 수준이라면 연사들의 연설 내용은 모두 좋습니다. 연설 솜씨도 모두 훌륭합니다. 다만 우승하고 못 하고의 차이는 청중과의 소통에 있습니다. 대회장에 들어가면 느낄 수 있습니다. 그러니 그곳에서는 자신을 위해서가 아니라 청중을 위해 존재해야 합니다.

청중과 소통하는 가장 빠른 지름길은 먼저 4F를 공유하는 데 있습니다. 연사의 실패(Failures), 결점(Flaws), 좌절(Frustrations), 첫 번째 것(Firsts)을 공유하라는 말입니다. 저는 연설을 시작할 때 거의 늘 실패담을 꺼냅니다. 그렇게 하면 청중은 연사와 마음이 통합니다. 저는 사람들에게 늘 이렇게 말합니다. "연사가 자신을 높이면 청중은 실망하게 됩니다."

청중은 속으로 이렇게 생각합니다. "물론 저 사람이 하는 말은 자기한테나 맞겠지. 저 사람은 특별하니까. 이런 전략은 나한테는 맞지 않을 거야." 연설의 비결은 연사의 중요한 지위를 무엇이라도 버리는 데 있습니다. 청중에게 자신이 특별하다는 인상을 주는 것은 금물입니다. 오히려 청중과 비슷한 사람이라는 인상을 줘야 합니다. 또한 사람이 아닌 과정을 중시해야 합니다. 연설을 하는 동안 실패담을 간간히 들려주면 청중은 연사를 같은 사람이라고 여기게 됩니다.

예를 들어, 저는 상상력이 제 인생을 어떻게 바꾸었는지를 이야기할 때는 제가 이룬 훌륭한 일에 대해서 전혀 말하지 않습니다. 대신 상상력이 저를 도왔던 훌륭한 방식에 대해서 이야기합니다. 사람이 아닌 과정을 중시하는 것입니다.

때때로 저는 형편없었던 첫 번째 SAT(미국의 대학 입학 자격시험) 점수를 청중에게 밝힙니다. 청중이 이렇게 생각하기 때문입니다. "이런 저 사람도 나처럼 공부를 잘 못하나 보네. 저 사람이 저 일을 했으면 나도 할 수 있겠는 걸." 연사는 바로 청중이 이렇게 느끼기를 원합니다.

여러분이 제 이야기를 곰곰이 생각해보면, 우리 아들이 올림픽 경기에 대해 지적했던 부분을 기억할 것입니다. 저는 마크 브라운(Mark Brown)의 말을 좋아합니다. "세상을 깜짝 놀라게 할 만한 이야기일 필요는 없습니다. 그저 진실하면 됩니다." 저는 우리 아들이 올림픽에 출전한 말(horse)에 대해 지적했던 이야기를 하는 것입니다. 사람들은 이 이야기를 무척 좋아합니다. 여러분의 이야기도 "에

베레스트 산에 오르기"처럼 거창할 필요는 없습니다. 아들과 함께 올림픽 경기를 시청한 이야기도 좋습니다. 다른 사람의 삶과 비슷해야 소통이 시작되기 때문입니다.

에드 데이트(2000)

통찰력 1

위험을 감수하라.

세계 대회에서 우승한 것은 무척 감사한 일입니다. 하지만 14년 전 토스트마스터즈에 가입했을 때는, 우승할 목적이 결코 없었습니다. 저는 다만 컴퓨터 회사의 영업 담당자로서 제 일을 더 잘하고 싶은 마음으로 가입한 것이었습니다. 우리 클럽을 세운 사람은 랜들 셸튼(Randall Shelton)이라는 신사입니다. 랜들은 초반부터 제게 이런 말을 했습니다. "세계 대중 연설 대회가 있는데 한 번 생각해 봐."

그는 무려 18개월이나 저를 괴롭혔습니다. 그 때쯤에는 저도 상당히 귀찮아졌습니다. 저는 출장 스케줄 때문에 대회에 나갈 수 없다며 랜들을 멀리했습니다. 그런데 바로 그때 제가 지역 언론인 〈덴버 록키 마운틴 뉴스, Denver Rocky Mountain News〉의 교육 담당자가 되었습니다. 그래서 저는, 직업을 바꿔서 출장갈 일이 거의 없다는 말을 랜들에게 전했습니다. 그러자 그가 바로 이렇게 말했습니다. "잘됐네. 이제 세계 대중 연설 대회에 나갈 수 있겠어." 저는 이렇게 대답했죠. "그렇죠. 이제 빌어먹을 대회에 나갈 수 있으니." [에드의 웃음] 결과는 같은데 태도가 달랐습니다.

제가 대회에 나간 데는 몇 가지 목적이 있었습니다. 첫째, 저는 랜들을 이제 그만 떼어버리고 싶었습니다. 둘째, 콜로라도 주 덴버에 위치한 체리 크리크(Cherry Creek) 토스트마스터즈에는 다른 연사들을 도와주는 데 관심이 있는 핵심 멤버들이 있습니다. 저도 그런 사람들처럼 보이면 멋지겠다는 생각이 들었습니다.

제가 대회에서 우승한 해에 우리 클럽에 승자 진출전이 시작되었습니다. 그래서 우리는 결승전을 치러야 했습니다. 세계 대회는 6회전까지 치르는데, 저는 실질적으로 7회전을 치렀습니다. 저는 그때 매우 위험한 방식을 택했습니다. 제가 예선전에서 발표했던 연설의 주제는 따돌림에 대한 것이었는데, 결승전에서는 다른 연설을 시험해 보기로 마음먹은 것입니다. 그것은 우리 클럽의 회원들이 정말 멋지다고 말해준 것으로, '진실을 말하는 것'이 그 주제였습니다. 그런데 위험을 감수하자 깜짝 놀랄 일이 생겼습니다. 심사위원들은 제 연설을 예상하지 못했고, 그래서 신선한 유머는 더 좋은 효과를 발휘한 것입니다.

통찰력 2
청중을 얕보는 투로 이야기하지 말라. 대화하듯 이야기하라.

저는 일부러 다른 참가들의 연설을 보지 않습니다. 하지만 어떻게 해서 인도 출신의 허레이쇼 앨저(Horatio Alger)라는 사람의 놀라운 이야기를 듣게 되었습니다. 그는 말 그대로 더러운 바닥에서 잠을 자는 생활을 했는데 그의 딸은 이제 하버드에 갔다는 이야기였습니다. 저는 속으로 '이 사람이 이겼네.'라고 생각했습니다.

수상식이 시작될 때 우리는 테이블에 앉아 있었습니다. 10살 된 아들이 저를 돌아보며 이렇게 말했습니다. "아빠, 내 생각에 아빠가 일등인 것 같아요." "아들, 여기 일이 어떻게 돌아가는지 너는 모른단다. 저 사람들이 생각하는 방식을 너는 알 수 없어. 특히 토스트마스터들의 생각은 알 수 없단다. 그러니 그냥 기다리면서 보자꾸나."

진행자들이 3위를 발표했습니다. 그리고 2위를 발표했는데, 그 인도 사람이었습니다. 그 순간 우리 아들이 다시 저를 돌아보며 속삭였습니다. "아빠, 이 대회에서 우승하실 거예요!"

진행자들이 우승자를 발표하는 순간 제 테이블에 앉아있던 사람이 기침을 하는 바람에 저는 우승자의 이름을 듣지 못했습니다. 아들이 저를 보고 무슨 말을 하는데 '아빠가 졌어요.' 하는 소리처럼 들렸습니다. 그래서 저는 이렇게 말하려고 했습니다. "내년이 있으니까." 그런데 아들은 저를 쳐다보며 이렇게 말했습니다. "아뇨. 아빠가 이겼다고요."

갤버스턴에서 돌아오는 비행기를 타고 오는 중에 저는 아들에게 물었습니다. "어쩜 그렇게 아빠가 이길지 확신할 수 있었어?" "음, 아빠 이야기는 쉽잖아요. 다른 사람들은 죄다 부모님들이 하는 이야기처럼 들렸어. 무슨 토니 로빈스(Tony Robbins: 전설적인 성공 코칭 리더)처럼 연설하더라고요." 그리고 이런 말도 덧붙였습니다. "그 사람들은 어떻게 살아야 하는지, 혹은 더 잘 사는 방법에 대해서 알려주려고 애를 쓰더라고요. 그냥 나와서 이야기를 한 사람은 아빠밖에 없었어요. 아빠는 우리가 하고 싶은 대로 사는 것은 우리한테 달렸다는 이야기를 한 거잖아."

그 순간 저는 내면의 목소리를 이미 발견했었다는 사실을 알았습니다. 스토리를 말하는 것, 그것이 바로 저의 강점입니다. 세계 대회를 하는 동안 저는 지금까지 세 가지 연설을 발표했습니다. 세 가지 연설마다 시종일관 하나의 스토리가 들어있습니다. 더불어 한 가지 교훈도 들어있습니다. 이것이 바로 저만의 방식입니다. 저는 사람들에게 설교를 하지 않습니다. 삶의 교훈을 전하기는 하지만, 그런 교훈을 받아들이는 것은 듣는 사람의 선택으로 남겨둡니다.

통찰력 3
전문적인 연설 기술을 개발하기 위해 경쟁하라.

세계 대회에서 우승할 확률은 엄청 낮습니다. 거의 35,000분의 1정도입니다. 하지만 경쟁하지 말라는 뜻은 아닙니다. 우리는 경쟁을 통해 더 나은 연사가 될 수 있습니다.

토스트마스터즈에서 연사들은 한 가지 연설을 한 다음 매우 적은 피드백을 받고서 다음 단계로 넘어갑니다. 마치 직업적인 연설에 가깝습니다. 그런데 연설에 교훈과 스토리를 담아서 내용을 갈고 닦아야 합니다. 더 나아질 때까지 계속 공을 들여야 합니다. 이렇게 해야 직업적인 연설의 기술과 창조성이 도대체 무엇인지 경험할 수 있는 기회를 얻게 됩니다.

비록 직업적인 연사의 길을 선택하지 않은 사람들에게도 저는 대회에 나가서 경쟁하라고 권합니다. 그래야 이들은 이야기를 연마하는 것이 어떤 것인지를 느낄 수 있으니까요. 연설을 시험하고 다시 쓰는 것이야말로 정말로 뛰어난 것을 공들여 만들기 위한 유일한 방법입니다.

저는 여전히 토스트마스터즈로서 활발하게 활동합니다. 여전히 경쟁하며, 새로운 소재와 새로운 스토리와 새로운 기술을 토스트마스터즈 클럽에서 늘 시험합니다. 결코 돈을 주고 보러오는 청중들 앞에서 새로운 소재를 시험하지 않습니다.

통찰력 4
자신의 연설 장면을 모두 녹화하라.

우리 클럽은 다른 곳과는 다르게 모든 연설을 녹화합니다. 비디오는 연설을 개선할 수 있는 최고의 방법입니다. 어떤 것이 효과가 있고 어떤 것이 효과가 없는지를 알 수 있습니다. 그리고 연사만의 특이한 방식도 알 수 있습니다. 저는 세계 대중 연설 대회에 나가기 전에 스물두 군데의 클럽을 돌아다니며 제가 한 연설을 모조리 녹화하고 영상물을 반복해서 검토했습니다. 그 결과 이렇게 개선될 수 있었습니다.

텔레비전에 자주 등장하는 목사인 조엘 오스틴(Joel Osteen, 〈긍정의 힘〉 저자)도 이렇게 영상물을 반복 검토하고 수정한다고 합니다. 언젠가 인터뷰에서 그는 13년간 500개의 설교를 했다고 밝혔습니다. 그는 편집자와 함께 앉아 모든 설교를 살펴보며 어떤 부분이 잘

됐는지 다음번에는 어떤 부분을 개선할지 의논한다고 합니다. 여러분도 자신의 비디오를 보면서 어떤 부분을 잘했는지, 어떤 부분을 바꿀 수 있을지 스스로에게 물어보는 과정을 거쳐야 합니다. 이런 과정을 통해 실력이 개선됩니다.

통찰력 5
자기만의 독특한 연설을 하라

세계 대중 연설 대회에 나가기 전에 저는 실제로 지난 9년간의 대회를 계속 거슬러서 보았습니다. 과거의 우승자들을 보면서 한 가지 사실을 발견했습니다. 이들은 다른 연사들과는 분명히 다른 점이 있었습니다.

제가 참석했던 대회와 보았던 연설이 몇 개인지 알 수 없습니다. 사실 몇 개나 되는지 세다가 그만두었습니다. 그런데 제가 보았던 연설 중 대다수는 거의 다 같았습니다. 우리 아들이 했던 말과 흡사합니다. 그것들은 부모들이 자식의 생활 방식에 대해 지적하는 것처럼 들렸습니다. 하지만 우승자의 연설은 다른 사람의 것과는 분명 달랐습니다. 랜스 밀러의 '치-칙'과 데이비드 브룩스의 '은제 탄환'에는 다른 점이 있었습니다.

저는 제 연설에 청중의 참여가 필요하다고 생각했습니다. 제가 '그건 단지 …습니다.'라고 말하는 대목이나 청중에게 '…은 그런 날 중의 하루였습니다.'라고 말하며 끝맺는 대목이 그런 부분입니다. 하지만 적어도 98퍼센트의 토스트마스터들이 순수한 의도로 제 방식을 반대했습니다. 제가 이렇게 하면 심사위원들이 좋아하지 않을 것이며 시간도 부족하게 될 것이라고 우려했습니다.

그 중 시간이 부족할 것이라는 말만 거의 사실로 밝혀졌습니다. 원래 제 연설은 6분 10초짜리였지만 2,000명 앞에서 하다 보니 7분 29초가 되었습니다. 청중의 웃음소리와 참여 때문에 시간이 길어진 것입니다. 이것은 계산된 위험으로 결과적으로는 성과를 올린 계획이었습니다.

통찰력 6

다른 사람들이 좋아할 것을 바라고 연설하지 말라.
세상을 바꾸기 위해 연설하라.

이번에 해드릴 조언 한 마디는 명예의 연설 전당(Speaking Hall of Fame)의 명사이자 베스트셀러인 〈우체부 프레드: 평범함을 비범함으로 바꾸는 방법〉의 저자인 마크 샌본(Mark Sanborn)의 말을 전적으로 믿고서 하는 말입니다. 그는 연사로서의 우리의 역할은 다른 사람들이 자신을 좋아하게 만드는 것이 아니라고 했습니다. 우리의 역할은 세상을 바꾸도록 노력하라고 사람들에게 영향을 끼치는 것입니다.

몇 년 전 어떤 사람이 저에게 〈가장 위대한 미국 연설〉이라는 책을 준 적이 있습니다. 이 책에는 레이건 대통령의 '고르바초프 서기장, 이 장벽을 허물어 버리시오.'(Mr Gorbachev, Tear Down This Wall)와 마틴 루터 킹의 '나에게는 꿈이 있습니다.'(I Have a Dream), 그리고 존 F. 케네디의 취임 연설과 일리노어 루스벨트의 연설 등 우리나라 발전에 이바지한 사람들의 모든 연설이 들어 있었습니다.

이 책은 수백 페이지에 이를 정도의 장서로, 유머는 전혀 찾아볼 수 없습니다. 유머와 관련된 문장은 단 하나도 없습니다. 사람들에게 영향을 끼치고 싶다면 연설에 유머를 집어넣으라는 말이 있는데, 그것은 어떤 면에서 보면 맞는 말입니다. 전적으로 맞을 수도 있습니다. 하지만 지금껏 가장 위대한 연설에는 그런 경우가 없었습니다.

한편 어제 저는 최근 코네티컷 주에서 일어난 대학살 현장에서 오바마 대통령이 발표한 18분짜리 연설을 보았습니다. 대통령은 한 아이가 어떤 구조원에게 한 말을 언급하며, 대학살 현장의 무거운 분위기를 완화시켜 주었습니다. '괜찮아요. 제가 가라테를 할 줄 알거든요.' 무척 심각한 순간에도 대통령은 약간의 위안을 줄 수 있었습니다.

제가 마틴 루터 킹의 연설인 '나에게는 꿈이 있습니다.'를 본 것은 네 살 무렵이었습니다. 그의 연설과 관련해서 기억나는 것은, 다음 토요일에 만화 영화가 방영되지 않았다는 사실이 전부입니다. 그 당시는 텔레비전 채널이 세 개뿐이었는데, 모두가 흑인 남자가 연설하는 장면만 계속해서 방영하는 것이었습니다.

이제 그 시절을 곰곰이 생각해 보세요. 남부지방은 차별이 법으로 정해진 곳이었습니다. 그런데 그가 새로운 미래를 선언했습니다. 그 시절에는 있지도 않았던 것입니다. 그것은 획기적인 생각이었습니다. 그는 새로운 미래란 사람들이 피부색이 아닌 인격으로 판단

받는 세상이라고 묘사했습니다. 저는 오바마가 그의 연설 덕분에 대통령이 되었다고 믿는 사람의 생각에 동의합니다. 하지만 마틴 루터 킹의 연설은 목숨을 대가로 지불한 것이었습니다.

정말로 위대한 연사가 되고 싶다면, 사람들에게 영향을 끼치는 연사가 되고 싶다면 확실한 태도를 정해야 합니다. 네, 때로는 비판을 받을 수도 있습니다. 하지만 어떻게 하더라도 비판은 받게 됩니다. 세스 고딘(Seth Godin, 〈보라 빛 소가 온다〉 저자)의 말처럼 연사는 주목을 받거나 눈에 띄지 않거나, 둘 중 하나만 있습니다.

통찰력 7
연설을 시작하기 전에 청중과 깊게 소통하라.

저는 몇 년 전 리 글릭스타인(Lee Glickstein)이 개최한 워크숍에 참여한 적이 있습니다. 그는 나에게 연설을 완전히 바꾸라는 생각을 심어준 사람입니다. 그는 연설이 시작될 때 연사들은 가장 긴장하고 청중은 가장 회의적인 태도를 보인다는 사실을 지적했습니다. 정말이지 나쁜 것끼리 섞이는 순간입니다. 그래서 리는 연설을 채 시작하기 전에 먼저 청중과 영적으로 소통해야 한다고 말했습니다.

제가 우승한 연설에 대해 논란이 많았습니다. 2,000명이 참석한 연설이었는데, 저는 아무도 보이지 않았습니다. 그래도 저는 한 명 한 명과 소통하기 위해 노력했습니다. 말을 시작하기 전에 먼저 오래 침묵하면서 청중의 눈을 바라보며 존재를 인정했습니다.

대부분의 연사는 청중에게 소개되자마자 바로 이야기를 시작합니다. 저는 그렇지 않습니다. 저는 청중과 소통하고 싶습니다. 먼저 청중과 정신적으로 감성적으로 소통하고 싶습니다. 제 말이 이상하게 들린다는 것을 알고 있습니다. 하지만 이런 생각이 제 심리에 영향을 미칩니다.

대런 라크루와(2001)

통찰력 1

훌륭한 연사가 되어가는 과정에 초점을 맞춰라.

제가 회의에서 연설할 때마다 이렇게 묻는 사람이 있습니다. "어떻게 하면 세계 대중 연설 대회에서 우승할 수 있을까요?" 저는 이렇게 묻는 사람들에게 제일 먼저, 단지 대회에서 우승하는 것을 목표로 삼는 것은 좋은 일이 아니라고 말해줍니다. 그보다는 훌륭한 연사가 되는 것을 목표로 정해야 우승할 수 있습니다. 만약 단지 세계 대회에서 우승하기 위한 연설만을 만든다면, 그 다음에는 무엇을 하겠습니까? 우리는 더 나은 연사가 되는 과정에 초점을 맞춰야 합니다. 만약 제가 어떤 것이라도 할 수 있는 능력이 있다면, 순전히 챔피언을 위한 챔피언이 되겠다고 갈망하는 사람들의 생각을 지워버리고 싶습니다.

세계 대중 연설 대회 우승자 중에 자신의 삶이 달라지지 않은 경우도 많이 있습니다. 물론 우승은 못했지만 멋진 경력을 쌓는 사람들도 무척 많습니다. 그러니 대회에서 우승하는 것이 가장 중요한 것은 아닙니다.

사실 저는 우승한 사람들이 실제로 우승을 목표로 대회를 시작했는지는 잘 모릅니다. 2008년도 세계 챔피언인 라션다 런들스의 경우, 그녀는 대회장에서 자신의 메시지를 알리는 것이 목표였습니다. 그녀에게 대회장은 자신의 메시지를 알리기 위한 발표장에 불과했습니다. [그녀의 메시지는 '사람들의 말은 불멸의 씨앗'이라는 것이었습니다. 2012년 8월 21일, 루푸스를 앓던 런들스는 안타깝게도 긴 투병생활 끝에 세상을 떠났습니다. 다큐멘터리 〈SPEAK〉를 통해 그녀의 여정을 따라가 볼 수 있습니다.]

제 경우에는 기조연설에서 이미 하고 있었던 이야기들에 공을 들이기 위해 참석했습니다. 우승을 목표로 참석한 것이 아닙니다. 그 당시 저는 본업을 하거나 연설을 하는 데 시간을 할애하고 있었습니다. 그래서 대회에서 우승하기 위해 연설 기교를 닦을 시간이 전혀 없었습니다. 대회에서 이기거나 지거나 혹은 비기든, 저는 여러 가지 스토리를 기본 방침으로 삼아서 우승을 거머쥘 것입니다. 크레이그 발렌타인은 "걸작(masterpiece)을 원한다면 우선 조각조각(the pieces)에 정통(master)해야 한다."고 말했습니다.

통찰력 2
팀을 구성하되 자신의 직감을 믿으라.

코치를 두는 것은 중요합니다. 코치가 없다면 그 중요성을 전혀 알 수 없습니다.

하지만 누군가의 조언을 들을 때 주의해야 합니다. 이들이 전하는 피드백은 두 가지 유형이 있습니다. 첫째, '당신의 연설에 대한 내 생각과 느낌은 이래.'입니다. 비록 연사가 공통성(보편성)을 찾을 필요가 있고 단독 의견에 휩쓸리지 말아야 하지만, 연사에게 자신의 생각과 느낌을 말할 자격이 모든 사람에게 있는 것은 아닙니다. 둘째, '연설을 개선하려면 연사는 이렇게 해야 돼.'라고 말하는 유형입니다. 하지만 연사에게 연설을 개선하기 위한 방법을 말해줄 자격도 모든 사람에게 있는 것이 아닙니다.

제가 22클럽에서 엎어지는 연습을 하고 있을 때, 모든 사람들은 이렇게 말했습니다. "얼른 일어나요. 보기 불편해요." 하지만 제 코치인 마크 브라운은 반대로 말했습니다. "더 누워 있어. 불편한 건 저 사람들이야. 대런, 연사로서 우리의 역할은 사람들이 편안하게 느끼게 하는 것이 아니야. 변화를 선동하는 것이 우리의 역할이지." 저도 바닥에 누워 있는 순간 무척 불편했습니다. 만약 제 연설 장면이 녹화된 비디오를 본다면 제가 발을 덜덜 떨고 있는 모습이 보일 겁니다. 일부러 그런 것이 아닙니다. 저는 머릿속에 마크의 목소리를 떠올리면서 제 불안감을 무시했습니다. "일-천-일, 일-천-이, 일-천-삼…. 좋았어. 대런, 이제 일어나도 돼."

또한 자신과 맞지 않는 지도는 받지 않는 것이 중요합니다. 데이비드 메클리니(David Mcllhenny)는 제가 지역 대회를 거치는 동안 놀라운 수석 코치가 되었습니다. 그때 제 연설에는 프렌차이즈 식당 사업에 대한 유머가 들어 있었습니다. "저는 60,000달러의 빚을 졌습니다. 그리고 그 빚은 두 배로 늘었습니다. 네 그렇습니다. 저는 서브웨이 샌드위치 가게를 비영리 재단으로 바꾸어버렸습니다." 데이비드는 이 부분을 연설에서 빼야한다고 생각했습니다. 하지만 저는 안 된다고, 꼭 집어넣어야 한다고 제 생각을 고집했습니다. 전에 스탠드 업(단독 연기) 코미디를 할 때 이야기했던 구절인데, 제 연설의 큰 그림을 맞추는 데 딱 들어맞았습니다. 저는 제 육감과 경험을 통해 이 구절이 통하리라는 것을 알았습니다. 반드시 해야 한다는 것을 알았습니다. 이런 일은 여러분의 연설에도 일어날 수 있습니다. 비록 본인이 불편할지라도 자신의 이상에 충실해야 합니다. 제가 지역 대회에서 우승했을 때, 데이비드는 뒷자리로 물러나면서 마크 브라운을 새로운 수석 코치로 밀어붙였습니다. 마크는 큰 활약을 펼쳤고, 데이비드는 그런 사실을 눈치 챌 정도로 현명했습니다.

통찰력 3
출발점으로 활용할 수 있는 심오한 메시지를 발굴하라.

결승전에 진출했을 때, 저는 이미 최고의 스토리를 두 개나 써버린 상황이었습니다. 저는 처음부터 다시 시작해야 했습니다. 수석 코치인 마크 브라운이 이런 충고를 했습니다. "대런, 연설을 쓰려고 하지 마. 대신 이제까지 살면서 자네가 가장 귀하게 여기는 아이를 한 번 떠올려 봐. 만약 내일 죽는다면 그 아이에게 어떤 교훈을 전해 주고 싶어?" 나는 그 자리에서 하던 일을 즉각 멈추었습니다. 그리고 조카를 떠올리며 그 일에 깊이 파고들었습니다.

많은 사람들이 처음부터 우승 연설을 쓰기 위해 노력합니다. 하지만 울림을 줄 수 있는 교훈을 발견하기 위해 자신의 내면을 더 깊이 파고들지 않습니다. 제가 보기엔 많은 사람들이 잘못된 출발점에서 시작하고 있습니다. 잘못된 출발점에서 시작하면 아무리 열심히 노력해도, 그 누구보다 열심히 노력해도 성공할 수 없습니다.

저도 완벽한 스토리를 만들기 위해 공을 들일 수 있습니다. 하지만 그 이야기가 핵심 메시지를 받쳐주지 못한다면 누가 관심을 갖겠습니까? 재미있고 기억에 남을 만한 훌륭한 이야기도 많지만 그러면 뭐하나요? 지역 대회에서 우승하거나 분과 대회에서 우승할 수는 있겠지요. 하지만 연사 자신이 메시지가 되지 못하면 결코 모든 대회를 이길 수는 없습니다. 세상에 완벽한 주제는 없습니다. 연사가 관심을 갖고 있는 주제만이 효과가 있습니다.

스토리로 연설을 시작할 수도 있습니다. 하지만 그렇게 하려면 메시지를 매우 주의 깊게 고려해야 합니다. 오히려 메시지로 연설을 시작하는 것이 더 나은 방법입니다.

대회의 골자는 청중에게 동기를 부여하거나 감동을 주는 데 있습니다. 메시지는 삶의 교훈이 되어야 합니다. 우리가 생각할 필요가 있는 보편적인 메시지여야 합니다. 제 메시지에는 새로운 것이 없습니다. 하지만 저는 예상 밖의 전개를 시도합니다. 그래서 때로 우리는 전문적인 조언자의 역할을 하고 있습니다. 전미 연설가 협회(National Speakers Association)의 전(前)회장인 글래나 샐즈버리(Glenna Salsbury)는 연사의 역할을 이렇게 강조했습니다. "연사는 반드시 자신이 겪었던 '아하 모먼트'(ah-ha moments, '바로 이거야!' 하는 순간)에 대해 말해야 합니다. 연사의 '아하 모먼트'를 청중의 '아하

모먼트'로 옮겨야 합니다." 즉 연사가 단순히 스토리를 말하는 것은 중요하지 않습니다. 청중에게 강렬한 메시지를 납득시키기 위해 스토리가 존재해야 합니다. 전미 연설가 협회의 설립자인 빌 고브(Bill Gove)는 연설과 스토리의 관계를 이렇게 밝혔습니다. "모든 연설에는 스토리를 하나 전해야 합니다. 요점도 하나 만들어야 합니다. 거기에 다시 스토리를 하나 전하고 요점도 하나 더 만듭니다. 그리고 또 다른 스토리를 전하고 요점도 하나 더 만들어야 합니다." 스토리와 요점을 몇 쌍 만들어야 완벽한지는 알 수 없습니다. 하지만 저는 스토리를 세 개 이상 만들지 않습니다. 에드 테이트의 연설에는 스토리가 하나만 있습니다. 그것으로 충분하니까요.

통찰력 4
후회 없는 마음가짐을 유지하라.

연설을 준비하는 내내 제 머릿속을 울린 두 가지 인용문이 있습니다. 1990년도 세계 대회 챔피언인 데이비드 브룩스는 '누구보다 준비를 더 많이 하라.'고 했습니다. 1993년도 세계 대회 챔피언인 오티스 윌리엄스 주니어(Otis Williams Jr.)는 '아주 능숙하게 준비하세요. 유일한 문제점은 누가 2등이 되느냐 입니다.'라고 했습니다. 저는 준비를 충분히 못하거나 아이디어를 제대로 다 끝내지 못해서 후회하고 싶지 않았습니다. 예를 들어 저는 달리기에 대해서 이런 생각을 갖고 있었습니다. 즉 제가 살면서 가장 극심한 스트레스를 받게 될 일이 생긴다면 몸 상태가 좋아야 한다고 생각했습니다. 그래서 하루에 4마일(약 6.4킬로)을 달리기 시작했습니다.

결승전이 열리기 전날 밤, 저는 호텔에서 마사지 간판을 보았습니다. 그 당시 저는 그야말로 근근이 생활을 이어가고 있었습니다. 마사지는 싸봤자 70달러였습니다. 그때 제 머릿속에는 이런 목소리가 들렸습니다. "마사지 한 번에 70달러라고? 장난하는 거야?" 하지만 동시에 후회하지 말라는 목소리도 들렸습니다. "챔피언이라면 어떻게 하겠어?" 챔피언은 무척 많은 스트레스를 받을 것입니다. 그래서 이놈의 마사지를 받고야 말았습니다. 이런 것이 바로 우승에 필요한 투자입니다. 마사지를 받을 형편이 아니었지만, 저는 어떤 후회도 하고 싶지 않았습니다.

랜스 밀러(2005)

통찰력 1

우승이 아니라 배우는 것이 연설의 목적이다.

저는 세계 대중 연설 대회에서 우승하기 전에 13년이나 도전했습니다. 2002년, 마침내 저는 어떤 실수를 하던 그것을 인정할 마음이 없다면 제가 저지른 실수로부터 아무것도 배울 수 없다는 사실을 깨달았습니다. 바로 그해에 제 인생을 바꾼 커다란 교훈을 얻었습니다. 제가 아직 세계 대회에서 연설할 수준이 아니라는 사실을 청중이 알려준 것입니다. 처음에 저는 청중이 이렇게 말해주기를 바랐습니다. "오, 저 사람 정말 훌륭한데." [웃음소리] 이런 생각이야말로 제가 아직 올바른 마음가짐을 갖고 있지 않다는 증거였습니다.

저는 이겼던 연설 대회보다 졌던 연설 대회에서 더 많은 것을 배웠습니다. 이기기만 하고 교훈을 얻지 못하는 대회로는 결코 돌아가지 않을 것입니다. 저의 연설과 사고방식 중 몇 가지 모습을 고치지 않으면, 저의 전진을 청중이 허락하지 않을 것입니다.

통찰력 2

연설 대회의 주체는 연사가 아닌 청중이다.

지난달 제게 연락한 사람 중에 자신이 2013년 세계 대중 연설 대회의 챔피언에 관심이 있다고 밝힌 사람이 3명이나 되었습니다. 제 경험으로 보건대, 이런 마음가짐으로 대회에 나간다면 대회의 가장 큰 요소를 놓치게 됩니다. 연설 대회는 연사가 아닌 청중이 중요하다는 사실을 놓치는 것입니다. 어떻게 하면 본인의 연설이 청중의 생각과 생활방식을 개선할 수 있을까요? 연설이 끝나고 3시간, 3주, 3달, 아니 3년 후에라도 가능할 수 있을까요?

겸손과 신실함이 있어야만 훌륭한 연사와 연설이 가능합니다. 세상을 놀라게 할 만한 연설이 아니어도 됩니다. 겸손은 연사가 청중과 의견을 맞추면서 대화하는 것입니다. 저는 권위적인 태도로 청중을 무시하면서 말하는 연사들을 알고 있습니다. 설교자나 풋볼 감독의 전형적인 모습을 너무 많이 본 데서 비롯된 것입니다. 이들의 스타일은 이렇습니다. "여러분이 이렇게 생각하기를 내가 명하노라." [웃음소리] 청중이 연사인 나보다 똑똑하고 멋진 사람이라는 사실을 받아들이세요. 그것이 좋습니다.

저는 대단히 충격적인 사건에 초점을 맞추는 사람들을 계속 보고 있습니다. 연설에서는 결코 암이라는 단어를 언급하지 말아야 합니다. '죽음의 카드'를 갖고 노는 것은 자신의 연설 기술이 부족한 것을 보충하기 위해 선정주의를 활용하려는 시도에 불과합니다. 대신 연사는 청중에게로 주의를 돌려 자신이 진심으로 믿고 있는 메시지를 전달해야 합니다. 그래야만 다른 연사와 구별될 수 있습니다. 그러면 대회에서 우승하지 못할지라도 사람들의 삶을 변화시킨 것이니, 이긴 것이나 마찬가지입니다. 청중의 마음을 깊이 울리고 청중의 생각을 변화시킨 연설이 바로 우승 연설입니다.

통찰력 3
있는 그대로의 모습을 보여라.

연사가 있는 그대로의 모습을 보이는 것은 대중 연설에서 가장 어려운 일입니다. 연사가 사람들 앞에 서면 정말 이상한 일들이 벌어지기 시작됩니다. 연사는 자신의 생각을 잊어버리고, 몸은 그만 뻣뻣하게 굳어버립니다. 애써서라도 무대 위의 모습과 무대 아래의 모습이 같은 사람을 만나고 싶을 정도입니다.

저에게 연설 대회는 자아를 발견하고 자긍심을 얻기 위한 여정과 같습니다. 여러분도 자신의 삶을 곰곰이 생각해보고 자신이 누구인지를 정의할 필요가 있습니다. 우리는 살면서 가족이나 친구에 의해 규정됩니다. 우리는 결국 자신이 되고 싶었던 사람이 아닌, 다른 사람들이 원하는 사람이 되려고 노력합니다. 하지만 자신이 누구인지를 파악할 수 있을 때, 자신의 말을 통해 세상 사람들에게 전해줄 수 있는 가치 있는 것을 갖게 됩니다.

저는 연설 주제로 활용하기 위한 메시지를 발견하려고 애쓰고 있을 때, 저에게 실제로 어떤 나쁜 일도 일어나지 않아서 무척 좌절한 적이 있습니다. 저에게는 좋은 가족이 있고 저를 가르친 선생님들도 훌륭했고 직업도 좋은 편이었습니다. 그 속에서 어떻게 영감을 찾을 수 있겠습니까? 정말 끔찍했습니다. [웃음소리] 하지만 저는 다시 그 부분으로 돌아가 이렇게 물었습니다. "나는 그 속에서 무엇을 배웠을까? 내 삶에 변화를 일으킨 것은 무엇이며 내가 청중과 나누고 싶은 이야기는 무엇인가?"

있는 그대로의 모습을 보여준다는 것은 단지 무대에 서는 것이 아니라 청중과 대화하는 것입니다. 위대한 웅변은 자리에 있지도 않은 등장인물과 대화를 나누는 것이 아닙니다. 고함을 치거나 악을 쓰거나 지나치게 감정적으로 달아오르는 것이 아닙니다. 사다리나 의자, 주황색 원뿔이 중요한 것도 아닙니다. 그저 청중에게 말을 거세요. 설사 청중이 연사의 생각을 알아주지 않을지라도 연설로 자신의 주장을 입증할 수 있어야 합니다. 사람들의 머릿속에 들어 있는 이미지를 연사의 말로 색칠하세요. 청중이 반드시 생각해야 하는 것을 알려주지 말고, 자신의 스토리를 청중에게 전해 주세요.

저는 연설에서 등장인물을 표현할 때, 극적으로 만들지 않습니다. 대신 이들의 말과 행동을 저만의 목소리로 청중에게 들려줍니다.

비카스 징그란(2007)

통찰력 1

최후의 수단을 실행할 계획을 세워라.

세계 대중 연설 대회에서 이기는 법을 충고할 때는 저는 가장 먼저 이렇게 말합니다. "대부분의 경우 세계 선수권의 승자는 실제로 대회가 치러지기 훨씬 전에 이미 정해져 있습니다."라고요. 이해하기 어려운 말일 수도 있습니다.

저는 정유 및 가스 부문에서 엔지니어링과 프로젝트 관리를 맡고 있습니다. 혹시라도 프로젝트 관리 교육 과정을 볼 기회가 있다면, 프로젝트의 결과에 영향을 미치는 최적기는 초반이라는 것을 알게 될 것입니다. 그러므로 진로를 세심하게 계획하면, 뚝심만 갖고 억지로 실행할 때보다 훨씬 좋은 결과를 낳게 될 것입니다.

연설을 계획할 때도 우선적으로 연사가 해야 할 말을 파악하는 데 많은 시간을 투자해야 합니다. 일단 이런 단계를 제대로 밟아야만 마지막 결과에 큰 영향을 미칠 수 있습니다. 다시 말해, 이길 수 있는 것으로 시작해야 한다는 말입니다. 이길 만한 가능성이 없는 것으로 시작하면, 연설 솜씨를 뽐낼 수는 있지만 대회에서 이길 수는 없습니다.

주제 선택은 전적으로 성찰적인 문제입니다. 자신을 감동시킨 것은 무엇인지, 본인에게 중요한 것이 무엇인지를 진지하게 파악해야 합니다. "이런 주제면 이기겠는 걸, 이걸 주제로 연설해야겠어."라는 생각은 금물입니다. 지금의 존재에 이르게 된 진정한 배경과 가장 강렬한 감정을 불러일으킨 것은 무엇인지를 생각해야 합니다. 그런 것을 모르면 청중과 소통할 수 없습니다. 그 정도 깊이가 있어야 전달할 때 많은 실수를 하더라도 승리하는 연설이 되는 것입니다. 연설이 끝났을 때 감동으로 눈물을 흘린 심사위원이 있다면, 그가 연사의 잘못된 발음을 지적할까요?

연설은 여러 가지 감정을 전달하는 것이 중요합니다. 연사가 감정을 제대로 전달할 수 없다면 청중은 좋은 경험을 할 수 없을 것입니다. 단, 제가 보기에 연사 스스로가 감정을 제대로 통제하지 못하는 경우는 유일하게 도를 넘은 경우라고 생각됩니다.

통찰력 2
연사의 능력을 최대한 발휘할 수 있는 메시지를 전달하라.

순전히 우승을 목표로 삼아 대회에 나가는 것은 위험합니다. 우승은 연사가 결정할 수 있는 부분이 아니니까요. 우승만을 목표로 삼으면 불필요한 부담만 생깁니다. 그 부분은 연사가 조절할 수 없습니다. 연사는 매우 극적인 방법으로 사람들을 감동시킬 메시지를 갖는 것과 최고의 능력으로 연설하는 솜씨를 갖는 것을 조절해야 합니다.

저는 매우 분석적인 성장 환경에서 자랐습니다. 그래서 시험을 잘 치는 방법을 파악하는 데 많은 시간을 보냈습니다. 비록 긴 시간이 걸리기는 했지만, 저는 결국 가장 좋은 방법은 시험 점수를 걱정하지 않는 것이라는 사실을 알아냈습니다. 시험을 보지만 'A'를 못

받을 수도 있습니다. 또한 모든 문제를 풀려고 아무리 노력해도 풀수 있는 문제만 푸는 것입니다. 최고의 능력을 준비했어도 50문제중에 15문제는 정답을 전혀 모를 수도 있습니다. 그래도 괜찮습니다. 그런다고 긴장하면 상황만 더 나빠집니다. 연설도 마찬가지입니다. 전체적인 결과에 가장 중요한 영향을 미치는 것은 마음가짐입니다.

통찰력 3
단어가 아닌 아이디어 전달에 힘쓰라.

비록 제가 직접 연설문을 쓰기는 하지만, 저는 결코 연설문을 글자 그대로 정확히 암송할 수 없습니다. 그럴만한 기억력도 없습니다. 지금까지 세계 대회 선수권 연설을 수백 번 했지만 아직까지 단어 하나하나를 글자그대로 외울 수 없습니다. 저는 그저 연설하는 순간 그 연설 안에 있어야 했을 뿐입니다. 그래서 감정은 흘러가는 대로 내버려둡니다. 전달된 단어는 이전 연설과 비교해 흡사하지만, 정확히 일치하지는 않습니다.

연설문의 단어는 중요하지만 그렇게 중요한 것은 아닙니다. 단어는 감정을 옮기는 수단일 뿐입니다. 단어만을 중시하면 감정의 흐름이 방해받게 됩니다. 다음에 무슨 말이 올 지만을 생각하게 되면 나는 연설하는 순간 연설 안에 존재하지 못하게 됩니다. 그러나 연사가 연설하는 순간 그 연설 안에 존재하는 것이 연설에서 가장 중요한 부분입니다.

규칙이 없는 것이 규칙이다.

사람들은 '세계 선수권 대회에서 이기고 싶다면 꼭 해야 할 10가지' 같은 것을 비롯해서 온갖 종류의 조언을 내놓습니다. 저는 그런 것들을 정말로 멀리합니다. 제가 보기에 연설 대회에서 이기기 위해 반드시 해야 할 것은 아무것도 없습니다. 다만 독창적이어야 합니다. 자신에게 가장 잘 맞는 것을 파악해서, 그것을 잘 받아들이고 활용해야 합니다.

만약 무대에 선 연사가 무언가를 하는 것이 불편하다면 청중도 즉각 그 사실을 알아챌 것입니다. 그러면 연사가 쌓으려고 했던 소통은 사라져버립니다.

데이비드 핸더슨(2010)

통찰력 1

개인적인 이야기를 하라.

마틴 루터 킹처럼 역사상 가장 위대한 연사들을 보면, 이들의 메시지는 매우 긴급하다는 사실을 눈치 챌 수 있을 것입니다. 선택해서 들을 만한 것이 아닙니다. 하지만 토스트마스터즈에서 우리는 그와 같은 사치를 누릴만한 여유가 없습니다. 역사적으로 그렇게 중요한 상황도 아닙니다.

청중은 반드시 들을 필요도 없습니다. 세계 대중 연설 대회가 청중이 듣고 싶어 하지 않는 '연설'이라는 것은 사람들이 잘 이해하지 못하는 부분입니다. 청중은 심오하고 감동을 주는 메시지를 기반으로 한 이야기로 자신들을 즐겁게 해주기를 바랍니다.

우리 연사들은 어렸을 때부터 스토리를 통해 배워야 했습니다. 스토리는 정보를 재미있는 것으로 포장해서 전달하는 데 이롭습니다. 스토리를 적절히 들려주면 연사는 청중의 생각을 바꿀 수 있습니다. 처음부터 청중에게 본인의 주장을 설파했다는 사실을 청중이 모르게 하면서 이루는 것입니다. 이때 바로 스토리텔링의 위력이 작동하기 시작합니다. 하지만 아무 날 저녁이든 토스트마스터즈 모임에 가서 그날 밤 연설에 귀를 기울인다고 최대한의 영향을 미친 스토리를 들을 수는 없습니다.

이야기의 주인공은 연설이 끝날 때는 반대 입장(주인공이 초반에 있던 자리와 비교해서)에 있어야 합니다. 그래야 감정에 탄력이 붙습니다. 실질적인 영향을 미치고 싶다면 영웅의 여정은 제한적으로 써야 합니다.

저는 토스트마스터즈 모임에 간 첫해에, 아주 멋진 여성이 뿔 달린 도깨비에 관한 연설을 정말 지루하게 하는 것을 들었습니다. 모임이 끝난 후, 그 여성과 대화를 나누다가 아메리칸 밴드스탠드가 그녀의 고등학교를 방문했을 때, 그녀가 딕 클라크(Dick Clark) 옆에서 춤을 추었다는 사실을 알았습니다. 이 이야기를 할 때, 활짝 웃는 그녀의 얼굴이 활기차 보였습니다. 그래서 저는 이렇게 물었습니다. "이렇게 좋은 이야기가 있는데 뭐 하러 뿔이 달린 개구리 이야기를 했나요?"

나는 가끔 이런 질문을 받습니다. "어떻게 하면 재미있게 말할 수 있나요?" 가장 많이 받는 이런 질문에 저는 이렇게 대답합니다. "자식이 있나요? 만약 있다면 자식이 저지른 일 때문에 가장 실망했던 경험담을 말하세요." 사람들은 연사가 자신과 관련된 이야기를 하면 즉각적으로 연사와 마음이 통합니다. 연사의 경험에서 끌어낸 개인적인 스토리를 말할 때, 유머나 손짓, 다양한 목소리 같은 기법은 자동적으로 수정됩니다.

통찰력 2
모든 사람의 마음이 통할 수 있도록 진짜 문제를 해결하는 연설을 하라.

제가 가장 좋아하는 작가 중에 한 분인 팀 오브라이언은 〈그들이 가져간 것들, The Things They Carried〉이라는 저서에서 베트남 전쟁에서 겪었던 일을 기술했습니다. 제가 이 책을 좋아하는 이유는 저자가 스토리텔링에 대해 많은 부분을 이야기했기 때문입니다. 저자는 위대한 스토리에는 본인의 개인적인 경험을 일반화시키는 힘이 있다고 했습니다. 연사는 독창적인 것을 취해야 합니다. 그리고 그것을 다른 사람들의 마음이 통할 수 있는 것으로 만들어야 합니다. 적절한 방법으로 잘 만들면, 사람들은 연사가 연사 본인에 대해 이야기한다는 사실을 잊어버리고, 자신들에게 일어났던 일을 이야기한다고 생각하게 됩니다. 이것이 바로 스토리의 위력입니다.

사람들이 과거 몇 년 동안 세계 대중 연설 대회를 연구한 결과, 연사는 가볍고 행복하고 긍정적인 메시지를 전달해야 한다는 결론을 내렸습니다. 사람들은 제가 우승한 연설에서 무대 의상을 입고 무대에 나선 것을 가장 큰 위험을 감수한 것이라고 생각합니다. 하지만 저는 저 자신이 확신하는 것에 대해 이야기하기로 결정한 것이 가장 큰 위험이었다고 생각합니다.

작가인 코맥 매카시(Cormac McCarthy)는 죽음이란 우리가 직면한 가장 심각한 주제라고 기술했습니다. 그는 죽음에 관한 글을 쓰지 않는다면 진지한 작가가 아니라고 했습니다. 그렇다고 세계 대중 연설 대회에 참가하는 사람들이 모두 죽음에 관한 이야기를 해야 한다는 뜻은 결코 아닙니다. 하지만 연사라면 보편적인 진짜 문제를 이야기해야 한다고 생각합니다. 제 인생에서 사랑하는 사람을 잃은 것은 제가 다루기에 가장 까다로운 문제입니다. 제가 치렀던 준결승전과 결승전의 연설 속 중요 인물은 죽습니다. 저는 우리 엄마가 어릴 때 자신을 버린 외할머니가 임종을 맞았을 때 용서하는 장면을 바라보는 이야기를 준결승전 연설로 전했습니다. 이 연설은 희망에 관한 것입니다. 우리는 희망을 '최고의 명약'이라고 불렀습니다. 결승전 연설에서 저는 겸상적혈구빈혈에 걸린 어린 소녀가 죽는다는 이야기를 했습니다.

누군가를 잃게 되면 기본적으로 부당하다는 기분이 듭니다. 그래서 저는 사람들이 다른 사람을 잃은 후 긍정적인 방식으로 회복되는 방법을 찾는 데 연설의 초점을 맞추었습니다. 이런 이야기는 모든 사람이 갖고 있습니다. 그래서 사람들은 이야기에는 반응을 보이지 않습니다. 자신이 들은 이야기 속에 들어있는 태도에 반응하는 것입니다. 제 이야기에는 특별한 점이 전혀 없습니다.

가끔 저는 연설을 들으면 속으로 이렇게 묻습니다. "좋아. 그런데 연사의 의도가 뭐였지?" 연사의 메시지는 간단해야 합니다. 또한 모든 사람이 공감할 수 있는 것이어야 합니다. 제가 전한 준결승전의 메시지는 '희망이 최고의 명약이다.'(Hope is the best medicine)였습니다. 결승전의 메시지는 '언젠가 우리는 모두 무너집니다. 하지만 작은 사랑만 있어도 다시 일어설 수 있습니다.'였습니다.

다음으로 치밀한 메시지가 필요합니다. 하지만 그것만으로는 부족합니다. 메시지는 해결책이 돼야 합니다. 또한 직면한 문제를 명확하게 밝혀줄 필요가 있습니다. 우리는 '더 큰 꿈을 꾸어라.'나 '더 즐겁게 살아라.' 같은 메시지가 들어 있는 연설을 가끔 들을 것입니다. 하지만 이런 메시지를 전하는 연사들은 그런 메시지가 왜 그토록 중요한지 그 이유를 결코 밝히지 않습니다. 그러나 중요한 것이 무엇인지 예를 들어 보여줘야만 연설하는 동안에 탄력이 붙습니다.

끝으로 당면한 문제를 풀 수 있는 해결책을 어떻게 알아냈는지 예를 들어 분명히 밝히는 것이 중요합니다. 이 부분에서 제가 제시할 수 있는 최고의 예문이 있습니다. 만약 어떤 사람이 수학 시험을 보는데 모든 문제마다 풀이는 쓰지 않고 해답만 써내면, 아무리 정답을 썼더라도 그 시험은 불합격 점수를 받을 것입니다. 응시자가 속임수를 썼다고 교수가 추정하기 때문입니다. 하지만 그 응시자가 천재이거나 석학일 수도 있습니다. 그래도 교수는 응시자가 답을 알아낸 과정을 보고 싶어 할 것입니다.

연설을 쓸 때, 연설의 메시지는 해답입니다. 스토리는 메시지를 얻어낸 과정입니다. 설사 연사가 메시지를 명쾌하게 말하지는 못할지라도, 스토리를 통해 예를 들어가며 메시지를 명확하게 설명할 필요가 있습니다. 그래야만 청중은 자기 힘으로 메시지를 파악할 수 있습니다.

통찰력 3

청중을 웃기고 울려라. 그리고 사랑에 빠지게 하라.

저에게는 세계 대중 연설 대회에서 우승하기 위해 반드시 해야 한다고 말할 것이 거의 없습니다. 그렇긴 하지만 반드시 해야 할 것이 딱 하나 있습니다. 바로 청중을 웃기는 것입니다. 훌륭한 연사는 재미있는 사람이라는 말을 보편적인 진리로 받아들이는 사람들이 있습니다. 하지만 그런 사람은 웃음이 연설 대회에서 우승하는 데 어떤 역할을 하는지 제대로 이해하지 못한 것입니다. 웃음은 단지 사람들을 즐겁게만 하는 것이 아닙니다. 웃음은 정서적 반응을 일으키는 것입니다. 그런데 정서적 반응을 웃음으로만 제한하는 것은 금물입니다.

초기에 토스트마스터즈에서 연설을 할 때 울었던 적이 있습니다. 토스트마스터즈에서 사람들은 모두 불안감을 극복하기 위해 자신의 말을 개선해야 될 상태가 옵니다. 사람들은 모두 자신의 불안감이 다른 모든 사람들의 불안감보다 훨씬 중요하다고 생각합니다. 저도 말할 때 감정적이 되는 것에 대해 불안감을 느꼈습니다. 우스꽝스럽게도 토스트마스터즈에서 저의 원래 목표는 다시는 울지 않는 것이었습니다.

그런데 연설이 끝난 후, 사람들이 제게로 와서 제 연설이 무척 좋았다는 말을 해주었습니다. 저는 그때 비로소 청중이 저와 같은 감정을 느낄 수 있도록 좋은 방법을 제시하는 것이 저의 진정한 목표여야 한다는 사실을 깨달았습니다.

얼마 후, 저는 한 남자가 연설하는 도중 울먹이는 소리를 들었습니다. 그런데 참 어색한 기분이 들었습니다. 이유를 곰곰이 생각해보고 차이를 알아냈습니다. 이 남자는 예전에 받았던 메달과 코인을 담은 케이스를 보여주면서 군대 시절의 경험담을 들려주고 있었습니다. 그런데 어느 순간 감정을 주체하지 못하더니 난데없이 울음을 터트린 것입니다. 연사가 갑자기 청중의 감정을 기습하면 정말로 어색한 기분이 듭니다.

혹시 요리를 좋아하나요? 달걀을 익혀본 적이 있나요? 달걀을 뜨거운 물에 바로 집어넣으면 응고되면서 마구 뒤섞일 것입니다. 그래서 물의 온도를 천천히 올리면서 천천히 익혀야 합니다. 이와 마찬가지로 연사도 연설에서 강한 감정을 일으키려면, 먼저 연설의 초반부에서 곧 나쁜 일이 있을 거라는 암시를 분명히 보여줘야 합니다. 미리 암시를 통해 제가 왜 이런 감정을 느끼는지 설명할 수 있으면, 그 때 청중은 저에게 공감하고 비난하지 않을 것입니다. 이것은 저에게 중요한 발견이었습니다.

만약 지난 10년 동안의 세계 대중 연설 대회를 연구해서 연설을 만들면 지역 대회는 이길 것입니다. 준결승전을 통과할 가능성도 무척 높습니다. 하지만 결승전에서는 똑같은 연설을 보여주는 다른 경쟁자들 때문에 기껏해야 반반의 가능성만 가질 것입니다. 연사를 차별화시키는 방법은 없습니다. 대회에서 확실하게 우승하고 싶다면 좀 더 대담해져야 합니다. 사람들을 웃겨야 하고, 울게 하거나 사랑에 빠지게 만드는 식으로 한두 가지 감정을 더 느끼게 해야 합니다. 그러면 본인이 좀 더 효과적인 연사라는 사실을 청중에게 납득시킬 가능성이 커집니다.

통찰력 4
실전을 통해 위험을 없애라.

사람들은 제가 세계 대중 연설 대회에서 무대 의상을 입자 위험을 자초한다고 생각했습니다. 저는 결승전에 오르기 전에 다섯 개의 대회를 거쳤습니다. [클럽, 지역, 분과, 지구, 준결승] 회전을 거듭할수록 전 단계에 비해 대회의 성격이 더 진지해 집니다. 저는 결승전 무대에 오를 때, 무대의상을 입었습니다. 이미 연달아 입어봤는데 다섯 번 모두 효과가 있었습니다. [데이비드는 다섯 번은 의사 옷을 입었고, 결승전에는 조종사 옷을 입고 등장했다.] 이미 다섯 번이나 효과를 보았으니 위험하다고 볼 수는 없었습니다.

무대의상을 활용하려면 지켜야 할 규칙이 많습니다. 대부분의 어른은 무대의상을 입고서는 무대 주변을 걸어 다니지 않습니다. 하지만 제 연설 속에는 등장인물로 어린아이가 포함돼 있어 무대에서 과장스럽지 않은, 보다 사실적인 행동을 하는 것이 쉬운 편이었습니다. 제가 의사 역할을 하는 아이가 되어, 누군가의 심장 소리를 듣기 위해 청진기를 꺼내면 되니까요.

또한 눈에 보이는 소도구를 사용하면 많은 것을 설명할 필요가 없어집니다. 제가 연설 후반부에서 재키[재키는 데이비드의 어릴 적 친구로 겸상적혈구빈혈로 사망함]의 스카프를 꺼내자 말을 많이 할 필요가 없어졌습니다. 스카프가 제 대신 많은 이야기를 해주었기 때문입니다. 스카프만 보여주어도 전후 관계상 필요한 지점으로 다시 청중을 부를 수 있고, 그때의 감성도 다시 불러일으킬 수 있었습니다.

통찰력 5

청중의 이목을 끄는 것을 사실적이고 의미 있고 목적이 있는 것으로 만들라.

세계 대중 연설 대회의 결승전이 열리는 동안, 대회장 안에 모인 사람들은 모두 지금까지 들어본 연설 중에 최고의 연설인 아홉 가지 결승 연설에 귀 기울일 작정을 하고 있습니다. 그러니 연설을 잘하는 것만으로는 부족합니다. 청중이 '와' 하는 소리를 지를만한 것을 만들어내야만 합니다. 단, 극단적으로 과장되지 않고도 '와' 하는 소리를 낼만한 것이어야 합니다.

요즘의 연설 대회를 보면 참가자들이 과장된 것을 하는 경향이 있습니다. 저도 실질적인 이유도 없이 대회장에서 그렇게 과장된 것을 하느라 고생했었습니다.

결승전 연설을 한창 진행할 때, 저는 발을 헛디디고 넘어집니다. 대부분의 사람들은 제가 대런 라크루와가 우승 연설을 할 때 그런 것처럼 단순히 커다란 제스처를 취하는 것인 줄 알았습니다. 하지만 연설 대회에서 시간을 통제하는 능력은 우승에 필요한 중대한 요소입니다. 제 우승 연설을 보면 매우 행복했다가 매우 슬픈 장면으로 넘어갑니다. 저는 그런 이동 상황을 말로 표현할 시간이 충분하지 않았습니다. 제가 무대 위에서 넘어진 것은 무언가 나쁜 일이 곧 일어날 것이라는 사실을 매우 빠르게 암시한 것입니다. 또한 언젠가 우리는 모두 무너진다는 연설 속의 주된 은유를 행동으로 보여준 것입니다.

통찰력 6

청중에게 통하는 것과 통하지 않는 것을 분석하라.

토스트마스터즈에 들어간 첫해에는 세계 대중 연설 대회에 참가하는 것이 너무나 두려웠습니다. 믿거나 말거나 어쨌든 그랬습니다. 정말 열심히 노력했다면 첫해에 세계 대중 연설 대회에 참가할 기회를 얻었을 것입니다. 저더러 대회에 나가라고 권유했던 두세 사람의 말을 귀담아 들었다면 좋았을 텐데 아쉽습니다. 저는 토스트마스터즈에 들어간 이듬해에 분과 대회에서 2위를 했습니다. 그 다음 해에는 지역 대회에서 2위를 했습니다. 대회마다 모두 간신히 이룬 성적입니다.

먼저 우승한 사람 중에 저에게 해야 할 일을 설명해준 사람은 아무도 없었습니다. 예전에 우승한 사람들이 최고 실력의 참가자들에게 도움을 주는 문화가 있는 줄도 몰랐습니다. 하지만 오히려 그런 점이 저에게는 이점으로 작용했다고 생각합니다. 왜냐하면 그때는 있는 줄도 몰랐던 관습을 깰 수 있었으니까요. 저는 그냥 여자 친구인 조세핀(Josephine)과 함께 대회에 참가했습니다. 제가 질 때 우리는 같이 앉아서 무엇이 잘못됐고 무엇이 좋았는지를 비판적으로 곰곰이 생각했습니다. 우리는 그저 계속 그런 일을 반복했습니다. 우리는 우리 나름대로 대회의 규칙을 파악했습니다.

대부분의 사람들은 1, 2 회전 같은 초반 예선에는 익숙한 편견이 있을 것이라고 생각합니다. 하지만 이기지 못하면 속으로 이렇게 물어봐야 합니다. '이 사람은 어떻게 나를 이겼을까?' 대개는 이렇게 해야 왜 이기지 못했는지를 풀어낼 수 있는 타당한 이유를 [편견과는 아무런 상관 없이] 찾아낼 수 있습니다.

통찰력 7
연설할 때 대사를 전달하라.

제 여자 친구인 조세핀과 저는 토요일마다 영화관에 갑니다. 또한 매일 밤마다 AMC나 HBO, 혹은 쇼타임(Showtime)에서 방영하는 쇼 프로그램을 시청합니다. 영화가 상영 중이거나 끝난 후에는 어떤 등장인물은 마음에 드는데 어떤 등장인물은 왜 마음에 들지 않는지, 왜 어떤 쇼는 기분이 나쁜데 어떤 쇼는 마음에 쏙 드는지 그 이유를 조목조목 골라냅니다. 훌륭한 영화는 어느 한 등장인물의 멋진 대사를 중심으로 만들어집니다. 만약 시나리오 작가들 중 영화 대사를 만드는 법을 제대로 이해하는 사람이 있다면, 그는 위대한 토스트마스터즈 연설에 필요한 모든 것을 갖춘 셈입니다.

하지만 이렇게 훌륭한 대사는 영화의 상영 시간 중 극히 일부를 차지한다는 사실을 알아야 합니다. 예를 들어, 영화 〈어퓨굿맨, A Few Good Men〉에서 잭 니콜슨(Jack Nichoson)이 목격자에 대해 한 말을 곰곰이 생각해보면, 영화의 전체 내용이 전부 그 한 순간을 중심으로 만들어졌다는 것을 알 수 있습니다.

만약 제가 치른 첫 예선전의 연설을 본다면, 그 연설 속에 대사가 있다는 것을 눈치 챌 것입니다. 그 대사는 제가 더 이상 재키를 보고 싶지 않다고 하자 우리 엄마가 하신 말씀입니다. 그 밖의 모든 말은 바로 그 순간을 중심으로 만든 것입니다. 그 말을 통해 저는 완벽한 메시지를 전했습니다. 연설의 모든 것은 우리 엄마가 제게 하신 말씀을 실행에 옮긴 후에 나왔습니다. 엄마의 조언에 얼마나 즐겁고 역동적으로 주의를 기울였는지가 드러나 있는 것입니다.

통찰력 8
남성과 여성 모두에게 호소할 수 있는 스토리를 공들여 만들라.

저는 대회에 참가하면서 두 가지를 알았습니다. 첫째, 대부분의 참가자는 남자입니다. 둘째, 적어도 텍사스 주에서는 대부분의 주최자와 심사위원은 여자입니다. 남자들은 여성들이 그다지 흥미를 보이지 않는 주제를 선택하는 경향이 있습니다. 남자들은 주로 자존심을 회복한 이야기나 기술 문제 때문에 좌절했다가 극복한 이야기, 아버지와의 관계를 주제로 한 이야기 등을 합니다. 그래서 저는 이야기를 더 잘 들어주는데다가 심사위원을 맡고 있는 여성들에게 더 와 닿을 수 있는 연설을 써야겠다는 생각을 했습니다. 하지만 이런 연설이 청중석에 앉은 남성들에게 얼마나 큰 정서적 충격을 줄지는 예상하지 못한 것이었습니다.

저는 연사가 어떤 이야기를 꺼내야 모든 사람의 마음을 통하게 할 수 있을까 속으로 생각했습니다. 그러자 제 머릿속에 처음으로 떠오른 대답은 바로 '어머니'였습니다. 사람들은 모두 어머니를 사랑합니다. 정도는 다르지만 사람들은 모두 이 이야기에 마음이 통할 수밖에 없습니다.

쟥 엘리어트(2011)

통찰력 1
자신을 안전지대로부터 밀어내라.

실제로 어떻게 해야 세계 선수권 대회에서 우승할지 규정하기는 무척 어렵습니다. 지난 몇 년 동안 매우 특이한 결과를 몇 개 보았기 때문입니다. 저는 북미 지역 안에서도 더 절제된 문화 속에서 자랐습니다. 다른 곳에서는 얼마든지 통할 것 같은 쇼맨십을 발휘하는 것이 저에게는 늘 어려웠습니다. 그래서 저는 대신 늘 웅변술을 추구했습니다.

저는 보통 직업적인 연사로서 세상에서 연설할 때, 토스트마스터즈 무대에서라면 얼마든지 용인될만한 것들을 했지만 몇 가지는 성공하지 못했습니다. 그저 놀림을 받곤 했습니다. 그렇다고 토스트마스터즈를 존경하지 않는다는 말은 결코 아닙니다. 저는 37년 동안 토스트마스터즈의 회원이었고 할 수 없을 때까지 계속 회원으로 있을 생각입니다. 토스트마스터즈는 연사로서 편안한 것을 배우기에 무척 좋은 훈련장입니다. 하지만 그렇게 되면 연사 본인이 쉽게 만족하게 되는 문제가 생깁니다. 사람들은 자신이 훌륭한 연사건 혹은 형편없는 연사건 똑같이 편안해 질 수 있기 때문입니다.

연사는 요령을 피우지 말라고 압력을 받을 때만 연사로서 성장합니다. 대회 연설이나 직업적인 연설은 모두 연사를 스트레스 상황으로 몰아넣습니다. 그러나 둘 중에 대회 연설이 훈련을 받기에 더 좋습니다. 왜냐하면 연사 본인이 직접 자신을 스트레스 상황으로 몰아넣기 때문입니다. 토스트마스터즈는 건설적인 평가가 기준인 곳이라 추가적인 이점이 있습니다.

통찰력 2
연사가 말하고 싶은 것을 알아야 한다.

연사 본인이 말하고 싶은 것을 아는 것이 가장 중요합니다. 그런데 대다수의 사람들이 그렇지 못합니다. 대신 사람들은 특정한 글에 마음을 빼앗깁니다. 저도 그런 사람들 중에 한 명입니다. 하지만 특정한 글이나 생각은 기분 전환에 불과합니다. 연사라면 연설을 준비할 때 내용에서 벗어났다가 다시 돌아와 냉정하게 말할 수 있는 여유가 있어야 합니다. "그래, 참 멋진 생각이야. 다음에 쓸 수 있게 이 아이디어를 갖고 있어야지. 하지만 이번 연설하고는 맞지 않네."

연사가 하고 싶은 말을 정확히 알기 전까지 연설은 초점을 잃게 마련입니다. 그리고 연설의 의의를 전혀 갖지 못할 것입니다. 연사는 자신이 하고 싶은 말을 명함 크기에 맞춰 쓸 수 있을 정도로 잘 파악해야 한다는 오래된 원칙은 사실 유효한 것입니다. 초기의 연설로는 성취할 수 없을지도 모릅니다. 연설 주제가 개선될 때까지 계속 노력해야 합니다. 연습 때 받는 피드백만큼이나 자신의 직관도 믿어야 합니다. 결국 연사가 사신의 머릿속에 아주 분명한 메시지를 힘들게 담기 전까지는 청중에게 메시지를 전할 수 없습니다. 물론 그것이 바로 메시지의 가치입니다. 제가 보기에 본질이 없는 연설은 단지 거품에 불과합니다. 연설은 사람들이 가져가고 싶어 하는 무언가를 갖고 있어야 합니다.

청중은 연사에게 중요한 것이 자신들에게도 중요한 것이라고 표현합니다. 연사는 청중의 그런 마음을 충분히 알아야 합니다. 제가 제 청중을 더 잘 알수록 청중의 머리와 마음에 더 가까워집니다. 그리고 제 연설의 요점을 받아들이는 부분으로 청중을 더 빨리 데려다줄 수 있습니다. 청중이 제 의견에 동의하지 않더라도 그렇습니다.

토스트마스터즈 세계 대중 연설 대회에서 연사의 메시지는 보편적인 호소력이 있어야 합니다. 예를 들어, 아프가니스탄 전쟁처럼 시사적인 메시지라 합시다. 시사 문제나 사회 문제는 대개 5, 10, 15년 이상 가지 못합니다. 저는 30년 전에 특정 유형의 오스트레일리아 해변 족(beach bum: 해변에서 육체미를 과시하는 사람들)에 관한 연설을 쓴 적이 있습니다. 하지만 지금은 그런 유형의 사람은 더 이상 존재하지 않습니다. 그러니 그 연설은 그 당시까지 생각할 수 있는 저와 같은 세대의 사람들이나 공감할 수 있는 것입니다. 몇 가지 측면에서 볼 때 그것은, 연설의 가치를 빼앗지는 않지만 더 이상 보편적인 호소력은 없습니다.

　　대회 마지막 날이 되면 오직 한 사람만 우승 트로피를 집으로 가져갑니다. 하지만 1명, 혹은 10명이나 100명, 1,000명, 혹은 10,000명이 저의 메시지를 집으로 가져간다면 저도 이긴 것입니다. 저는 사람들의 삶을 바꾸려는 것이 아닙니다. 저는 사람들에게 무언가 생각할 것을 주기 위해 노력할 뿐입니다. 그것으로 무엇을 하든 그것은 전적으로 그 사람들의 몫입니다. 사실 저는 연설문을 쓰는 도중에 인생을 생각하는 방식이 바뀌고, 그에 따라 행동 방식도 바뀔 때가 있습니다. 이 점이 바로 연설문 쓰기의 장점 중 하나입니다. 연설문을 쓰면 자신의 생각이 명료해지고 감정이 배출되며 앙금이 사라집니다.

통찰력 3
참된 자신을 표현하라.

　　과거 우승자들의 연설 DVD를 보면서 이렇게 말하는 참가자들이 있습니다. "좋아, 저거 좋네, 저것도 좋고. 마릴린 몬로의 미소와 소피아 로렌의 눈, 다른 나머지까지 한 데 모아 완벽한 얼굴을 만들어야지, 아니 이 경우는 완벽한 연설이네." 하지만 최종 결과는 아주 평범한 외모가 될 것입니다. 우승 연설 DVD를 보는 것은 나쁘지 않습니다. 하지만 그것을 통해서는 전술이나 개인적인 스타일보다 동향에만 초점을 맞춰야 합니다.

우승 연설에는 노래나 춤, 발판 사다리 오르기처럼 복제가 가능한 요소가 있습니다. 그래서 다음 해 연설 대회에서 모방하는 사람을 수없이 보게 될 것입니다. 모방을 잘하는 사람도 있고 잘 못하는 사람도 있습니다. 어쨌든 이들은 의도를 잘못 이해한 것입니다. 대부분의 우승 연설에는 말로 혹은 몸으로 하는 비밀 장치가 들어 있습니다. 그래서 사람들의 공감을 불러일으키는 것입니다. 하지만 연사만의 독특함이 꼭 필요합니다.

저는 비밀 장치가 없습니다. 소도구도 쓰지 않습니다. 음향 장치도 없이 완전한 어둠속에서 작용할 수 있는 원칙에 공을 들입니다. 반드시 효과가 있는 몸짓과 다양한 목소리와 수준 높은 단어들로 연설에 맞는 말과 이미지를 만드는 것이 저만의 원칙입니다. 어떤 몸짓과 목소리가 연설 본연의 빛을 잃게 하면 그런 몸짓과 목소리는 빼버립니다. 사람들이 집으로 가져가는 것은 본질이기 때문입니다.

결국 연사 본인에게 효과가 있는 것을 해야 합니다. 옳거나 그른 것은 없습니다. 만약 키가 크다면 농구를 하고 키가 매우 작다면 당구를 칠 것입니다. 가장 쉽게 할 수 있는 것을 해야 합니다. 이것은 연사의 목소리와 신체에도 적용되는 말입니다. 저의 우승 연설인 '그저 운이 무척 좋아요'(Just So Lucky)는 다른 연설에 비해 상대적으로 조용하고 움직임이 덜한 편입니다. 제가 원래 그런 사람이기 때문입니다. 저는 그 점이 제게 불리하거나 유리하게 작용한다는 것을 알았습니다. 또한 보여주는 것이 너무 많다는 불만의 소리도 알았습니다. 하지만 저는 늘 그렇듯이 위험을 감수하는 것이 좋았습니다. 제가 말하고 싶은 것이 바로 그것이기 때문입니다.

뇌수술을 실행하는 데 올바른 방식은 딱 하나만 있습니다. 하지만 연설과 관련된 거의 모든 활동에는 올바른 방식이 얼마든지 있습니다. 연사, 사건, 청중, 행사 시간에 따라서도 달라집니다. 예를 들어, 모임에서 비교적 격식에 매이지 않는 점심 연설을 한다 합시다. 그런데 똑같은 날이라도 매우 정중한 공식만찬에서는 다른 기대가 있을 것입니다. 그러면 저는 메시지만 바꾸는 것이 아니라 옷 입는 스타일도 바꾸고 언어 사용도 다르게 합니다. 환경에 따라 다른 모습을 보여주는 것이 자연스러운 행동이기 때문입니다. 상사에게 말할 때와 개한테 말할 때, 엄마에게 말할 때의 모습이 다 다릅니다. 하지만 각각 다른 모습을 보여주어도 그 모습이 바로 '내' 모습입니다.

통찰력 4

청중에게 지적인 감동과 정서적인 감동을 모두 주라.

오랜 세월 저는 핵심을 놓치고 살았습니다. 저는 학구적인 성향이 무척 강했습니다. 제가 하는 말에는 열정이 많았지만, 감정적인 여운이 없는 문제에만 집착하고 있었습니다. 하지만 연사가 청중을 감동시키려면, 지적인 것과 정서적인 감동이 모두 필요합니다.

저는 지난주에 브루나이에 가서 이제 막 가입한 새로운 토스트마스터를 만났습니다. 저는 그 토스트마스터의 말을 곰곰이 생각해 보았는데, 무척 심오한 말이었습니다. 그녀는 이렇게 말했습니다. "연사는 청중과 자신의 요점을 연결하는 다리 역할을 합니다."
저는 그녀의 말이 무척이나 의미가 있다고 생각했습니다. 저는 영업과 마케팅 분야에서 몇 년 동안 일했기에, 대상 고객이 나를 좋아하지 않으면 내 물건을 사주지 않는다는 사실을 잘 알고 있습니다. 여러분은 적어도 연사로서 존중을 받을 필요가 있습니다. 청중이 예전에 연사를 경험한 적이 없을 수도 있습니다. 그러므로 연사는 청중을 만나면 바로 호감과 존경, 신뢰성을 키워야 합니다. 그렇지 않으면 청중은 이렇게 말할 것입니다. "좋아. 그런데 저 사람, 우리한테 일방적인 이야기를 하고 있네. 자기가 하는 말에 완전히 푹 빠졌네." 청중이 이렇게 생각하면 그 연사는 실패한 것입니다.

저는 청중의 입장에 서려고 노력합니다. 그래서 청중의 머릿속과 마음속에 사는 것에 가까이 다가가려고 노력합니다. 거기서부터 출발하는 것입니다. 미국에서 저의 청중은 중산층으로, 수입도 중간이며 정치적인 성향은 살짝 보수적인 중년입니다. 1,500명 이상의 청중을 일반화시킬 수 있다면 어떤 말이든 할 수 있을 것입니다. 설사 성이나 정치, 종교에 대한 말이라도 할 수 있습니다. 결국 청중에 대한 처우가 가장 중요합니다. 불필요하게 사람들을 공격하는 것은 아무런 의미가 없습니다. 저는 일부러 사람들의 기분을 상하게 하는 것은 상당히 좋아하지만, 우연히 그렇게 되는 것은 피하려고 많이 노력하는 편입니다. 우연히 청중의 기분을 상하게 했다는 것은 조사가 부족했거나 글쓰기가 부주의했다는 의미이기 때문입니다. 동시에 모든 사람을 다 기쁘게 할 수는 없습니다. 연사가 무엇을 하든 청중의 3퍼센트는 연사를 무척 싫어할 것입니다. 이들은 맨 앞줄에 팔

짱을 끼고 꼿꼿이 앉아 연사를 무섭게 노려볼 가능성이 있습니다.

통찰력 5

심사위원의 기준을 재빨리, 명확하게, 예민하게 알아채라.

오랫동안 저는 심사위원이 선호하는 방식에 매우 세밀한 주의를 기울이면서 모든 요점을 전달했습니다. 하지만 제가 모든 요점을 올바르게 연설했다고는 믿지 못하겠습니다. 심사위원들은 매우 특별한 기준을 찾고 있습니다. 연사는 심사위원들이 찾고 있는 획기적인 사건을 제공해야 합니다. 그리고 심사위원들 입에서 '좋아. 저 정도면 됐어.' 이런 말이 나올 수 있게, 그 획기적인 사건이나 발견을 매우 명확하게 말해야 합니다. 하지만 그렇다고 이렇게 말할 정도로 너무 분명하게 말하고 싶지는 않을 것입니다. "여기까지가 제 서론입니다. 이제부터 본론에 들어가겠습니다."

청중으로서 저는 연설 속 어딘가에 오래 숨어 있던 요지가 갑자기 튀어나오는 순간을 무척 좋아합니다. 하지만 심사위원들은 연사의 요점을 대하는 자신들만의 심사 기준을 단단히 붙잡고 있어야 합니다. 심사위원들은 연사의 메시지를 아주 일찍, 아니면 적어도 쓸모 있는 출발점에서 볼 필요가 있습니다.

대회의 주최국에 미리 익숙해져라.

몇 년 전 저는 대회가 있기 일주일 전에 미리 미국에 들러 10여 곳의 클럽을 방문하곤 했습니다. 비용도 많이 들고 시간도 무척 많이 들었지만, 생체 시계가 알맞게 적응되는 이점이 있었습니다. 어리석은 평가를 받을 때도 있지만 피드백은 대체로 매우 유용합니다. 특히 타이밍과 언어 사용 면에서 어떤 것이 효과가 있는지를 극명하게 알 수 있습니다. 또한 연사가 메시지를 청중에게 맞추는 데 유익합니다. 일반적으로 말해서 북미 외부의 사람들은 경쟁하기가 더 어렵습니다. 왜냐하면 우리 북미 사람들은 문화적, 시각적 이미지에 깊이 빠져들지 않기 때문입니다. 대부분의 북미 사람들에게 이러한 이미지는 제2의 천성에 가깝습니다.

통찰력 7

청중 가운데 아무도 놓치지 않도록 주의하라.

토스트마스터즈 세계 대중 연설 대회에는 '죽음'과 관련된 이야기가 너무나 많습니다. 몇몇 이야기는 너무나 참혹하고 너무나 개인적이어서 연사와 청중의 관계를 깨트릴 정도입니다. 저는 우승 연설인 '그저 운이 무척 좋아요'에서 저 자신에 대한 이야기는 일부러 상세하게 하지 않았습니다. 대신 청중이 자신을 대입할 수 있게 이미지만 여러 개 만들었습니다.

예를 들어, 저는 친구처럼 지내는 우리 가족에 대해 말할 때 이렇게 말했습니다. "우리 가족은 모두 다른 차이점이 있지만 결국 모두 극복했습니다." 그런데 제가 이 부분을 실습할 때, 어떤 여성이 제게로 와서 이렇게 말했습니다. "당신은 저 같은 사람을 놓치셨네요. 저희 가족도 다른 점이 있지만 결코 극복하지 못했거든요. 그래서 저는 당신이 그 말을 한 순간부터 그 연설에 동참할 수 없었습니다." 저는 원래 이런 말을 덧붙일 생각이었습니다. "하지만 우리 가족은 이런 차이를 모두 극복했으니 무척 운이 좋은 편입니다." 제가 운이 좋다고 해서 모든 사람이 가족 문제를 극복하는 것은 아니라는 사실을 인정한 것입니다. 이 말로 인해 그녀나 그녀와 같은 다른 사람들이 저와 함께 다음 단계로 넘어갔기를 바랍니다. 저는 연설하는 내내 사람들이 이렇게 말해주기를 바라면서, 연설 속 이미지와 말에 공을 들입니다. "맞아, 나도 저런데. 저 사람이 내 얘기를 하고 있네."

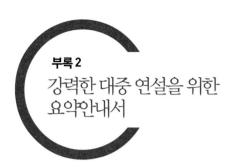

부록 2
강력한 대중 연설을 위한
요약안내서

Chapter 1
상황에 가장 적절한 화제를 선택하라

조언 1   청중에게 도움이 되는 말을 하라.

조언 2   청중의 욕구와 흥미를 충족시키는 한 가지 핵심 메시지를
선택하라.

조언 3   영원한 진리에 뿌리를 둔, 하나의 영감을 주는 핵심주제를
선택하라.

조언 4   영향력 있는 연설을 고안하라.

조언 5   당신이 잘 알고 있는 주제에 대해 말하라.

조언 6   주제에 대해 철저히 연구하라.

조언 7   청중의 지식과 지적능력을 존중하라.

조언 8   주제에 대해 정확하게 말하라.

Chapter 2

청중의 관심을 끄는 스토리를 만들어라

조언 9 청중이 메시지를 잘 파악하도록 프레임워크를 조직하라.

조언 10 정보를 전달하는 스피치에는 시사적 프레임워크를 사용하라.

조언 11 핵심 메시지를 사전에 검토하고, 관심을 끌고, 서론에서 로드맵을 제시하라.

조언 12 선제적인 질문이나 충격적인 말, 개인적인 이야기로 연설을 시작하라.

조언 13 문단을 넘어갈 때 청중이 적응할 수 있도록 유사한 단어와 문구를 반복적으로 사용하라.

조언 14 요점을 보강하기 위해 각각의 연설문 본론을 서로 연관지어라.

조언 15 요점의 우선순위를 정하라.

조언 16 미진한 부분을 모두 하나로 묶어라.

조언 17 결론에서 서론의 내용을 다시 한 번 언급하라.

조언 18 결론에서 요점을 요약하고, 주된 메시지는 분명히 말하라.

조언 19 결론에서 행동에 옮기는 문제를 거론하라.

조언 20 비교하는 방법은 피하라. 청중이 더 혼란스러워 한다.

조언 21 설득력 있는 연설에 맞추려면 '상황-문제-해결 구조'를 활용하라.

조언 22 연설의 개요를 설명할 때, 암기나 읽기는 피해야 한다.

Chapter 3
따스한 공감을 불러오도록 친밀하게 말하라

Chapter 4
유머는 마음을 활짝 열어주는 말의 향신료다

들고 연사의 메시지에 마음을 열게 하라.

조언 37 모든 연설에 유머를 사용하라.

조언 38 분당 웃음소리를 더해 청중의 우월감과 놀라움, 해방감을
자극하라.

조언 39 반복을 기억하라.

조언 40 연사의 음성과 몸짓, 얼굴 표정을 활용해서 유머를 과장하라.

조언 41 모든 유머는 연사의 메시지를 촉진하는 것이어야 한다.

조언 42 청중이 웃는 동안, 잠시 해당 등장인물에 머무르라.

___

Chapter 5
청중의 감정을 강하게 자극하라

조언 43 청중에게 가능한 가장 광범위한 감정을 전달하라.

조언 44 목소리와 몸짓, 얼굴 표정까지 연설 내용의 감정적 어조에
맞춰라.

조언 45 감정을 표현하되 자제심을 잃지 말라.

___

Chapter 6
마음을 사로잡는 매력적인 언어를 구사하라

조언 46 간단한 단어와 짧은 문장을 활용해서 메시지를 표현하라.

조언 47 생생한 이미지와 감각적인 디테일을 사용하라.

조언 48 기억에 남을 만한 캐치프레이즈로 주된 메시지를 요약하고

자주 반복하라.

조언 49 수사적인 재담으로 연설을 연마하라.

조언 50 주의가 필요하다면 한 가지 항목을, 대조에는 두 가지 항목을, 조화에는 세 가지 항목을 나열하라. 강렬함이 필요할 때는 매우 긴 항목을 나열하라.

조언 51 유명한 사람들의 말을 인용하지 말라.

조언 52 예측불허의 방법을 활용해 청중을 놀라게 하라.

조언 53 메시지에 더 이상 맞지 않는 말은 과감하게 모두 제거하라.

조언 54 청중이 반응할 시간을 남겨 두라.

조언 55 청중의 끝없는 호기심을 촉발시킬 만큼 기억에 남을 만한 제목을 만들라.

조언 56 제목은 가능한 짧게 유지하라.

Chapter 7
말에 에너지를 담아 힘 있게 전달하라

조언 57 자신의 진정한 목소리를 자연스럽게 증폭시켜라.

조언 58 연설을 전달하는 속도와 성량을 다양하게 바꿔서 음색에 변화를 더하라.

조언 59 더 미묘한 효과를 낼 수 있도록 음의 고저와 리듬, 음색, 발음을 다양하게 바꿔라.

조언 60 쓸데없는 말은 연습으로 없애라.

조언 61 요점을 강조하기 위해 극적인 잠시 멈춤을 활용하라.

조언 62 본국 태생이 아닌 연사는 자신의 억양을 그대로 받아들이고, 명료성을 확보하도록 노력해야 한다.

Chapter 8
멋진 몸동작은 관심과 소통력을 높인다

조언 63 말하기 직전에 자신감 있는 자세(파워 포즈)를 취하라.

조언 64 자신의 목표에 맞게 자신감 있고 활력 있는 모습으로 무대에 올라가라.

조언 65 말을 하기 전에 마음을 가라앉히고 청중과 소통하라.

조언 66 어떤 몸짓도 취하지 않을 때는 양손으로 기본적인 자세를 취하라.

조언 67 청중 개개인과 3~5초간 눈을 맞춰라.

조언 68 연사의 움직임은 연설의 메시지와 현장에 맞춰라.

조언 69 연설의 시작과 끝은 무대 중앙의 앞에서 하라.

조언 70 이야기 속 각각의 등장인물마다 분명한 개성을 부여하라.

조언 71 있는 그대로의 모습을 보여줘라.

조언 72 박수갈채는 조용히 서서 우아하게 받으라.

조언 73 무대를 떠날 때는 침착함을 유지하라.

조언 74 적절한 복장을 갖추어라.

Chapter 9
적절한 시각자료를 강렬하게 디자인하라

조언 75 적절한 소도구를 드물게 사용하라. 사용하지 않을 때는 숨겨라.

조언 76 소도구에 많은 의미를 채워 넣으라.

조언 77 슬라이드는 연설의 수준을 높일 때만 사용하라.

조언 78 초고는 종이에 스토리보드 형식으로 기록하라.

조언 79 디자인에 단순함을 실행하라.

조언 80 원문은 중요 항목으로 구분하되, 숫자는 최소한으로 사용하라.

조언 81 분류별 정보에 맞게 막대 그래프를 이용하라.

조언 82 전체에 비해 한 가지 자료의 중요성을 강조할 때는 원그래프를 활용하라.

조언 83 많은 양의 데이터 속에 들어있는 패턴이나 동향을 시각적으로 보여주기 위해서는 산포도를 활용하라.

조언 84 프레젠테이션을 더 매력 있게 만들려면 이미지를 활용하라.

Chapter 10
자신의 내면에 있는 두려움과 근심을 장악하라

조언 85 두려움을 받아들여라.

조언 86 연설 내용에 자신감을 키우기 위해 피드백이 풍부한 환경에서 연습하라.

조언 87: 논리적으로 불확실한 부분은 연설하기 몇 주 혹은 며칠 전에 제거하라.

조언 88 연설을 시작하기 몇 시간 전부터 스트레스를 줄여라.

조언 89 연설 속도를 늦춰라.

Chapter 11

스피치의 본질에 충실하게 다가가라!

조언 90 연설하는 순서는 중요하지 않다. 가장 중요한 것은 연설의 수준이다.

조언 91 규칙이 없는 것이 바로 규칙이다.

조언 92 한 번에 한 가지 기술에만 공을 들이면서 연습하라.

감사의 말

책을 쓰는 데는 수많은 전문가의 도움이 필요하다. 출판 에이전트인 젝키 메이어, 탁월한 편집자인 피제이 뎀시, 그리고 막후에서 많은 일을 훌륭하게 해준 맥그루-힐의 팀원인 첼시반더 게그, 앤 프리어, 메리 그렌, 론 마티라노 그리고 제니스 레이스에게 감사한다.

훌륭한 총괄 편집자 케시 에브로에게 특별한 감사의 말을 전한다. 이 책을 몇 번이고 수정한 이유는 그녀가 제시한 방법이 초고에 비해 10배는 더 훌륭했기 때문이다. 케시는 대중 연설에 대한 책을 직접 집필해도 손색이 없을 정도로 좋은 능력을 가지고 있지만, 그녀는 겸손하게도 많은 아이디어로 우리가 좋은 책을 펴낼 수 있도록 도와주기만 했다.

이 책은 지금까지의 '토스트마스터즈' 세계 대중 연설 챔피언들이 만든 실제적인 사례가 없이는 세상의 빛을 볼 수 없었다. 저자에게 도움을 주었을 뿐만 아니라, 연설문을 재인용하도록 관대하게 허락해준 분들에게 특별한 감사를 드리고 싶다. 데이비드 브룩스, 마크 브라운, 크레이그 발렌타인, 에드 테이트, 대런 라크루와, 렌스 밀러, 렌디 하베이, 데이비드 헨더슨, 라순다 런드레스 그리고 쟉 엘리어트 등에게 감사의 마음을 전한다.

• • • • •

신뢰를 보내주고 기꺼이 지원을 아끼지 않았으며, 나의 꿈을 이룰 수 있도록 도와준 '토스트마스터즈' 회원 여러분과 임원 분들에게도 고마움을 전한다. 제7지역의 회원들에게도 깊이 감사해야할 만큼 빚을 졌다. 아울러 세계 방방곡곡의 수많은 클럽과 지역에 초청받아 커뮤니케이션 스킬을 높이는 방법을 가르칠 수 있도록 도와준 모든 분들에게 감사한다. 앞으로 더 많은 곳을 방문하여 다양한 사람들에게 대중연설법을 전수할 수 있기를 기대한다.

랜디 하베이, 당신의 가르침이 나에게 얼마나 의미가 있었는지 말로 표현할 수 없다. 곁에서 배울 수 있게 해주고, 나 스스로 날개짓 할 수 있도록 도움을 아끼지 않은 것에 대해 감사한다. 당신이 없었다면 내가 어떻게 연설가가 되었겠는가?

어머니, 아버지, 자매, 다른 가족들, 친구들 그리고 스페셜올림픽 오리건의 팀원들에게도 감사한다. 여러분들은 더 이상 할 수 없을 정도로 나에게 많은 지원을 해주었다.

첼시아, 당신은 나의 꿈이고, 언제나 내 삶을 확장시켜준 은인이다. 내가 필요할 때마다 영감을 얻게 해준 것에 대해 진정으로 감사한다.

_라이언 에이버리

지난 수년간, 세계 여러 곳의 토스트마스터즈 클럽에 있는 수많은 최고연설가들을 만나볼 수 있었던 것은 영광스런 시간이었다. 나 또한 스스로 좋은 연설가가 되려고 애써왔다. 현장에서의 실전연설과 건설적인 피드백으로 나를 가르쳐준 과거와 현재의 동료 연설가들에게 감사한다. 조슈아 레이놀드와 그랜트 드보이스는 생전 처음으로 남들 앞에서 연설히도록 나에게 기회와 용기를 주었다. 비록 이제 우리의 삶은 서로 다른 길로 들어섰지만, 연설가로서 나의 여정을 시작하게 해준 것에 감사한다. 특히, 내가 속한 클럽인 그레이트 스템포드 토스트마스터즈와 가트너 토스트마스터즈의 모든 회원들에게 감사한다.

끝으로, 언제나 나에게 가장 중요한 존재인 사랑하는 가족과 고객들에게 깊이 감사한다.

_제러미 도노반

말하기의 '즐거움'을 위한
대중연설 실용 안내서

직장 생활을 성공적으로 수행하기 위해 가장 필요한 자질은 무엇일까? 평범한 회사원이 치열한 경쟁을 뚫고 조직의 리더로 자리 잡을 수 있는 가장 큰 비결은 무엇일까? 최근 각종 설문조사와 성공한 CEO들의 경험을 종합해보면 의사소통 능력을 가장 중요한 자질이자 최우선의 비결로 꼽는다. 경영 능력이란 곧 조직 내에서 리더십을 발휘하여 구성원들의 마음을 헤아리고 소통하여 큰 목표에 도전하도록 영향력을 발휘하는 것이다. 이는 조직 내의 다양한 의견을 조율하고, 모순되거나 대립된 관점들 사이의 접점을 마련하는 것을 뜻한다. '소통(疏通)'이란 앞에 놓인 장애물을 치우고(疏) 막힌 부분을 뚫어 서로 통하게 만든다(通)는 뜻이 아닌가. 자신의 의견만이 옳다고 주장하는 사람은 의사소통의 회로에 또 하나의 장애물을 올려놓는 사람이므로 소통의 질과 성과는 그만큼 떨어지게 마련이다. 뛰어난 의사소통 능력을 가진 사람은 자신의 의견이 소통에 걸림돌이 되지 않도록 유념한다. 또한 다른 사람의 의견을 잘 들어서 이른바 '언로(言路)'에 막힘이 없도록 애쓰는 사람이다. 이러한 조직의 리더가 존중받고 성과를 내는 것은 당연하다.

의사소통 능력이란 말하고 듣기, 읽고 쓰기와 같은 활동으로 이루어진다. 이 가운데 말하기와 듣기는 조직 내의 원활한 의사소통을 위해 가장 중요하다. 잘 말하기 위해서는 우선적으로 잘 들어야 한다. 대부분의 경우 잘 듣고 경청하지 못하는 사람이 자신의 의견만을 고집한다. 선인들이 강조한 '과묵함'이란 말을 아끼고 가려서 하라는 뜻이기도 하지만, 잘 듣고 다른 사람들의 말을 주의 깊게 새기라는(敬) 뜻이기도 하다. 그러나 잘 듣는 것만으로는 부족하다. 자신의 의견을 다른 이들에게 잘 전달하지 못하면 의사소통은 실패한다. 우리가 아는 훌륭한 CEO들 중에는 뛰어난 대중연설가들이 많다. 스티브 잡스는 진정으로 대중을 사로잡을 줄 아는 연설가였다. 『스티브 잡스 프레젠테이션의 비밀』이라는 책이 나올 정도로 그는 간결하고 구체적이며 감정적인 표현에 능숙한 말꾼의 기질을 유감없이 발휘했다.

그러나 잘 말한다는 것은 참 어려운 일이다. 일반적으로 많은 대중 앞에 서면 말문이 막히고 무슨 말을 해야 할지 난감해지는 경우가 다반사다. 몇 사람이 모인 자리에서 흥겹게 오가는 건배사마저도 힘에 부칠 때가 많다. 장문의 보고서는 잘 쓰지만 상사 앞에서 보고서의 핵심을 간결하게 전달하지 못하고 장황하게 말해버린 경우도 있다. 특히 자신의 말에 귀 기울이는 청중의 수가 많아질수록 말에 대한 두려움은 배가된다.

이 책,《스피치 에센스》는 말하기의 두려움을 절감하는 사람, 대중 앞에 서면 영문 없이 말문이 막혀버린 경험이 있는 사람들로 하여금 말하기의 '즐거움'을 되찾을 수 있도록 도와주는 친절한 안내서이다. 말하기는 천부적으로 주어지는 능력이 결코 아니다. 빼어난 말 실력을 자랑하는 연사는 태어날 때부터 뛰어난 말하기 능력을 가진 것이 아니다. 잘 말하기란 연습과 훈련, 끊임없는 주의와 집중의 결과로 생겨난다. '잘 말하기' 위해서는 이미 말하기의 장인 반열에 올라 있는 선배들의 스피치를 잘 관찰하고 그 비결을 공부해야 한다. 스피치 교육이 발달한 미국에서는 케네디나 처칠, 간디나 오바마 같은 정치인들의 스피치는 물론이고 "나에게는 꿈이 있습니다."로 시작되는 저 유명한 킹 목사의 연설에 이르기까지 훌륭한 연설들을 좋은 스피치의 교범으로 배우고 익힌다.

이 책의 저자들이 활동하고 있고, 본문에서 인용된 연설문의 바탕이 되는 '토스트마스터즈 클럽'은 제도적인 학교 교육이 아니다. 민간 차원에서 자발적으로 이루어진 비영리 스피치 훈련기관으로써 매우 훌륭한 예이다. 이 모임은 시민들이 자발적인 스피치 모임을 만들어 서로 말하고 듣기를 반복하면서 스피치 능력을 키워나가고 있다. 이는 대중지성의 좋은 사례이자 민주적 시민의 자질을 훈련하는 시민 학교의 표본이다. 우리에게도 이런 자발적 스피치 시민 학교들이 생겨나면 얼마나 좋을까. 스피치는 많은 돈을 들여 배우는 특수한 기술이 결코 아니지 않은가. 이 책은 이런 시민 교육의 생생한 경험을 바탕으로 갈고 닦은 스피치의 비결을 요령 있게 알려주는 참으로 실용적인 안내서이다. 여기서 전하는 세계 대중 연설대회에서 우승한 11개 텍스트와 구체적인 스피치 팁(조언)들은 모두가 실용적이며 스피치 향상에 커다란 도움을 준다.

말은 입을 통해 전달되지만, 사실은 이성과 감성, 너와 나, 생각과 몸짓 등 인간의 '전체'가 동원되는 총체적 활동이다. 설득을 위한 스피치란 '전체성'을 염두에 두어야 한다. 이성적이고 합리적인 주제만을 강조하다보면 스피치는 무미건조한 정보 전달에 가까워진다. 연설의 효과를 높이기 위해서는 연사와 청중 사이에 친밀한 정서적 유대관계가 형성될 수 있도록 유머나 공감을 자아내는 표현이 반드시 필요하다. 연사는 청중의 공감을 받아야만 자신의 이야기 속에 청중을 끌어들이고, 그들의 상상력을 사로잡을 수 있기 때문이다. 그리스의 수사학자 고르기아스는 설득을 일종의 마술 행위에 비유하곤 했다. 훌륭한 연설가는 청중들의 영혼을 사로잡고 이성이 저항할 수 없는 곳으로 청중을 이끌어간다는 것이다.

이 책은 진정한 커뮤니케이션에 목말라 있는 사람들에게 감동과 재미를 준다. 청중과 따스한 공감을 나누며 친밀하게 말하는 연설의 비결을 마치 감동 있는 또 다른 하나의 '인상적인 연설'처럼 들려준다. 직장에서 사회에서 상대의 마음을 움직이는 적지적소의 스피치가 필요한 독자에게 '스피치 실용안내서'로써 적극 추천하고자 한다.

_박성창(서울대 국문과 교수, 《수사학》 저, 《어린 왕자》 역)

주

서문

1. http://www.toastmasters.org/toastmastersmagazine/toastmasterarchive/2007/november/the3rs.aspx.

Chapter 1

1. http://www.guardian.co.uk/world/2007/apr/23/nelsonmandela1.

Chapter 3

1. Nicole Speer, Jeremy R. Reynolds, Khena M. Swallow, and Jeffrey Zachs. "Reading Stories Activates Neural Representations of Visual and Motor Experiences." Psychological Science, August 2009, vol. 20, no.8, pp. 989?99.

2. Goran Stojkovic, Francois Soumis, Jacques Desrosiers, and Marius M. Solomon. "An Optimization Model for a Real-Time Flight Scheduling Problem." Transportation Research Part A, 2002, vol. 36, pp. 779?88.

3. http://www.cdc.gov/ncbddd/sicklecell/data.html.

Chapter 4

1. 세계 대중 연설 대회의 규정에 익숙한 토스트마스터들은 대런이 7분 30초로 제한된 대회의 규정을 어기고도 왜 자격을 박탈당하지 않았는지 궁금할 것이다. 대런에 따르면 불빛을 비춰 시간을 알려주는 기계가 고장나서 대회 규칙상 30초의 추가 시간을 받았다고 한다.

Chapter 6

1. Sir Arthur Quiller-Couch. "On Style." On the Art of Writing, 1916, Section XII.

2. http://blog.hubspot.com/blog/tabid/6307/bid/33982/HubSpot-s-10-Hot-

test-Marketing-Blog-Posts-of-2012.aspx.

Chapter 8

1. Italics added. Dana R. Carney, Amy J. C. Cuddy, and Andy J. Yap. "Power Posing: Brief Nonverbal Displays Affect Neuroendocrine Levels and Risk Tolerance." Psychological Science, 2010, vol. 21, no. 10, pp. 1363?368, http://faculty.haas.berkeley.edu/dana_carney/power.poses.PS.2010.pdf.

Chapter 9

1. http://www.linkedin.com/today/post/article/20130701022638-22330283-a-simple-rule-to-eliminate-useless-meetings?trk=tod-posts-art-.

2. http://management.fortune.cnn.com/2012/11/16/jeff-bezos-amazon.

3. http://techcomm.stc.org/wp-content/uploads/2012/06/2Perabo_TecComm_May_2ndQRT_2012.pdf.

4. http://www.linkedin.com/today/post/article/20130729191149-172811-present-slides-distribute-documents.

5. https://www.osha.gov/doc/outreachtraining/htmlfiles/traintec.html.

6. http://www.hp.com/large/ipg/assets/bus-solutions/power-of-visual-communication.pdf.

7. http://commfaculty.fullerton.edu/lester/writings/viscomtheory.html.

8. http://www.cisco.com/web/strategy/docs/education/Multimodal-Learning-Through-Media.pdf.

Chapter 10

1. http://sixminutes.dlugan.com/lashunda-rundles-2008-world-champion-public-speaking.

2. http://www.ncvs.org/ncvs/tutorials/voiceprod/tutorial/quality.html.

SPEAKER LEADER CHAMPION

SPEAKER LEADER CHAMPION

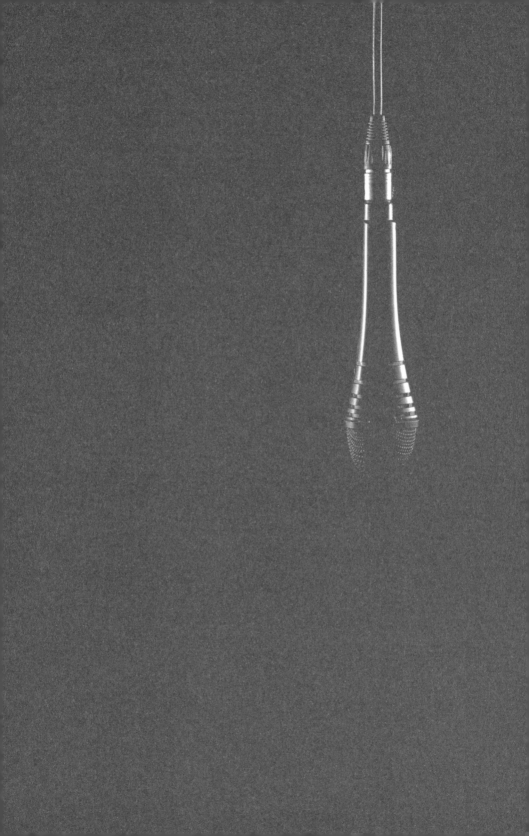

30초 만에 상대의 마음을 사로잡는
스피치 에센스

초판 1쇄 발행 2015년 9월 1일

지은이 제러미 도노반 · 라이언 에이버리

펴낸이 박상진
편집 김제형
관리 황지원
디자인 twoesdesign

펴낸곳 진성북스
출판등록 2011년 9월 23일
주소 서울시 강남구 영동대로 85길 38 진성빌딩 10층
전화 02)3452-7762
팩스 02)3452-7761
홈페이지 www.jinsungbooks.com

ISBN 978-89-97743-18-6 03320

※ 진성북스는 여러분들의 원고 투고를 환영합니다.
  책으로 엮기를 원하는 좋은 아이디어가 있으신 분은
  이메일(jinsungbooks12@gmail.com)로
  간단한 개요와 취지, 연락처 등을 보내 주십시오.
· 당사의 출판 컨셉에 적합한 원고는 적극적으로 책을 만들어 드리겠습니다!

※ 진성북스 네이버 카페에 회원으로 가입하는 분들에게
  다양한 이벤트와 혜택을 드리고 있습니다.
  · 진성북스 공식카페 http://cafe.naver.com/jinsungbooks

진성북스
도서목록

앞서 가는 사람들의 두뇌 습관

스마트 싱킹

아트 마크먼 지음 | 박상진 옮김
352쪽 | 값 17,000원

숨어 있던 창의성의 비밀을 밝힌다!

인간의 마음이 어떻게 작동하는지 설명하고, 스마트해지는데 필요한 완벽한 종류의 연습을 하도록 도와준다. 고품질 지식의 습득과 문제 해결을 위해 생각의 원리를 제시하는 인지 심리학의 결정판이다! 고등학생이든, 과학자든, 미래외 비즈니스 리더든, 또는 회사의 CEO든 스마트 싱킹을 하고자 하는 누구에게나 이 책은 유용하리라 생각한다.

● 조선일보 등 주요 15개 언론사의 추천
● KBS TV, CBS방영 및 추천

나의 잠재력을 찾는 생각의 비밀코드

지혜의 심리학

김경일 지음
302쪽 | 값 15,000원

창의적으로 행복에 이르는 길!

인간의 타고난 심리적 특성을 이해하고, 생각을 현실에서 실행 하도록 이끌어주는 동기에 대한 통찰을 통해 행복한 삶을 사는 지혜를 명쾌하게 설명한 책. 지혜의 심리학을 선택한 순간, 미래의 밝고 행복한 모습은 이미 우리 안에 다가와 가뿐히 자리잡고 있을 것이다. 수많은 자기계발서를 읽고도 성장의 목표를 이루지 못한 사람들의 필독서!

● KBS 1TV 아침마당〈목요특강〉"지혜의 심리학"특강 출연
● YTN사이언스 〈과학, 책을 만나다〉 "지혜의 심리학"특강 출연
● 2014년 중국 수출 계약 | 포스코 CEO 추천 도서

세계 초일류 기업이 벤치마킹한
성공전략 5단계

승리의 경영전략

AG 래플리, 로저마틴 지음 | 김주권, 박광태, 박상진 옮김
352쪽 | 값 18,500원

전략경영의 살아있는 메뉴얼

가장 유명한 경영 사상가 두 사람이 전략이란 무엇을 위한 것이고, 어떻게 생각해야 하며, 왜 필요하고, 어떻게 실천해야 할지 구체적으로 설명한다. 이들은 100년 동안 세계 기업회생 역사에서 가장 성공적이라고 평가 받고 있을 뿐 아니라, 직접 성취한 P&G의 사례를 들어 전략의 핵심을 강조하고 있다.

● 경영대가 50인(Thinkers 50)이 선정한 2014 최고의 책
● 탁월한 경영자와 최고의 경영 사상가의 역작
● 월스트리스 저널 베스트 셀러

백만장자 아버지의 마지막 가르침

인생의 고난에
고개 숙이지 마라

마크 피셔 지음 | 박성관 옮김 | 307쪽 | 값 13,000원

아버지와 아들의 짧지만 아주 특별한 시간

눈에 잡힐 듯 선명한 성공 가이드와 따뜻한 인생의 멘토가 되기 위해 백만장자 신드롬을 불러 일으켰던 성공 전도사 마크 피셔가 돌아왔다. 실의에 빠진 모든 이들을 포근하게 감싸주는 허그 멘토링! 인생의 고난을 헤쳐가며 각박하게 살고 있는 청춘들에게 진정한 성공이 무엇인지, 또 어떻게 하면 그 성공에 도달할 수 있는지 감동적인 이야기를 통해 들려준다.

● 중앙일보, 동아일보, 한국경제 추천 도서
● 백만장자 시리즈의 완결판

감성의 시대, 왜 다시 이성인가?

이성예찬

마이클 린치 지음 | 최훈 옮김
323쪽 | 값 14,000원

세계적인 철학 교수의 명강의

증거와 모순되는 신념을 왜 믿어서는 안 되는가? 현대의 문학적, 정치적 지형에서 욕설, 술수, 위협이 더 효과적인데도 왜 합리적인 설명을 하려고 애써야 하는가? 마이클 린치의 '이성예찬'은 이성에 대한 회의론이 이렇게 널리 받아들여지는 시대에 오히려 이성과 합리성을 열성적으로 옹호한다.

● 서울대학교, 연세대학교 저자 특별 초청강연
● 조선, 중앙, 동아일보, 매일경제, 한국경제 등 특별 인터뷰

"이 검사를 꼭 받아야 합니까?"

과잉진단

길버트 웰치 지음 | 홍영준 옮김
391쪽 | 값 17,000원

병원에 가기 전 꼭 알아야 할 의학 지식!

과잉진단이라는 말은 아무도 원하지 않는다. 이는 걱정과 과잉진료의 조장일 뿐 개인에게 아무 혜택도 없다. 하버드대 출신의사인 저자는, 의사들의 진단욕심에 비롯된 과잉진단의 문제점과 과잉진단의 합리적인 이유를 함께 제시함으로써 질병예방의 올바른 패러다임을 전해준다.

● 한국출판문화산업 진흥원『이달의 책』선정도서
● 조선일보, 중앙일보, 동아일보 등 주요 언론사 추천

불꽃처럼 산 워싱턴 시절의 기록
최고의 영예

콘돌리자 라이스 지음 | 정윤미 옮김
956쪽 | 값 25,000원

세계 권력자들을 긴장하게 만든 8년간의 회고록

"나는 세계의 분쟁을 속속들이 파악하고 가능성의 미학을 최
대한 적용했다. 현실을 직시하며 현실적인 방안을 우선적으
로 선택했다. 이것은 수년간 외교 업무를 지휘해온 나의 업무
원칙이었다. 이제 평가는 역사에 맡겨 두어야 한다. 역사의
판단을 기꺼이 받아 들일 것이다. 적어도 내게 소신껏 행동할
수 있는 기회가 주어진 것에 감사할 따름이다."

● 제 66대 최초 여성 미 국무 장관의 특별한 자서전
● 뉴욕타임스, 워싱턴포스트, 월스트리트 저널 추천 도서

색다른 삶을 위한 지식의 향연
브레인 트러스트

가스 선뎀 지음 | 이현정 옮김
350쪽 | 값 15,000원

재미있고 행복하게 살면서 부자 되는 법!

노벨상 수상자, 미국 국가과학상 수상자 등 세계 최고의 과학
자들이 들려주는 스마트한 삶의 비결. 일상에서 부딪히는 다
양한 문제에 대해서 신경과학, 경제학, 인류학, 음악, 수학 등
여러 분야의 최고 권위자들이 명쾌하고 재치있는 해법을 제
시하고 있다. 지금 당장 93인의 과학자들과 함께 70가지의 색
다른 지식에 빠져보자!

● 즐거운 생활을 꿈꾸는 사람을 위한 책
● 93인의 과학자들이 제시하는 명쾌한 아이디어

학대와 고난, 극복과 사랑 그리고 승리까지
감동으로 가득한 스포츠 영웅의 휴먼 스토리
오픈

안드레 애거시 지음 | 김현정 옮김 | 614쪽 | 값 19,500원

시대의 이단아가 던지는 격정적 삶의 고백!

남자 선수로는 유일하게 골든 슬램을 달성한 안드레 애거시.
테니스 인생의 정상에 오르기까지와 파란만장한 삶의 여정이
서정적 언어로 독자의 마음을 자극한다. 최고의 스타 선수는
무엇으로, 어떻게, 그 자리에 오를 수 있었을까? 또 행복하지만
은 않았던 그의 테니스 인생 성장기를 통해 우리는 무엇을 배
울 수 있을까. 안드레 애거시의 가치관이 생각을 읽을 수 있다.

● Times 등 주요 13개 언론사 극찬, 자서전 관련분야 1위 (아마존)
● "그의 플레이를 보며 나는 꿈을 키웠다!" – 국가대표 테니스 코치 이형택

세계 초일류 기업이 벤치마킹한
성공전략 5단계
승리의 경영전략

AG 래플리, 로저마틴 지음
김주권, 박광태, 박상진 옮김
352쪽 | 값 18,500원

이 책은 전략의 이론만을 장황하게 나열하지 않는다. 매
일 치열한 생존경쟁이 벌어지고 있는 경영 현장에서 고
객과 경쟁자를 분석하여 전략을 입안하고 실행을 주도
하였던 저자들의 실제 경험과 전략 대가들의 이론이 책
속에서 생생하게 살아 움직이고 있다. 혁신의 아이콘인
A.G 래플리는 P&G의 최고책임자로 다시 돌아왔다. 그 는
이 책에서 P&G가 실행하고 승리했던 시장지배의 전략을
구체적으로 보여 줄 것이다. 생활용품 전문기업인 P&G
는 지난 176년간 끊임없이 혁신을 해왔다. 보통 혁신이라
고 하면 전화기, TV, 컴퓨터 등 우리 생활에 커다란 변화
를 가져오는 기술이나 발명품 등을 떠올리곤 하지만, 소
소한 일상을 편리하게 만드는 것 역시 중요한 혁신 중에
하나라고 할 수 있다. 그리고 그러한 혁신은 체계적인 전
략의 틀 안에서 지속적으로 이루어질 수 있다. 월 스트리
트 저널, 워싱턴 포스트의 베스트셀러인 〈Plating to Win:
승리의 경영전략〉은 전략적 사고와 그 실천의 핵심을 담
고 있다. 래플리는 10년간 CEO로서 전략 컨설턴트인 로
저마틴과 함께 P&G를 매출 2배, 이익은 4배, 시장가치는
100조 이상으로 성장시켰다. 이 책은 크고 작은 모든 조
직의 리더들에게 대담한 전략적 목표를 일상 속에서 실
행하는 방법을 보여주고 있다. 그것은 바로 사업의 성공
을 좌우하는 명확하고, 핵심적인 질문인 '어디에서 사업
을 해야 하고', '어떻게 승리할 것인가'에 대한 해답을 찾
는 것이다.

● 경영대가 50인(Thinkers 50)이 선정한 2014 최고의 책
● 탁월한 경영자와 최고의 경영 사상가의 역작
● 월스트리스 저널 베스트 셀러

새로운 시대는 逆(역)으로 시작하라!

콘트래리언

이신영 지음 | 408쪽 | 값 17,000원

위기극복의 핵심은 역발상에서 나온다!

세계적 거장들의 삶과 경영을 구체적이고 내밀하게 들여다본 저자는 그들의 성공핵심은 많은 사람들이 옳다고 추구하는 흐름에'거꾸로'갔다는 데 있음을 발견했다. 모두가 실패를 두려워할 때 도전할 줄 알았고, 모두가 아니라고 말하는 아이디어를 성공적인 아이디어로 발전시켰으며 최근 15년간 3대 악재라 불린 위기 속에서 기회를 찾고 성공을 거뒀다.

- 한국출판문화산업 진흥원 '이달의 책' 선정도서
- KBS1 라디오 〈오한진 이정민의 황금사과〉 방송

백 마디 불통의 말, 한 마디 소통의 말

당신은 어떤 말을 하고 있나요?

김종영 지음 | 248쪽 | 값 13,500원

리더십의 핵심은 소통능력이다. 소통을 체계적으로 연구하는 학문이 바로 수사학이다. 이 책은 우선 사람을 움직이는 힘, 수사학을 집중 조명한다. 그리고 소통의 능력을 필요로 하는 우리 사회의 리더들에게 꼭 필요한 수사적 리더십의 원리를 제공한다. 더 나아가서 수사학의 원리를 실제 생활에 어떻게 적용할 수 있는지 일러준다. 독자는 행복한 말하기와 아름다운 소통을 체험할 것이다.

- SK텔레콤 사보 〈Inside M〉인터뷰
- MBC라디오 〈라디오 북 클럽〉 출연
- 매일 경제, 이코노믹리뷰, 경향신문 소개
- 대통령 취임 2주년 기념식 특별연설

실력을 성공으로 바꾸는 비결

리더의 존재감은 어디서 오는가

실비아 앤 휴렛 지음 | 황선영 옮김
308쪽 | 값 15,000원

이 책은 조직의 사다리를 오르는 젊은 직장인과 리더를 꿈꾸는 사람들이 시급하게 읽어야 할 필독서이다. 더이상 서류상의 자격만으로는 앞으로 다가올 큰 기회를 잡을 수 없다. 사람들에게 자신감과 신뢰성을 보여주는 능력, 즉 강력한 존재감이 필요하다. 여기에 소개되는 연구 결과는 읽을거리가 많고 생생한 이야기와 신빙성 있는 자료로 가득하다. 실비아 앤 휴렛은 이 책을 통해 존재감을 완벽하게 드러내는 비법을 전수한다.

10대들을 위한 심리 에세이

띵똥 심리학이 보낸 톡

김가현, 신애경, 정수경, 허정현 지음
195쪽 | 값 11,000원

이 책은 수많은 사용 설명서들 가운데 하나이다. 대한민국의 학생으로 살아가는 여러분만의 사용 설명서이기도 하다. 오르지 않는 성적은 우리 내면의 어떤 문제 때문인지, 어떤 버튼을 누르면 되는지, 매일매일 일어나는 일상 속에 숨겨진 버튼들을 보여 주고자 한다. 책의 마지막 장을 덮은 후에는 당신의 삶에도 버튼이 보이기 시작할 것이다.

- 저자 김가현 — 미국 스탠퍼드 대학교 입학
- 용인외고 여학생 4명이 풀어 놓는 청춘의 심리와 그 해결책!

비즈니스 성공의 불변법칙
경영의 멘탈모델을 배운다!

퍼스널 MBA

조쉬 카우프만 지음 | 이상호, 박상진 옮김
756쪽 | 값 25,000원

"MASTER THE ART OF BUSINESS"

비즈니스 스쿨에 발을 들여놓지 않고도 자신이 원하는 시간과 적은 비용으로 비즈니스 지식을 획기적으로 높이는 방법을 가르쳐 주고 있다. 실제 비즈니스의 운영, 개인의 생산성 극대화, 그리고 성과를 높이는 스킬을 배울 수 있다. 이 책을 통해 경영학을 마스터하고 상위 0.01%에 속하는 부자가 되는 길을 따라가 보자.

- 아마존 경영 & 리더십 트레이닝 분야 1위
- 미국, 일본, 중국 베스트 셀러
- 경영 명저 100권을 녹여 놓은 책

무엇이 평범한 사람을 유명하게 만드는가?

폭스팩터

앤디 하버마커 지음
곽윤정, 이현응 옮김 | 265쪽 | 값 14,000원

무의식을 조종하는 매혹의 기술

오제이 심슨, 오펜하이머, 폴 포츠, 수전 보일… 논리가 전혀 먹혀 들지 않는 이미지 전쟁의 세계. 이는 폭스팩터가 우리의 무의식을 교활하게 점령하고 있기 때문이다. 1%셀러브리티들의 전유물처럼 여겨졌던 행동 설계의 비밀을 일반인들도 누구나 배울 수 있다. 전 세계 스피치 전문가를 매료시킨 강력한 커뮤니케이션기법소통으로 고민하는 모든 사람에게 강력 추천한다.

- 폭스팩터는 자신을 드러내기 위해 반드시 필요한 무기
- 조직의 리더나 대중에게 어필하고자 하는 사람을 위한 필독서

새로운 리더십을 위한 지혜의 심리학
이끌지 말고 따르게 하라

김경일 지음 | 324쪽 | 값 15,000원

이 책은 '훌륭한 리더', '존경받는 리더', '사랑받는 리더'가 되고 싶어 하는 모든 사람들을 위한 책이다. 요즘 사회에서는 존경보다 질책을 더 많이 받는 리더들의 모습을 쉽게 볼 수 있다. 저자는 리더십의 원형이 되는 인지심리학을 바탕으로 바람직한 리더의 모습을 하나씩 밝혀준다. 현재 리더의 위치에 있는 사람뿐만 아니라, 앞으로 리더가 되기 위해 노력하고 있는 사람이라면 인지심리학의 새로운 접근에 공감하게 될 것이다. 존경받는 리더로서 조직을 성공시키고, 나아가 자신의 삶에서도 승리하기를 원하는 사람들에게 필독을 권한다.

30초 만에 상대의 마음을 사로잡는
스피치 에센스

제러미 도노반, 라이언 에이버리 지음
박상진 옮김 | 348쪽 | 값 15,000원

타인들을 대상으로 하는 연설의 가치는 개별 청자들의 지식, 행동 그리고 감정에 끼치는 영향력에 달려있다. 토스마스터즈 클럽은 이를 연설의 '일반적 목적'이라 칭하며 연설이라면 다음의 목적들 중 하나를 달성해야 한다고 규정하고 있다. 지식을 전달하고, 청자를 즐겁게 하는 것은 물론 나아가 영감을 불어넣을 수 있어야 한다. 이 책은 토스마스터즈인 제러미 도노반과 대중연설 챔피언인 라이언 에이버리가 강력한 대중연설의 비밀에 대해서 말해준다.

파괴적 혁신으로 초우량 기업이 되는 지름길
탁월한 전략적 사고의
세 가지 법칙 (가제)

리치 하워스 지음 | 박상진 옮김 | 값 15,000원

전략의 기본 원리를 이해하는 것은 진정한 전략적 리더가 되기 위한 전제조건에 불과하다. 저자는 조직에서 장단기의 성과를 이끌어내는 탁월한 전략적 사고법에 초점을 맞추었다. 3가지 핵심원리를 통해 전략의 본질을 보여준다. 효과적인 전략적 리더십은 원근법적인 큰 시야로 시작해야 하지만, 거기서 머물러서도 안된다. 새로운 통찰을 적용하여 확신에 영향을 주는 것은 우수한 전략의 부분이고 전체다. 이 책은 전략을 고민하는 리더들에게 전략수립의 실질적 방법을 제시할 것이다.

"비즈니스의 성공을 위해
꼭 알아야하는 경영의 핵심지식"
퍼스널 MBA

조쉬 카우프만 지음
이상호, 박상진 옮김
756쪽 | 값 25,000원

지속가능한 성공적인 사업은 경영의 어느 한 부분의 탁월성만으로는 불충분하다. 이는 가치창조, 마케팅, 영업, 유통, 재무회계, 인간의 이해, 인적자원 관리, 전략을 포함한 경영관리 시스템 등 모든 부분의 지식과 경험 그리고 통찰력이 갖추어 질 때 가능한 일이다. 그렇다고 그 방대한 경영학을 모두 섭렵할 필요는 없다고 이 책의 저자는 강조한다. 단지 각각의 경영원리를 구성하고 있는 멘탈모델(Mental Model)을 제대로 익힘으로써 가능하다. 세계 최고의 부자인 빌게이츠, 워런버핏과 그의 동업자 찰리 멍거(Charles T. Munger)를 비롯한 많은 기업가들이 이 멘탈모델을 통해서 비즈니스를 시작하고, 또 큰 성공을 거두었다. 이 책에서 제시하는 경영의 핵심개념 248가지를 통해 독자들은 경영의 멘탈모델을 습득하게 된다. 필자는 지난 5년간 수천 권이 넘는 경영 서적을 읽었다. 수백 명의 경영 전문가를 인터뷰하고, 포춘지 선정 세계 500대 기업에서 일을 했으며, 사업도 시작했다. 그 과정에서 배우고 경험한 지식들을 모으고, 정제하고, 잘 다듬어서 몇 가지 개념으로 정리하게 되었다. 이들 경영의 기본 원리를 이해한다면, 현명한 의사결정을 내리는 데 유익하고 신뢰할 수 있는 도구를 얻게 된다. 이러한 개념들의 학습에 시간과 노력을 투자해 마침내 그 지식을 활용할 수 있게 된다면, 독자는 어렵지 않게 전 세계 인구의 상위 1% 안에 드는 탁월한 사람이 된다. 이 책의 주요내용은 다음과 같다.

- 실제로 사업을 운영하는 방법
- 효과적으로 창업하는 방법
- 기존에 하고 있던 사업을 더 잘 되게 하는 방법
- 경영 기술을 활용해 개인적 목표를 달성하는 방법
- 조직을 체계적으로 관리하여 성과를 내는 방법

성과기반의 채용과 구직을 위한 가이드

절대로 실패하지 않는 면접의 기술 (가제)

루 애들러 지음 | 이병철 옮김 | 값 15,000원

기업에서 좋은 인재란 어떤 사람인가? 많은 인사담당자는 스펙만 보고 채용하다가는 낭패당하기 쉽다고 말한다. 최근 전문가들은 성과기반채용 방식에서 그 해답을 찾는다. 이는 개인의 역량을 기초로 직무에서 성과를 낼 수 있는 요인을 확인하고 검정하는 면접이다. 이 책은 세계의 수많은 일류 기업에서 시도하고 있는 성과기반채용에 대한 개념, 프로세스, 그리고 실행방법을 다양한 사례로 설명하고 있다. 채용담당자나 리쿠르트에게 직무에 적합한 최고의 인재를 찾고 채용하는 방법을 알려줄 것이다. 또한 구직자에게는 기업이 원하는 인재상에 대한 내막을 알려줌으로써 더 좋은 일자리를 구하는 데 직접적인 도움을 줄 것이다.

혁신으로 성장과 변화를 주도하는

신제품 개발의 성공전략 (가제)

로버트 쿠퍼 지음 | 신동영 외 옮김 | 값 25,000원

오늘날 비즈니스 환경에서 진정한 혁신과 신제품개발은 중요한 도전과제이다. 하지만 대부분의 기업들에게 야심적인 혁신은 보이지 않는다. 이 책의 지자는 제품혁신의 핵심성공요인이자 세계최고의 제품개발프로세스인 스테이지-게이트(Stage-Gate®)에 대해 강조한다. 아울러 올바른 프로젝트 선택 방법과 스테이지-게이트 프로세스를 활용한 신제품개발 성공 방법에 대해서도 밝히고 있다. 또한, 아이디어를 신제품 출시로 연결시키고, 제품 포트폴리오 전략과 자원을 효과적으로 분배하는 방법에 대해서도 자세히 설명한다. 신제품은 기업번영의 핵심이다. 이러한 방법을 배우고 기업의 실적과 시장 점유율을 높이는 대담한 혁신을 성취하는 것은 담당자, 관리자, 경영자의 마지노선이다.

과학으로 밝혀진 반려견의 신비한 사실

애완동물은 인간을 얼마나 사랑할까? (가제)

조지 번스 지음 | 김신아 옮김 | 값 17,000원

순종적이고, 충성스럽고, 애정이 있는 강아지들은 우리에게 있어서 최고의 친구이다. 그럼 과연 개들은 우리가 사랑하는 방법처럼 인간을 사랑할까? 수십 년 동안 인간의 뇌에 대해서 연구를 해 온 에모리 대학교의 신경 과학자인 조지 번스가 강아지들이 우리를 얼마나, 어떻게 사랑하는지에 대한 비밀을 과학적인 방법으로 들려준다.

함께 일하고 싶은 사람의 특성 (가제)

권경민 지음 | 값 15,000원

이 책은 저자가 19년 간의 직장 생활을 하면서 그 때 그 때 어떤 사건이 생기거나, 누군가에게 고민 상담을 받거나, 지인들이 자신의 회사에서 일어난 이야기 등을 정리한 것이다. 어느 한 에피소드도 소설처럼 지어낸 이야기는 없다. 그만큼 사실적이다. 회사에서 함께 일하고 싶은 사람이 되고 싶은 사회 초년생과 직장인들에게 필독을 권장한다.

당신은 어떤 글을 쓰고 있나요? (가제)

황성근 지음 | 값 13,500원

글쓰기는 인간의 기본 능력이자 자신의 능력을 발휘하는 핵심적인 도구이다. 글은 이론만으로 잘 쓸 수 없다. 좋은 글을 많이 읽고 체계적인 연습이 필요하다. 이 책에서는 기본원리와 구성 나아가 활용수준까지 글쓰기의 모든 것을 다루고 있다. 이 책은 지금까지 자주 언급되고, 무조건적으로 수용되는 기존의 글쓰기 이론은 아예 무시하였다. 실제 글쓰기를 하는 데 꼭 필요하고, 글쓰기를 할 때 반드시 알고 있어야 할 내용만을 담았다.

글로벌 인재를 위한 전략적 사고법 (가제)

시오노 마코토 지음 | 값 15,000원

이 불확실한 시대에 젊은 시절부터 어디서든 통용되는 서바이벌 기술을 익히자! 많은 이들이 '프로페셔널', '글로벌 엘리트'의 필요성을 외치는 지금, 정신론이나 커리어 분류에 그치지 않고 '실제로 어떻게 트레이닝 해야 하는가'에 포커스를 맞춘 비즈니스 트레이닝서. '명함 교환에서부터 승부는 시작된다', '프레젠테이션은 결론을 먼저, 대화에 반드시 숫자를 넣는다' 등 100% 성과를 내는 '사고'와 '행동'의 기술을 투자은행, 전략계 컨설팅을 경험한 전략가가 전수한다.

남다른 생각이 특별한 삶을 만든다 (가제)

밥 프록터, 그레그 리드 지음 | 값 15,000원

마음가짐이 우리의 성공을 결정하는 것인가? 성공한 사람들은 그렇지 못한 사람들과 다른 생각을 갖고 있는 것인가? 어떻게 하면 우리의 생각을 변화시킬 수 있을까? 나폴레온 힐이 공식 지정한 두 저자는 과학과 심리학에 깊은 탐구와 생각이 의미 있고 성공적인 삶에 얼마나 중요한지에 대하여 탐구한다.
실제 이야기들을 통해 아주 놀라울만한 이야기들을 들을 수 있다. 조직 운영에 상당히 긍정적인 영향을 끼치면서 비즈니스를 성공적으로 이끈 사람들의 스토리로 가득하다. 신경과학자, 심장 전문의, 비즈니스 리더 등과의 인터뷰를 통해 프록터와 리드는 우리가 삶에 대해 어떻게 생각해야 하는지 보여준다.

30인의 승부사 (가제)

게리 톰슨, 데이비드 밀러 지음 | 값 15,000원

선구적 지도자는 위대한 비즈니스의 원동력이다. 그들은 비즈니스계 몸담고 있는 모든 이들에게 영감을 불어넣고, 영향력을 끼치는 훌륭한 역할 모델이다. 놀라운 30인의 승부사들이 엄청난 성공을 거둔 비결은 무엇일까? 급부상하는 기업인에서부터 확고하게 자리를 잡은 경영인까지 《Inspirational Gamechangers》가 위대한 비즈니스 혁신가들의 여정으로 독자를 이끌고 그 답을 제시한다.

삼성의 현재와 미래 (가제)

박광태, 박상진 지음 | 값 17,000원

삼성의 성공 DNA 분석과 지속적 성공의 조건

초우량기업, 삼성에게 무엇을 배울 것인가? 지금까지 나온 삼성의 성공비결의 핵심을 정리하고 앞으로 다가올 미래에 우리나라 기업의 생존전략은 어떠해야 하는지를 구체적으로 분석한다. 이는 국가발전의 핵심인 기업의 혁신과 경쟁우위 확보에 시금석이 될 것이다.

새로운 시대는 逆(역)으로 시작하라!

콘트래리언

이신영 지음
408쪽 | 값 17,000원

위키피디아에 따르면 '콘트래리언'이란 "다수의 입맛에 맞지 않고 아무리 인기가 없더라도 그들이 취한 포지션과 정반대의 포지션을 취하는 사람"이다.
지금부터 우리는 변화의 시대를 이끌어갈 새로운 인재상에 주목해야 한다. '새로운 인재'는 '간판'이나 '이름값'에 매몰된 사고방식을 버리고 자신만의 강점을 성공으로 바꾸는 법을 아는 사람들이다. '모두와 같은 대열'에 속하지 않고 자신만의 관점으로 새로운 대열을 만들어 내는 인재들이다. 무엇보다 그들은 언제나 역으로 생각하며, 그 반대의 생각을 실천에 옮기는 사람이다. 그렇게 남들이 가는 방향과는 다르게 반대로(contrary)가는 사람들을 가리켜 세상은 '콘트래리언(Contrarian)'이라 부른다.
대다수의 사람들은 성공을 위해 우직하고, 꾸준하게, 많은 시간을 들여 노력 한다. 하지만 급속도로 변화하는 역동적인 이 시대에 더 이상 과거의 성공법칙을 붙잡고 있을 때가 아니다. 이제 더 이상 '1만 시간의 법칙'은 통하지 않는 시대에 도달한 것이다. 이 책은 새로운 시대가 원하고 이제까지 보지 못한 새로운 유형의 종족들을 소개한다. 이 책에서는 '역', '패', '탈'의 세 가지 법칙을 통해 세계적인 대가들과 석학들의 리얼한 성공스토리를 들려준다. 콘트래리언은 지금까지 많은 책에 쓰여진 뻔하고 지루한 법칙을 설명하고 있는 것이 아니다. 자, 우리가 지금까지 알지 못했던 기발한 세 가지 법칙과 함께 성공으로 가는 문을 열어보자.

● 한국출판문화산업 진흥원 '이달의 책'선정도서
● KBS1 라디오 〈오한진 이정민의 황금사과〉 방송

진성북스 회원으로
여러분을 초대합니다!

진성북스 공식카페
http://cafe.naver.com/jinsungbooks

혜택 1
» 회원 가입 시 진성북스 도서 1종을 선물로 드립니다.

혜택 2
» 진성북스에서 개최하는 강연회에 가장 먼저
  초대 드립니다.

혜택 3
» 진성북스 신간도서를 가장 빠르게 받아
  보실 수 있는 서평단의 기회를 드립니다.

혜택 4
» 정기적으로 다양하고 풍부한 이벤트에
  참여하실 수 있는 기회를 드립니다.

- 홈페이지 : www.jinsungbooks.com
- 블 로 그 : blog.naver.com/jinsungbooks
- 페이스북 : www.facebook.com/jinsungbooks

– 문 의 : 02)3452-7762

진성북스
JINSUNGBOOKS